制造强国视域中的
现代职业教育体系建设

马廷奇 等 著

WUHAN UNIVERSITY PRESS
武汉大学出版社

图书在版编目(CIP)数据

制造强国视域中的现代职业教育体系建设/马廷奇等著.—武汉：
武汉大学出版社,2023.8
ISBN 978-7-307-23720-9

Ⅰ.制… Ⅱ.马… Ⅲ.职业教育—教育体系—体系建设—研究—
中国 Ⅳ.G719.2

中国国家版本馆 CIP 数据核字(2023)第 069599 号

责任编辑:陈 帆 责任校对:汪欣怡 版式设计:马 佳

出版发行:**武汉大学出版社** (430072 武昌 珞珈山)
(电子邮箱:cbs22@whu.edu.cn 网址:www.wdp.com.cn)
印刷:武汉邮科印务有限公司
开本:720×1000 1/16 印张:18.5 字数:275 千字 插页:1
版次:2023 年 8 月第 1 版 2023 年 8 月第 1 次印刷
ISBN 978-7-307-23720-9 定价:89.00 元

前　言

　　制造业是国民经济的主体，是立国之本、兴国之器、强国之基。2015年5月国务院印发的《中国制造2025》明确提出建设制造强国的战略目标；"人才是建设制造强国的根本"，制造强国建设必须坚持"人才为本"，"建设一支素质优良、结构合理的制造业人才队伍，走人才引领的发展道路"。制造强国战略需要各级各类人才，不仅需要研发人才、工程师人才，也包括大批职业技能人才。"二十大"报告提出，"教育、科技、人才是全面建设社会主义现代化国家的基础性、战略性支撑"。教育、科技、人才"三位一体"，同样是制造强国战略不可或缺的重要支撑。近年来，我国高度重视职业教育发展。政府层面，颁布了一系列职业教育政策，加大职业教育投入，扩大职业教育规模，职业教育在教育体系乃至社会经济发展中的地位更加突出；社会层面，行业企业积极参与职业教育、举办职业教育，开展多元化的校企合作人才培养模式，以及现代学徒制探索和实践，职业教育人才培养质量逐渐赢得社会和家长的认可；职业院校层面，普职融通以及中职、高职、职教本科、专业研究生教育上下贯通的职业教育体系逐渐形成，职业院校重视为区域经济发展服务，为制造业转型升级服务，强化专业群建设、课程建设、"双师型"教师队伍建设、实习实践基地建设，职业院校的类型化特色、办学模式特色正在凸显。但也毋庸讳言，我国职业教育体系仍然还很不成熟，尤其是高等教育职业体系很不健全，本科层次的职业教育还处于起步和探索阶段，人才培养目标和办学定位还不够清晰，人才培养质量标准和课程标准还不够完善，产教融合、校企合作仍然是职业教育人才培养过程中最为薄弱的环节，这与新一轮科技革命和产业变革背景下我国制造业转型升级和制造强国战略对高素质职业技能型人才的新要求不相适应。因此，建设现代职业教育体系，培养高素质职业技术技能人才，是经济结构转型升级和制造强国建设的必然要求。

2019年1月国务院印发的《国家职业教育改革实施方案》明确提出，"职业教育与普通教育是两种不同教育类型，具有同等重要地位"；职业教育要"由政府举办为主向政府统筹管理、社会多元办学的格局转变，由追求规模扩张向提高质量转变，由参照普通教育办学模式向企业社会参与、专业特色鲜明的类型教育转变"；"将标准化建设作为统领职业教育发展的突破口，完善职业教育体系，为服务现代制造业、现代服务业、现代农业发展和职业教育现代化提供制度保障与人才支持"。2021年10月中共中央办公厅、国务院办公厅印发的《关于推动现代职业教育高质量发展的意见》进一步提出"加快构建现代职业教育体系"，"到2025年，职业教育类型特色更加鲜明，现代职业教育体系基本建成，技能型社会建设全面推进"；"到2035年，职业教育整体水平进入世界前列，技能型社会基本建成"，这些政策措施和改革目标为职业教育高质量发展，建设现代职业教育体系提供根本遵循和重要指导。在此背景下，本书旨在以职业教育供给侧结构改革为主线，全面理清现代职业教育体系建设与制造业发展的实践关系，明确现代职业教育服务制造强国、推动制造业转型升级的实践要素，以及制造强国建设对现代职业教育体系变革的推动作用，明晰现代职业教育体系建设对实现制造强国的战略意义。

本书综合运用政策分析、理论研究、调查研究、比较研究、要素分析等方法，对职业教育服务制造强国的职业教育体系、政策支持体系、区域分布体系、供需匹配体系、人才培养模式体系、制度保障体系等进行多视角研究，试图构建现代职业教育体系的理论分析框架，以及职业教育服务高端制造业发展的实践框架体系。本书既包括职业教育宏观层面的政策研究、治理体系研究、区域发展研究，也包括职业教育发展中观和微观层面的职业技能人才培养的具体实践研究。宏观层面，主要以全球范围尤其是发达国家实体制造业回归以及制造业创新发展为背景，以推进我国制造业转型升级和创新驱动发展为目标，从顶层设计和战略规划层面，围绕制约职业教育服务制造强国战略的关键"瓶颈"，提出职业教育服务制造强国的实践框架，以及推进现代职业教育体系建设的相关政策建议。中观微观层面，主要研究职业院校层次结构、专业结构与区域制造业人才需求结构之间的理论和实践关系，剖析制造强国战略背景下职业教育人才培养模式、校企合作模式、学徒制教育体系等方面的实践困境，构建职业院校人才培养实践体系。从国际比较的视野来看，西方主要发达国家的职业教育体系设计、人才培养模式、产教融合实践、学徒制教育等方面积累的丰富实践经验，可以为我国推进现代职业教育体系建设提供镜鉴，推动建设具有中国特色、世界水平的现代职业教育体系。

目　　录

第一章 绪 论

第一节 研究目的和意义

一、研究目的

职业教育是我国教育体系的重要组成部分，担负着为"制造强国"战略培养各级各类职业技能人才或应用型人才的责任。2022 年 5 月 1 日新修订的《中华人民共和国职业教育法》明确提出："国家建立健全适应经济社会发展需要，产教深度融合，职业学校教育和职业培训并重，职业教育与普通教育相互融通，不同层次职业教育有效贯通，服务全民终身学习的现代职业教育体系。"现代职业教育体系建设关系到我国职业教育高质量发展，关系到我国由制造大国向制造强国转变的战略方向。本书旨在通过文献研究、政策研究以及调查研究等方法，系统审视我国职业教育与制造强国战略的关联性，深入剖析现代职业教育体系服务制造强国的实践优势与现实困境，并通过国际比较研究系统梳理世界制造业强国职业教育办学模式的实践经验。基于研究结果，构建我国职业教育服务制造强国的理论框架，提出我国职业教育服务制造强国战略的政策建议和战略构想。

第一，通过文献研究和政策研究，理清当前我国职业教育体系与服务制造强国建设的基本内涵，分析两者之间的理论和实践关联，明确职业教育服务制造强国的理论意义、政策价值和实践意义。

第二，通过调查研究和深度访谈，考察我国现行职业教育现状，研究现代职业教育体系服务社会经济发展的核心优势与实践意义；剖析高端制造业发展对高素质职业技能人才的诉求，以及制造强国背景下我国职业教育体系的实践困境和结构性矛盾。

第三，通过国际比较研究，系统梳理德国、日本、美国、加拿大和瑞士等制造业强国职业教育体系、职业教育法律保障、服务制造业发展、产教融合等方面的实践经验，以及职业教育体系与高端制造业发展之间的吻合机制和实践特点，为我国职业教育服务制造强国能力建设提供域外经验。

第四，基于文献研究、调查研究和比较研究，深入剖析影响职业教育服务制造强国战略的核心要素，以及要素之间的相互作用机制，构建职业教育服务制造强国的理论框架和实践模型。

第五，依据理论和实践研究结果，提出我国现代职业教育体系建设的政策措施，构建职业教育体系的运行与保障机制，优化职业教育人才培养体系，以职业教育高质量发展服务制造强国战略的实现。

二、研究意义

习近平总书记强调："我国经济要靠实体经济作支撑，这就需要大量专业技术人才，需要大批大国工匠。"[①]随着我国进入新发展阶段，产业转型升级和经济结构调整不断加快，各行各业对技术技能人才的需求愈益紧迫。但我国工业制造业领域存在人才结构性过剩与短缺并存，领军人才和大国工匠紧缺，基础制造和先进制造领域人才不足，支撑制造业转型升级能力不强等现实困境。

《中国制造 2025》提出，"加快培养制造业发展急需的专业技术人才、经营管理人才、技能人才"。《制造业人才发展规划指南》出台了一系列举

---

① 职业教育发展驶入"快车道"[EB/OL].［2023-04-12］. http://edu.people. cn/big5/n1/2020/0122/c427940-31560401.html.

措加强多层次制造业人才培养，助力实现制造强国战略目标。"十四五"规划纲要明确提出"增强职业技术教育适应性"，突出职业技术教育类型特色，深入推进改革创新，优化结构与布局，大力培养技术技能人才。当前职业院校毕业生已成为我国产业大军的主要来源和重要生力军；我国从制造业大国向制造业强国转变，关键在于拥有一支高素质、多层次的制造业人才队伍支撑。为此，大力发展职业教育，完善和优化职业教育体系，培养更多高素质技术技能人才，对服务制造强国战略具有重要的理论与实践意义。

第一，有助于系统审视职业教育体系与制造强国两者之间的实践关系，深化职业教育体系的理论研究。现代职业教育体系建设涉及办学层次、类型、结构、模式等多个维度，通过系统分析职业教育体系建设的实践要素、服务制造强国战略的可行路径，有助于增强职业教育的服务效能，促进职业教育与制造行业的深度交融。

第二，有助于建立和完善职业教育服务制造强国战略的实践模式，形成职业教育服务制造强国的理论框架和关系机制。通过分析职业教育与制造业发展的融合机制，以高素质技术技能人才培养为抓手，建立高端制造业等实体经济人才培养供需关系模式，主动对接制造强国战略，构建科学、全面、有效的服务模式和服务体系。

第三，有助于提升职业教育的社会适应性，增强职业教育的社会接受度和关注度，使职业教育服务高端制造业发展，制造业发展反哺职业教育高质量发展。制造业实体经济关乎国家经济命脉，职业教育作为教育与现代化建设的结合点，担负着为经济结构转型和制造业升级改造输送技术技能人才的重任；制造业尤其是高端制造业发展支持职业教育人才培养、招生就业以及中国特色现代学徒制建设，有助于实现职业教育产教深度融合，提升职业教育人才培养质量。

第四，有助于加强制造业等实体经济的创新能力和发展水平，提升职业教育服务高端制造业发展能力。职业教育作为技术技能人才培养基地，为制造行业输送大量智力与人才资源。通过研究职业教育服务制造强国的战略，有助于为我国高端制造业发展提供人才供需决策咨询，推动制造业产业链、创新链、教育链深度融合。

第二节 研究现状与评价

在全球制造业面临重大调整、经济社会发展进入新常态的背景下，国务院于 2015 年颁布了《中国制造 2025》。作为中国实施制造强国战略升级的行动纲领，其核心是加快推进制造业创新发展、提质增效，实现从制造大国向制造强国转变。职业教育在服务制造强国战略中扮演着重要角色，需要不断增强职业教育服务制造业发展的支撑力，主动服务经济发展动能转化和产业升级，加快培育大批具有专业技能与工匠精神的高素质劳动者，助力"中国制造 2025"。国家"十四五"规划强调"深入推进改革创新，优化结构与布局，大力培养技术技能人才"，探索中国特色学徒制，对职业教育的服务职能和发展方向做出了重要部署。因此，为深度推动职业教育服务制造强国建设，有必要综述相关领域学者的重要研究成果，总结其主要观点与结论，分析当前研究成果存在的不足，对把握职业教育服务制造强国的战略方向，以及确定本项目研究视角、内容和创新点具有重要意义。

一、研究现状

1. 关于现代职业教育体系的研究

现有关于"现代职业教育体系"的研究较为丰富，相关研究成果主要聚焦于现代职业教育体系的内涵及其建设意义、存在的问题以及建设路径等三个方面。

第一，关于现代职业教育体系的内涵及其建设意义的研究。既有文献主要从政策文本分析层面探讨现代职业教育体系内涵，进而分析现代职业教育体系建设对于我国经济社会发展的重要意义。马树超等基于《国家中长期教育改革和发展规划纲要(2010—2020 年)》分析现代职业教育体系的内部环境和外部环境，认为现代职业教育体系具有外部适应性、内部适应性及内在系统的协调性三大重要特征，并从内外两方面探讨我国现代职业教育体系的具体实践内涵。① 张鹏顺根据《国务院关于加快发展现代职业教育的决定》对现代职业教育体系建设的框架、主要任务和制度建设提出设想，并从开放性、整体性、动态性等方面阐述现代职业教育体系建设的内涵，从架构体系、政策环境、产教融合等方面提出建构现代职业教育体系的具体路径。② 吴向明等基于《国家职业教育改革实施方案》，从职业教育专本研衔接、产业对接、技能匹配三个维度探讨现代职业教育体系的内涵逻辑，在此基础上借鉴美国、英国、德国、澳大利亚等国家的实践经验，提出完善现代职业教育体系及其实践内涵。③

第二，关于现代职业教育体系建设的实践问题研究。李政认为，经济供给侧结构性改革，必然带来职业教育的供给侧结构性改革，由此应该优化人力资源供给结构，解决职业教育有效供给能力不足的问题，破解职业教育的供给侧结构性困境。④ 闫智勇等认为在经济新常态时期，现代职业教育体系的深层矛盾主要表现为职业教育人才供给的结构性矛盾和职业教育经费投入的绩效性矛盾，现代职业教育治理制度创新乏力及其治理体制改革滞后是制约现代职业教育体系健康发展的深层次因素。⑤ 杨磊等认为现代职业教育体系建设进入新阶段，出现了中等职业教育存量不足、人才供应链存在割裂的隐患；国家资历框架与劳动力市场脱钩，交互机制尚未形成；校企合作缺乏利益共生机制，产教融合政策不完善等问题，这些问

---

① 马树超，范唯，郭扬. 构建现代职业教育体系的若干政策思考[J]. 教育发展研究，2011，31(21)：1-6.

② 张鹏顺. 我国现代职业教育体系的内涵与建构路径[J]. 教育与职业，2015(3)：5-7.

③ 吴向明，杜学文，孙丽雅. 国际比较视角下职业教育专本研衔接的内涵与路径[J]. 中国高教研究，2021(5)：92-97.

④ 李政. 职业教育供给侧结构性改革的现实之需[J]. 教育发展研究，2016(9)：65-70.

⑤ 闫智勇，吴全全. 经济新常态下现代职业教育体系深层矛盾探思[J]. 中国高教研究，2017(1)：100-103.

题是制约现代职业教育体系建设的关键因素。①

第三，关于现代职业教育体系建设的路径研究。陈鹏等认为在"中国制造2025"战略下，以"智能制造""绿色制造""高端制造"和"品牌制造"推动我国现代制造业的转型，折射出对创新型、智慧型、生态型、高端型和卓越型技术技能型人才的新需求，进而触动现代职业教育必须实现从"制器"到"造人"、由"修剪"到"育种"、从"中低端"到"高端"的转型发展。②郭文富等认为整体协调推进现代职业教育体系建设，要切实提升适应经济社会需求的人才培养能力，推动产教深度融合，促进中高职协调发展，同等对待普通教育和职业教育，构建职业教育与继续教育一体化发展机制。③徐国庆认为确立职业教育类型属性是现代职业教育体系建设的根本需要，应通过提高教育政策的公平性确保职业教育体系稳定，构建与普通学校平行、类型层次完善的职业教育学校体系，理顺职业教育的内部衔接通道，按照职业教育的特点管理职业教育，以及确立技能型人才所应有的社会地位。④

2. 关于发达国家职业教育体系的研究

当前，全球制造业强国基本建立了相对完善的现代职业教育体系，我国学界关于制造强国职业教育体系的研究主要聚焦于德国、日本、美国、英国、瑞士等国家。

景琴玲等从比较视角出发，分析了德国职业教育体系与日本和美国两国职业教育体系不同的三个显著特征，在此基础上分析了德国职业教育体系的变化与挑战，以及德国政府采取的应对措施。⑤ 崔岩介绍了德国双元

---

① 杨磊，朱德全. 我国现代职业教育体系建设：新业态、新问题、新路向[J]. 云南师范大学学报(哲学社会科学版)，2020(6)：142-152.

② 陈鹏，庞学光.《中国制造2025》与现代职业教育转型发展[J]. 教育发展研究，2015(17)：15-20.

③ 郭文富，马树超. 现代职业教育体系建设的制度配置思考[J]. 中国高教研究，2017(10)：83-87.

④ 徐国庆. 确立职业教育的类型属性是现代职业教育体系建设的根本需要[J]. 华东师范大学学报(教育科学版)，2020(1)：1-11.

⑤ 景琴玲，王革. 德国职业教育体系透析与展望[J]. 国家教育行政学院学报，2012(2)：91-95.

制的内涵和特点，分析了当前德国双元制职业教育的发展现状和趋势，探讨了德国双元制对我国构建现代职业教育体系的借鉴与启示。① 谈毅探讨了德国双元制职业教育体系的结构和特征，以及新工业化时代德国职业教育体系的改革方向，以及对我国职业教育改革提供的有益参考经验。② 王江涛梳理了日本职业教育体系发展的历史脉络，从日本高职教育学位制、职业资格制度以及职业教育法律法规体系等方面，分析了对我国构建职业教育体系建设的借鉴价值。③ 胡国勇介绍了 20 世纪 90 年代以后日本职业教育体系的发展状况和转型过程，提出要促进现有职业教育学校向实践型高等职业教育转型，创建实践型职业教育的高等教育机构以推动现代职业教育体系的转型。④ 李安萍等结合美国职业教育发展历程，探索美国职业教育单轨特色形成的历史原因、文化原因和教育观念原因，提出美国职业教育体系的"缺失"是传统与时代的产物，其扎根于本土教育文化传统的内生性，对于我国现代职业教育体系建设具有启发意义。⑤ 杨梓樱等剖析了美国职业教育项目评估体系构建的主要举措以及在实施过程中存在的问题，对我国构建职业教育评估体系，完善现代职业教育体系具有重要启示。⑥ 涂三广等借助中英职业教育"影子项目"考察了英国职业教育的发展，并提出推进我国现代职业教育体系建设的政策建议。⑦ 陈磊等分析了

---

① 崔岩. 德国"双元制"职业教育发展趋势研究[J]. 中国职业技术教育，2014 (27)：71-74.

② 谈毅. 工业 4.0 对德国二元制职业教育体系的冲击及其应对[J]. 职业技术教育，2015(1)：70-74.

③ 王江涛. 日本职业教育体系的历史溯源及其现代化启示[J]. 中国职业技术教育，2013(30)：66-72.

④ 胡国勇. 日本现代职业教育体系转型：构建实践型高等职业教育体系[J]. 外国教育研究，2016(7)：3-14.

⑤ 李安萍，陈若愚，宋丽娜. 试析美国职业教育体系的"缺失"[J]. 职教论坛，2017(10)：78-82.

⑥ 杨梓樱，朱益明. 美国职业教育项目评估体系构建举措与启示[J]. 职业技术教育，2020(7)：66-72.

⑦ 涂三广，王立. 英国职业教育的经验与借鉴：中英职业教育"影子校长"项目赴英培训报告[J]. 中国职业技术教育，2013(30)：60-65.

瑞士现代职业教育体系的概况及其特点，从体系构建、学生培养、职业教育模式、资格认证制度等方面提出对我国现代职业教育体系建设的启示。① 汪晟基于瑞士职业教育与培训法的四次修订考察了瑞士职业教育制度体系变迁历程，剖析了瑞士职业教育体系存在的困境及出路，为构建我国职业教育体系和完善职业教育法律保障机制、经费投入机制提供了借鉴。② 石伟平等回顾了美国、德国、日本、中国职业教育办学模式形成的历程，提出我国在产业结构转型背景下，需要改革职业教育办学模式，完善现代职业教育体系。③ 郝天聪对比分析并梳理了德国、美国、澳大利亚等国家职业教育发展过程，并深入分析德、美、澳等国基于 BBS 的"螺旋式"、STC 的"一体式"、AQF 的"阶梯式"教育转换模式。④ 综上，国内学者深入剖析了典型的"双轨制"国家(德国、英国)，典型"单轨制"国家(美国、日本)，以及"三元制"瑞士职业教育体系的历史变迁、实践现状、存在的问题以及实践路径等，并为我国现代职业教育体系构建提出相关政策建议。

3. 关于国内外制造强国战略的研究

我国学者关于国内外制造强国战略的研究可以分为国内制造强国战略的研究、国外制造强国战略及其对我国制造强国战略的启示研究。

第一，关于国内制造强国战略的研究。关于制造强国战略提出的背景，李拓宇等认为制造强国战略提出的宏观背景在于全球产业格局的深度调整，表现为高端制造业向发达国家"回流"和中低端制造业向新兴国家"分流"的态势；分析了我国经济转型发展对制造业发展的促进作用，以及

①　陈磊，谢长法. 瑞士现代职业教育体系的透视及启示[J]. 职教论坛，2016(34)：87-91.

②　汪晟. 瑞士职业教育制度变迁、体系及治理研究[J]. 职教论坛，2019(4)：163-169.

③　郝天聪，石伟平. 产业结构转型与职业教育办学模式改革：基于对美国、德国、日本、中国的比较分析[J]. 现代教育管理，2020(8)：122-128.

④　郝天聪. 现代职业教育体系运行的国际经验与启示：教育转换的视角[J]. 教育科学，2018(2)：67-73.

前沿学科与传统制造产业深度融合的特征。① 邹晓东等认为中国制造强国战略的提出是基于国际新工业化革命的挑战，以及国内制造业转型升级的迫切要求。② 关于实现"制造大国"向"制造强国"迈进战略，汪应洛认为中国制造与中国工程联动发展、制造业与服务业融合发展、制造服务业与生态环境协调发展是我国从制造大国迈向制造强国的现实途径。③ "制造强国战略研究"综合组认为大力推行数字化、网络化、智能化制造、提高创新设计能力、建立健全制造业技术创新体系、强化制造基础、提升产品质量、推行绿色制造、培养具有全球竞争力的优势产业和企业群体、推进生产型制造向服务型制造转型等发展战略，是推进我国从"制造大国"向"制造强国"转变的重要举措。④ 关于制造强国的战略路径，古依莎娜等构建了一个制造强国评价指标体系，据此对中国和美国、德国、英国、日本、法国等国家的制造业指标进行了横向对比，量化分析了中国制造与发达国家制造的差距，为中国实现制造强国提供了理论依据。⑤ 贺俊提出战略性领域的技术和市场领先、极端压力情形下的制造业运行安全，以及持续创新驱动的制造业内生发展机制建设是制造强国战略实现的三个关键维度。⑥

第二，国外制造强国战略及其对我国的启示。巫云仙梳理了德国制造业 200 多年的演进历程，在总结"德国制造"六大特点的基础上，剖析了德

---

① 李拓宇，李飞，陆国栋. 面向"中国制造 2025"的工程科技人才培养质量提升路径探析[J]. 高等工程教育研究，2015(6)：17-23.

② 邹晓东，李拓宇，张炜，等. 中国制造强国战略与工程教育改革实践[J]. 高等工程教育研究，2016(3)：9-14.

③ 汪应洛，刘子晗. 中国从制造大国迈向制造强国的战略思考[J]. 西安交通大学学报(社会科学版)，2013(6)：1-6.

④ "制造强国战略研究"综合组. 实现从制造大国到制造强国的跨越[J]. 中国工程科学，2015(7)：1-6.

⑤ 古依莎娜，赵蕾，刘丹，等. "制造强国"的战略路径研究及初步分析[J]. 中国工程科学，2015(7)：83-95.

⑥ 贺俊. 制造强国建设的关键维度和战略要点[J]. 改革，2021(2)：81-89.

国制造业未来发展的趋势，及其对中国制造业发展的启示。① 孙晓辉等分析了德国"工业 4.0"的战略内涵，探讨了柔性制造系统和信息物理系统中具有代表性的关键技术和装备，如数控加工装备、工业机器人、3D 打印和智能传感器、无线通信装置等，并认为"中国制造 2025"就是中国的"工业4.0"时代，新一代信息技术与制造业深度融合将成为中国制造文化的主潮流。② 李金华对中国与美国、日本、德国等世界制造强国在制造业结构、生产效率、世界顶级品牌、政策制度及软环境方面进行了比较研究，并提出对未来中国制造业发展的重要启示。③ 钟丽连对英国现代制造强国发展战略进行了深层次原因剖析，并借用战略系统分析框架，围绕英国制造业的业态对每一阶段战略开展细致化分析；同时，比较分析英国制造强国战略在不同制造业发展阶段的战略行为，并提出英国经验对于推进"中国制造 2025"的战略启示。④ 这些学者从不同的视角，在不同层面对西方发达国家制造强国进行了比对分析，这些研究成果对全面研究"工业 4.0"背景下中国实现制造强国的行动路径提供了有益借鉴。

4. 关于职业教育发展与制造强国的实践关联研究

新一轮科技革命和产业变革与我国制造业转型升级、动能转换形成了历史性交汇点，这也正是我国在新形势下打造制造业强国的新起点。实现我国由"制造大国"迈向"制造强国"，亟待职业教育全方位支持和协同。

第一，关于制造强国与现代职业教育关联性。陈鹏认为，在全球制造业革命性变革背景下，作为制造业人才供给的主力军，职业教育在人才培养的规模、规格、质量需要与制造业发展相适应。针对职业教育人才培养

① 巫云仙. "德国制造"模式：特点、成因和发展趋势[J]. 政治经济学评论，2013(3)：144-166.

② 孙晓辉，聂小春，汪菊英. 工业 4.0 先进制造技术及装备[J]. 装备制造技术，2015(7)：237-239.

③ 李金华. 中国制造业与世界制造强国的比较及启示[J]. 东南学术，2016(2)：45-54，247.

④ 钟丽连. 英国现代制造强国发展战略演进及对中国的启示[D]. 福州：福州大学，2018.

结构性失调、人才培养模式与制造业发展需求脱节、人才培养体系缺乏开放性等问题提出了改革对策。① 陈诗慧等认为制造强国战略的推进和实施，需要大量高素质职业技能型人才的支持，提出通过推动职业教育人才培养目标升级、大力实施现代学徒制、打造校企合作"升级版"等措施，加快推进职业教育的转型与升级，为我国制造业强国战略提供智力支撑。② 杨勇等认为，"工业 4.0"触发的科技革命和产业变革将引起我国人才结构、经济发展方式的改变，以及对高质量复合型人才的新需求；职业教育培养过程、培养方式及培养模式要主动适应制造业发展新要求，实现职业教育高质量发展。③

　　第二，关于发达国家职业教育之于制造业发展的作用。付卫东深入剖析日本现代职业教育体系为迈向制造业强国作出的主要贡献，包括现代职业教育确保了制造业产业结构转型升级的需要、满足了制造业强国崛起所需的初、中、高级技术人才，职业教育体系的开放性有利于制造业技能人才队伍的壮大，同时提出日本经验对我国现代职业教育体系建设的启示。④ 郝天聪等基于美国、德国、日本、中国职业教育办学模式的比较分析，提出当前在我国产业结构转型背景下需要依托现代职业教育体系建设改进人才供给与产业需求脱节的问题，并提出相关的改革策略。⑤ 樊哲等认为在新科技革命背景下，科学技术创新对职业教育体系产生了深刻的影响，相应地需要对现代职业教育体系进行调整与变革。通过深入剖析德国职业教育发展的模式和经验，认为德国职业教育的招考制度、资格框架体系、人

　　① 陈鹏，薛寒."中国制造 2025"与职业教育人才培养的新使命[J].西南大学学报(社会科学版)，2018(1)：77-83，190.
　　② 陈诗慧，张连绪."中国制造 2025"视域下职业教育转型与升级[J].现代教育管理，2017(7)：107-113.
　　③ 杨勇，林旭.制造业新起点催生新职教：内生逻辑、关键问题与核心框架[J].中国职业技术教育，2019(21)：22-29.
　　④ 付卫东.制造业强国崛起与现代职业教育体系建设——日本的经验及启示[J].华中师范大学学报(人文社会科学版)，2015(4)：161-167.
　　⑤ 郝天聪，石伟平.产业结构转型与职业教育办学模式改革——基于对美国、德国、日本、中国的比较分析[J].现代教育管理，2020(8)：122-128.

才培养模式、课程体系等方面的实践经验可以为我国在制造业大国向制造业强国跨越过程中提供启示和借鉴。①

二、研究述评

目前，学界对现代职业教育体系、发达国家职业教育体系、国内外制造强国战略、现代职业教育与制造强国的关联等理论和实践问题开展了不同程度的研究，为本项目提供了非常重要的研究基础。但从整体来看，关于职业教育与制造强国之间关系的研究还缺乏较为系统和深度的实证研究成果，而且职业教育服务制造强国战略的政策性研究成果甚少。

第一，在研究主题方面，有关现代职业教育和制造强国两个主题的研究成果相对丰富，但对于现代职业教育与制造强国之间关联性的研究，尤其是现代职业教育如何服务制造强国的专门性研究成果较少，而且学界对全球制造业强国职业教育体系与高端制造业融合机制的域外经验研究缺乏应有的集中关注。

第二，在研究视角方面，在制造强国战略背景下，我国学者更多的是探讨和借鉴国外发达国家职业教育体系建设的实践经验，较少从职业教育发展的外部环境以及社会需求变化过程性视角来考察域外经验。同时，在"十四五"规划与深入实施制造强国战略背景下，较少有学者从顶层设计和战略层面剖析我国职业教育发展与高端制造业发展以及制造业转型升级之间的实践关系。

第三，在研究内容方面，现代职业教育体系研究主要聚焦于现代职业教育体系的现存问题、建设要素、实现路径等方面，但基于高端制造业发展以及制造强国需要的职业教育供给侧结构性改革的研究还不够深入。

第四，在研究方法方面，学界对于制造强国战略背景下职业教育体系建设的研究仍是以思辨性研究为主，缺乏对职业教育体系及其实践的调查

① 樊哲，张志新，钟秉林. 科技创新背景下高等职业教育供给侧结构性改革的对策研究[J]. 中国高等教育，2020(23)：57-59.

研究和实证研究研究成果。这种基于逻辑推演和主观经验判断很难形成对职业教育发展问题的清晰认识，以及对职业教育规律的深刻把握；同时，对现代职业教育体系建设的研究还缺乏实践研究的支撑，因此也很难形成职业教育服务制造强国战略的可行性政策建议。

第三节　核心概念界定

核心概念的阐释和解说是开展研究的前提，对概念内涵与外延的界定也即是对研究边界的确定。围绕制造强国背景下的现代职业教育体系建设这一研究主题，主要涉及以下四个核心概念。

一、职业教育体系

职业教育体系是一个复合性概念，按照构词逻辑可以拆分为"职业教育"和"体系"，且职业教育的体系具有"现代"的特征。因此，想要正确理解职业教育体系的概念，必须先厘清"体系""职业教育"，并在此基础上对"职业教育体系"进行概念界定。《辞海》将体系定义为若干有关事物或要素互相联系、互相制约而构成的一个整体。根据《现代汉语搭配词典》的解释，体系是各种因素相互联系的有机整体。概括来说，可以从三个层面理解"体系"内涵：一是体系是指由若干要素组成的整体；二是各要素之间存在相互依赖和相互制约的关系；三是体系不是要素的机械叠加，而是一个有机整体。

由上述理解，"职业教育体系"是指由各级各类培养技术、技能人才的教育及培训的实践要素构成的相互联系又相互制约的系统结构。按照现代职业教育的层次划分，职业教育体系可划分为初等、中等、高等三个层级，并与国家教育制度相关教育层次对应和衔接。其中，高等层次的职业教育具体包括高等专科职业教育、应用技术型本科职业教育、专业学位研究生教育。尤其是进入后工业化时代，为高等制造业提供高级技能型人才的职业教育层次，主要是高等职业教育层次。从较为宽泛的意义来说，适应区域经济发展以及产业结构的需要，职业教育体系还包括专业结构体系、区域结构体系、人才培养模式体系以及制度保障体系等；综合学界研究成果以及本研究的主旨，职业教育体系主要是指职业教育层次结构体系、专业结构体系、人才培养体系、产学研合作模式、制度保障体系的总称，旨在培养适应高端制造业发展以及制造强国建设所需要的具有"工匠精神"的高素质技能人才。

二、制造强国

"制造强国"是通过对美国、德国、日本等发达国家工业发展经济史进行比较研究，并通过对我国制造业产业理论以及产业运行和产业管理现状等方面进行研究基础上的概念界定，其内涵主要包括规模和效益并举、在国际分工体系中地位较高、发展潜力大三个方面的意涵。① 其一，规模和效益并举。从美国、德国、法国、日本等制造强国的发展历程来看，制造业强大的过程也是逐步工业化的过程。工业化最基本的特征就是制造业规模日趋壮大，产业质量不断提高。因此，规模较大、结构优化、质量高的制造业是制造强国的重要标志。其二，在国际分工体系中地位较高。目前典型的制造强国多数已处于后工业化时期，即服务业比重上升，高新技术在制造业企业中得以广泛应用，制造业发展以创新为驱动力，劳动生产率较高，在国际分工体系中处于产业链高端地位，拥有无法轻易撼动的核心竞争力。其三，发展潜力大。"由弱变强""由大到强""强者恒强"是制造业处于不同发展阶段的国家所共同追求的目标。不论是既有的制造强国，还是具有后发优势的"潜在"强国，都要求制造业具有良好的发展潜力。总之，拥有规模效益并举、位居世界前列、具备发展潜力的制造业的国家可称之为"制造强国"。

---

① "制造强国的主要指标研究"课题组. 制造强国的主要指标[J]. 中国工程科学，2015（7）：7-19.

三、高端制造业

高端制造业是一个新概念，是相对于低端制造业、传统制造业而言的，是以新技术的应用，以及先进理念为标志的，是一国工业发展进入后工业化阶段的必然产物。从行业视角看，高端制造业是指制造业中新兴的具有高技术性、高附加值、竞争能力强的行业，如航空航天制造、轨道交通装备制造、信息电子制造、物联网技术、机器人技术、新材料产业等新兴产业。从产业链看，高端制造业处于高端环节，位于"微笑曲线"高附加值的前端，自动化程度高；涵盖利用新兴技术改造的机械设备制造业、化工业、轻纺业等传统产业。高端制造业具有高技术含量、高信息密集度、高附加值、高资本投入和产业关联度强等特征。其中，高技术含量是指制造业采用高、精、尖的先进技术，集聚多学科、多领域人才，产品中凝结较高科技含量。高信息密集度是指制造业相关行业企业信息获取能力强，能够通过信息技术获取竞争优势。高附加值是指高端制造业在整个产业价值链中，其生产设备、研发成果等具有更高的增值能力。高资本投入是因为其核心技术研发难度大，需要在做好战略规划的基础上投入大量的研发经费，吸引尖端研发人员；同时高端制造业的生产设备、仪器和材料等购置费用较高，生产过程需要大量的资本投入。产业关联度强是指高端制造企业在产业链起到核心作用，能够推动产业集群创新，引导、控制和带动整个产业链的发展。

四、产教融合

实践中，产教融合可以从三个维度来理解。其一，产教融合是一种育人方式，是指育人过程中教学与生产之间的结合，包括育人方式和育人内容的融合。其二，产教融合是一种经济教育活动方式，是指教育部门与产业部门相互合作的一种教育活动方式，通过参与主体的优势、建立合约关系、满足主体需求来服务经济发展，强调校企之间的合作共赢。其三，产教融合是一种社会组织形式，是指由院校、企业、政府等多方主体参与，以满足社会对高素质技能型人才的需求；强调以互信合作为基础，以多方共赢为动力，以项目合作为载体，通过对各主体优质资源的共建共享、整合优化，实现多主体协同育人。根据相关政策文件的界定，产教融合强调产业升级与教育发展之间的衔接关系。2014年教育部等六部门发布的《现代职业教育体系建设规划（2014—2020年）》明确提出，"专业设置与产业需求、课程内容与职业标准、教学过程与生产过程对接，实现职业教育与技术进步和生产方式变革以及社会公共服务相适应，促进经济提质增效升级"。2017年教育部办公厅印发的《关于深化产教融合的若干意见》则要求"促进教育链、人才链与产业链、创新链有机衔接"。

第四节　研究思路与方法

一、研究思路

本研究属于政策研究、理论研究与实证研究相结合的综合性研究课题。具体而言，在调查研究和理论研究现代职业教育体系与制造强国关系的基础上，建构我国职业教育服务制造强国的理论框架和实践模型；全面系统地分析我国现行职业教育体系在服务高端制造业、推进制造强国方面的优势与局限，对比分析世界制造业强国职业教育体系建设的实践经验，提出推进我国现代职业教育服务制造强国的相关政策建议。

第一，理清现代职业教育体系与高端制造业发展之间的实践关系，解构现代职业教育体系服务制造强国、推动高端制造业发展的实践要素，以及高端制造业发展对现代职业教育体系变革的推动作用，明确加强现代职业教育体系建设对实施制造强国战略的重要意义。

第二，全面系统地调查现代职业教育体系与经济结构转型升级、高端制造业发展的结构性矛盾；研究高端制造业"智能化""绿色化""产业链、创新链、教育链、价值链一体化"背景下职业教育人才培养结构、人才培养模式等方面的实践困境及其不适应性，剖析我国职业教育体系的主要问题。

第三，通过国际比较研究的视角，梳理世界制造业强国职业教育体系的开放性、完整性、综合性等特征，以及职业教育法律保障、产学研融合、现代学徒制建设等方面的实践经验；归纳世界制造业强国职业教育体系与制造业发展之间的融合、吻合等特点；研究世界制造业强国职业教育体系服务制造业高质量发展的实践经验对我国的借鉴和启示。

第四，系统梳理现代职业教育体系建设与制造强国战略的实践要素，分析实践要素之间的结构性关系，构建现代职业教育体系服务制造强国的理论框架和实践模型。

第五，从现代职业教育体系服务高端制造业的角度，总结我国职业教育在人才培养目标、产教融合、专业设置、层次衔接、治理结构等方面的改革措施，构建现代职业教育体系有效运行的政策激励、经费投入、法律法规等相关保障机制。

第六，从顶层设计和战略规划的视角，围绕现代职业教育体系建设的目标、重点、举措、政策等，构建现代职业教育体系服务制造强国、推动高端制造业发展的战略实践框架。

二、研究方法

本书采用理论研究与实证调查相结合的方法论，既强调理论研究的系统性和创新性，又强调现状研究、调查研究和政策分析的真实性和可行性。

1. 文献研究法。检索与梳理高端制造业发展、现代职业教育体系与技术技能人才培养、现代职业教育体系与建设制造强国关系等领域的相关研究文献，旨在为本项目深化研究奠定基础、拓宽视野。一方面，搜集和整理国家政府部门出台的关于现代职业教育体系建设、高端制造业发展、职业教育发展规划、产教融合等相关政策文本和统计数据；获取麦肯锡、埃哲森等国际数据公司关于我国高端制造业发展现状、职业教育体系建设、人才培养等方面的相关研究报告和统计数据。另一方面，深入职业院校、高端制造企业、相关政府部门等获取公开或未公开的相关政策文件、统计数据等。

2. 政策分析法。深入研究和分析国家"十四五"规划、《中国制造2025》《国家职业教育改革实施方案》《制造业人才发展规划指南》《关于深化"互联网+先进制造业"发展工业互联网的指导意见》等国家层面的政策文本，明确我国职业教育改革发展的相关政策要求，研究各级地方政府和高校尤其是职业院校出台的关于改革职业教育人才培养模式、完善职业教育人才培养体系、服务区域经济发展等方面的政策举措，分析政策的价值取向、目标任务、主要措施及其在实践中的落实成效以及存在的问题与局限，提出我国职业教育服务制造强国建设的政策改革方向和对策措施。

3. 比较研究法。从历时性维度比较分析德国、日本、美国、加拿大和瑞士等制造业强国职业教育体系，包括职业教育层次类型结构体系、专业和区域结构体系、人才培养模式体系、治理结构体系等，以及职业教育法律保障、经费投入保障、产教融合等政策保障体系，总结发达国家职业教育体系建设的成功经验；从共时性维度分析德国、日本、美国、加拿大和瑞士等制造业强国的产业形态、经济运行模式与职业教育发展的关系，研究不同国家职业教育体系与高端制造业的适应性特点。通过驻外人员和网站调查西方发达国家职业教育服务制造业发展的相关实践经验。

4. 调查研究法。针对我国现行职业教育体系及其实践现状，选取具有代表性的职业院校、校企合作的先进制造企业、地方教育行政部门，就职业教育体系建设、培养高素质技术技能人才、服务制造强国建设等问题，结合个人访谈、专家研讨座谈、实地调研等方式开展调查研究。分区域实地调查天津、河北、广东、浙江、湖北等地职业院校、产教融合型企业或高端制造企业，就高端制造业以及制造业转型升级对职业技能人才需求、产教融合、现代学徒制等开展案例研究，深度扫描现代职业教育体系及其实践运行机制。

第二章　现代职业教育体系的理论建构

第一节　现代职业教育体系建设与职业教育高质量发展

近年来，我国职业教育改革与发展进入"快车道"，一方面是基于经济社会发展对高素质技术技能型人才的需求，另一方面是源于国家以及地方政府层面出台的一系列职业教育政策的推动。与此同时，职业教育研究也渐趋成为一门"显学"，受到学术界和社会各界的广泛关注。在纷繁复杂的职业教育改革与学术研究话语体系中，"现代职业教育体系""职业教育高质量发展"成为两个耳熟能详的热词。这主要是因为两者在实践中既是职业教育改革与发展的主题和目标，也是职业教育改革与发展的瓶颈和重心。那么，何谓现代职业教育体系？何谓职业教育高质量发展？二者在职业教育改革和发展中有何实践关联和矛盾？本节拟在理清这些基本问题的基础上，提出以现代职业教育体系建设推进职业教育高质量发展的实践思路和基本框架。

一、职业教育高质量发展与现代职业教育体系的实践内涵

1. 职业教育高质量发展及其实践内涵

2021 年 10 月，中共中央办公厅、国务院办公厅印发了《关于推动现代职业教育高质量发展的意见》，对于职业教育发展设定了两个阶段的目标，即"到 2025 年，职业教育类型特色更加鲜明，现代职业教育体系基本建

成，技能型社会建设全面推进。办学格局更加优化，办学条件大幅改善，职业本科教育招生规模不低于高等职业教育招生规模的 10%，职业教育吸引力和培养质量显著提高"；"到 2035 年，职业教育整体水平进入世界前列，技能型社会基本建成。技术技能人才社会地位大幅提升，职业教育供给与经济社会发展需求高度匹配，在全面建设社会主义现代化国家中的作用显著增强"。或者说，今后 5～15 年内，我国职业教育高质量发展重点强化三个方面的内涵：一是强化职业教育的类型定位，二是构建现代职业教育体系，三是服务技能型社会建设。实践中，职业教育高质量发展关键是要处理好以下几对关系。

一是高质量发展与规模数量增长的关系。近年来职业教育大发展，尤其是高职教育大扩招，增加了人们对职业教育人才培养质量问题的担忧。那么，职业教育数量增长与高质量发展之间是否必然相悖？从发展经济学的视角而言，发展意味着量的增长和质的提升，量的增长本身就意味着发展。如果说职业院校人才培养数量不足，或者说职业教育人才培养供给量滞后于经济社会发展需求量时，就很难说职业教育是高质量的。当然，数量并不等于质量，但数量的增长并不意味着质量得不到保障。数量与质量的一致性既取决于职业教育人才培养的数量满足社会需求的程度，又取决于职业教育或职业院校质量保障能力。[1] 数量的增长如果与入学标准、人才培养模式、质量标准、学习方式、就业保障等方面的改革相配套、相协同，那么数量的增长就不会引起质量的滑坡，或者说，质量是可以得到保障的。

二是高质量发展与结构调整之间的关系。职业教育高质量发展还与职业教育结构、人才培养结构等因素密切相关。从根本意义上来说，职业教育高质量发展是一个数量、质量、结构相统一的实践性概念。从结构层面而言，职业教育结构具体包括层级结构、学科专业结构、布局结构、数量

① 马廷奇. 高职院校扩招与高职教育高质量发展[J]. 中国职业技术教育，2019（33）：25-30.

结构等。长期以来，我国职业教育发展困境主要表现为两个方面的人才培养结构性供需失衡。一方面是人才培养质量的结构性供需失衡，即职业教育更多的是学历层次教育，职业教育类型特色没有得到彰显，更没有表现出相对于普通教育的不可替代性；另一方面是人才培养的数量结构性供需失衡，即职业院校或某些专业毕业生数量难以满足经济社会发展对高素质技能型人才的需要。也就是说，高质量发展与结构变革是紧密相关的，没有职业教育结构的合理性，就谈不上职业教育的高质量。

三是高质量发展与服务对象的关系。强调职业教育高质量发展，首先要确定到底是对谁而言的高质量？第一，宏观层面的整体性质量，即满足经济社会发展、结构调整、转型升级、发展动能转换，以及高端制造业发展需要的程度，是相对于当前以及未来经济社会发展对技术技能型人才需求的高质量，是人才培养供需吻合的高质量。当前，我国已成为世界"第一制造大国"，形成了独立完整的现代工业体系，是全世界唯一拥有联合国产业分类中全部工业门类的国家，部分产业处于国际领先地位。职业教育人才培养的质与量是否能够满足制造强国战略需求是衡量职业教育高质量发展的主要标志。第二，中观层面的校本质量，即学校人才培养模式、专业结构、办学特色相对于区域经济发展、科技创新、企业转型升级的满足度。第三，微观层面的个体发展质量，即满足毕业生就业和未来发展需要的程度，具体表现为毕业生就业能力、就业质量、发展潜力以及社会适应能力等。这三个层次相互关联、相互印证，虽然表现形式或考察视野不同，但本质内涵相同，都体现为人才培养质量满足社会需要的程度。

2. 现代职业教育体系及其实践内涵

所谓现代职业教育体系是指适应经济社会发展以及职业教育自身发展趋势和规律的教育体系。2014年6月教育部等六部门印发的《现代职业教育体系建设规划（2014—2020年）》将现代职业教育体系概括为"适应发展需求、产教深度融合、中职高职衔接、职业教育与普通教育相互沟通，体现终身教育理念"；"具有中国特色、世界水平"。2019年2月国务院印发的《国家职业教育改革实施方案》中提出，"完善学历教育与培训并重的现

代职业教育体系，畅通技术技能人才成长渠道"；"发展专业学位研究生"，
"开展本科层次职业教育试点"。2021年12月全国人大常委会审议公布的
《中华人民共和国职业教育法(修订草案二次审议稿)》中第二章提出"国家
建立健全适应经济社会发展需要，产教深度融合，职业学校教育和职业培
训并重，职业教育与普通教育相互融通，不同层次职业教育有效贯通，服
务全民终身学习的现代职业教育体系"。结合上述文件精神以及职业教育
改革与发展的趋势，现代职业教育体系概念的内涵可以从广义和狭义两个
层面来理解。广义现代职业教育体系，泛指职业教育以及人力资源市场等
不同要素及其之间关系的开放体系，包括普职关系体系、职业教育层次结
构体系、专业结构体系、人才培养模式体系、产教融合等；狭义职业教育
体系是指职业教育层次贯通、横向融通的结构体系，包括职前职后一体
化、普通教育与职业教育融通化。

　　实践中，职业教育体系建设的关键是职业教育要姓"职"，体现职业教
育发展的类型特色，实现"职业教育与普通教育是两种不同类型的教育，
具有同等重要地位"的发展定位，以及"由参照普通教育办学模式向企业社
会参与、专业特色鲜明的类型教育转变"。2021年，全国共有中等职业教
育学校7294所，招生488.99万人，占高中阶段教育招生总数的35.08%。
在校生1311.81万人，占高中阶段教育在校生总数的33.49%。全国共有普
通本科高校1238所，本科层次职业学校32所，高职(专科)院校1468所；
普通本科招生444.60万人，职业本科招生4.14万人，高职(专科)招生
552.58万人。[①] 2019年、2020年、2021年连续三年高职(专科)招生人数
超过本科院校招生人数，基本形成了中职与普高、普通高等教育与高等职
业教育的规模上下比例贯通、平分秋色的办学格局。因此，职业教育包括
高等职业教育必须强化办学类型特色，否则就等于与普通教育混同化发
展，这既不利于彰显职业教育的地位，又不能满足经济社会发展对大量高

---

　　① 教育部. 2021年全国教育事业统计主要结果[EB/OL]. http://www.moe.gov.
cn/jyb_xwfb/gzdt_gzdt/s5987/202203/t20220301_603262.html.

素质技术技能型人才的需求。"十三五"期间，全国技能劳动者的总体数量达到 2 亿以上，但在总量、结构、培养、使用等方面，与实际需要相比仍存在一定差距，人才市场高技能人才的求人倍率长期保持在 2 以上，"技工荒"、高技能人才供不应求与大学生结构性就业难并存。实际上，就业市场紧缺的不是职业院校毕业生，而是优质毕业生，是高水平技术技能型人才。据统计，职业院校的就业率普遍高于普通学校，2020 年应届高职毕业生离校就业率为 84.23%，高于普通本科 6 个百分点；"十四五"期间，将新增技能人才 4000 万人以上，技能人才占就业人员比例达到 30%，东部省份高技能人才占技能人才比例达到 35%，中西部省份高技能人才占技能人才比例在现有基础上提高了 2~3 个百分点。①

破解人才市场对技术技能型人才需求的数量或质量难题，必须通过强化类型定位、构建现代职业教育体系来实现。与普通教育相比，产教融合、校企合作是职业教育人才培养模式改革的基本途径，也是职业教育体系建设的根本原则。近年来，国家和地方政府对校企合作、产教融合出台了一系列相关政策，做出了战略性的顶层设计。从宏观层面来说，将产教融合列入经济社会发展规划，建设一批产教融合试点城市，打造一批引领产教融合的标杆行业，培育一批行业领先的产教融合型企业；从微观层面而言，要切实实现专业设置与产业需求对接、课程内容与职业标准对接、教学过程与生产过程对接。但无论是宏观还是微观层面，最终都必须通过构建职业教育体系，落实到人才培养模式改革，以及校企合作体制机制才能实现，包括合作共建新专业、开发新课程、建设现代产业学院、开展订单培养等。

二、职业教育体系之于职业教育高质量发展的现实困境

随着产业升级、结构调整，高端制造业、战略新兴产业快速发展，人

---

① 人力资源社会保障部关于印发"技能中国行动"实施方案的通知[EB/OL].
http://www.mohrss.gov.cn/xxgk2020/fdzdgknr/zcfg/gfxwj/rcrs/202107/t20210705_417746.
html.

工智能、大数据、云计算、互联网加速融入生产过程。在此背景下，对高质量、复合型技术技能型人才的需求快速增长。同时，随着共同富裕成为国家战略，国家和全社会将更加重视提升全体人民素质、提升人力资本，人民群众对教育培训、技能学习，以及高质量职业教育有着更加旺盛的需求。在这种背景下，以高质量发展为导向的现代职业教育体系建设既面临难得的机遇，同时也面临严峻的挑战。

1. 职业教育层次体系难以满足产业结构转型对高层次技能人才的需求

新时期产业结构转型升级步伐加快，新科技应用领域迅速深化和扩大，芯片半导体产业、新能源产业、电力装备产业、新材料产业等，对高素质技能型人才的需求旺盛。"十三五"期间，我国技能劳动者由1.3亿人增至2亿人，其中高技能人才超过5000万人，但技能劳动者占就业人口的总量仅为26%，高技能人才仅占整体技能人才总量的28%，与德国、日本等制造业强国占比达到70%到80%相比，差距还相当大。① 2016年12月教育部、人力资源和社会保障部、工业和信息化部等部门共同编制的《制造业人才发展规划指南》中所列的十大重点产业领域，到2025年人才缺口达2985.7万人，其中不仅包括研发人才，也包括技术技能型人才。但值得关注的问题是，目前我国职业教育体系的层级体系建设相对滞后，与高端制造业的发展以及制造业整体品质提升的要求不相适应，具体表现在高等职业教育大多是专科层次，职业本科教育发展还仅仅是起步，规模数量占比较少，硕士和博士层次职业教育还很难摆脱学术型人才培养模式的窠臼。因此，打破以往高等职业教育仅仅局限于专科层面的束缚，推进职业教育体系的层级升级就成为当务之急，尤其是要重点发展本科层次的职业教育。

我国职业教育体系层级结构存在的问题，其本质是相对于产业发展的需求而言的。或者说，职业教育层次体系是一个动态变化的过程，随着产

---

① 事关就业、落户！国务院印发重磅文件，官方解读来了[EB/OL]. 国际金融报，https://www.ifnews.com/news.html? aid=201318.

业结构转型升级，尤其是高端制造业发展对高素质技能型人才的需求增加，职业教育层次上移是必然趋势。当前，我国职业教育层次体系偏低，主要是源于两个方面的原因，一是由于职业教育发展滞后于产业结构变革尤其是高端制造业的快速发展，二是由于长期以来职业教育政策僵化，以及自上而下的行政控制式发展模式，缺乏因地制宜的政策支持体系。实际上，发展本科职业教育、提升高等职业教育层级，一直是国家职业教育改革和发展的政策取向。2014年5月《国务院关于加快发展现代职业教育的决定》中首次提出"探索发展本科层次职业教育"，"引导一批普通本科高校向应用技术类高校转型，重点举办本科职业教育"，但同时也规定"原则上专科高等职业院校不升格为或并入本科高等学校"，虽然是原则性规定，但由于政策缺乏变通和灵活性，这就从根本上限制了独立层次本科职业教育的发展，不少专科层次高职院校升格或有"心"无"门"，或只能与本科院校合办本科职业教育专业。2019年2月《国家职业教育改革实施方案》提出，"开展本科层次职业教育试点"，推动本科层次职业教育实现形式和培养模式多样化，从政策上突破了上述"原则限制"，2019年6月教育部正式批准首批15所"职业学院"正式更名为"职业大学"，截至2021年底，先后有32所高校通过"升格""转设"等方式独立举办本科层次职业教育。2021年教育部先后发布《本科层次职业教育专业设置管理办法(试行)》《本科层次职业学校设置标准(试行)》，对规范发展本科职业院校和专业做出了具体规定；同年中共中央、国务院印发的《关于推动现代职业教育高质量发展的意见》提出了"到2025年职业本科教育招生规模不低于高等职业教育招生规模的10%"的发展目标。可以预见，在发展"规范"和"目标"的双重带动下，"十四五"时期本科层次职业教育发展必将走向"快车道"。

当然，理论上的应然不等于实践中的实然。虽然本科职业教育已经成为独立的职业教育层次，但本科职业教育还是一个"新生事物"，无论是升格还是转设、转型，以往的办学模式或人才培养模式的"惯性"依然根深蒂固，对于如何凸显本科职业教育的类型特色还有一个逐渐实现的过程。一是本科职业教育的办学定位及其教学内涵不明确，人才培养的过程标准、考核或评估标准有待完善，本科层次职业教育的人才培养目标如何区别于专科层次，无论是认识还是具体教学标准都比较模糊；二是虽然层次升本但内涵建设相对滞后，主要表现为专业建设专科与本科、职教本科与普通本科之间理念和要求的冲突，教学过程重理论学习轻技能培养，课程建设重学科体系轻实践体系；三是办学条件薄弱，不仅表现在硬件条件，而且表现在思想观念、"双师型"教师队伍建设与本科职业教育的办学要求还有相当大的差距。可见，完善职业教育层级体系，不仅表现在办学层次升级，还表现为办学内涵的升级。

2. 职业教育人才培养体系还没有彰显校企融合办学的类型特色

与普通教育相比，职业教育是一种跨越学习与工作、跨越专业与职业、跨越学校与企业的跨界性教育，或者说，职业教育是由校企共同参与的双主体、双场域教育，本质上就是校企合作教育。① 实践中，职业院校不能关起门来办学，而必须走产教融合、校企合作的开放式办学之路；产教融合、校企合作是职业教育办学的底色，是职业教育人才培养适应人才市场的根本要求。2011 年，教育部率先提出产教融合这一概念，此后国家相继颁布了一系列文件对职业教育产学合作、产教融合做了顶层设计、政策激励和细化制度安排。2019 年，国家发展和改革委、教育部等 6 部门联合制定的《国家产教融合建设试点实施方案》经中央全面深化改革委员会第九次会议审议通过。2021 年 10 月，中共中央办公厅、国务院印发的《关于推动现代职业教育高质量发展的意见》首次明确提出"将产教融合列入经济社会发展规划"；"以城市为节点、行业为支点、企业为重点，建设一批产教融合试点城市，打造一批引领产教融合的标杆行业，培育一批行业领先的产教融合型企业"。也就是说，产教融合不仅是推动职业教育高质量发展以及人才培养模式改革的制度保障，也成为推进经济社会发展以及产业结构转型升级的国家战略。从本质上来讲，产教融合以及产教融合建设试

---

① 汪建云，王其红. 高职教育政校企协同合作的困境与突破[J]. 中国高教研究，2014（1）：97-100.

点是涉及政府、社会、职业院校、行业企业等多元主体的协同行动，是一项综合性、系统性的改革工程。

但在具体实践层面，产教融合必须落实到校企之间的深度合作才能实现。据统计，截至2017年9月底，中国大陆（内地）共有实体注册企业数量2907.23万家。其中，私有企业数量是2607.29万家，国有企业数量则为247.67万家，跨国公司和我国港澳台企业在大陆（内地）投资设立的公司约52.27万户。① 如此海量的企业，究竟什么样的企业才能作为产教融合的合作对象呢？为什么产教融合又称为职业教育发展的难点和堵点呢？这一方面与校企之间的制度性分离，以及企业缺乏参与职业教育人才培养的激励机制相关；另一方面与传统的职业院校封闭办学模式和人才培养模式相关。在"计划体制"时期，是部门（行业）办学、企业办学的体制，无论是中等职业教育还是高等教育，校企合作、产教融合具有天然的组织和制度保障，随着市场经济环境下教育管理体制改革和国有企业市场化改革，中等职业学校和高校逐渐脱离了行业或企业办学的体制，校企合作就成为校企双方基于自身利益和成本考量的"理性"选择。当合作成本大于收益或无利可图时，企业往往回避合作或仅仅形式上合作，当收益大于成本或可以达致互利共赢时，企业往往主动合作或积极参与职业院校人才培养。实际上，这就存在一个校企双方的相互选择问题。从理想目标而言，职业院校应当结合当地社会经济发展的需要，在重点产业领域或转型升级的重点领域，选择与学校专业群发展相一致的企业，或鼓励行业企业尤其是"上市公司、行业龙头企业举办职业教育"。但实际上，校企之间远没有成为相互利益攸关方，更没有结成命运共同体，校企合作甚至主要靠彼此之间的"关系"或"感情"维持，因此也很难形成校企双方实质性的合作育人体制机制。

实质上，深化校企合作、产教融合，旨在促进教育链、人才链与产业

---

① 李永生. 产教融合：学校究竟怎样选择合作企业［EB／OL］. 中国在线，http://zqb.cyol.com/html/2019-08/21/nbs.D110000zgqnb_01.htm.

链、创新链有机衔接，实现经济发展与职业教育的供求对接，以及职业院校与行业企业的需求对接。但实际上，产教融合与这种理想要求还有很大差距。一是对职业教育产教融合缺乏整体设计，以及系统化的制度保障，所谓校企融合还只是停留于初级阶段的形式化合作，或仅仅是点对点的结合，即一个项目对接项目、一个学校对接一个或几个企业、一个学科对接与之关联的行业，既缺乏政府层面的顶层设计，也缺乏与区域经济发展、行业产业的整体性构建，职业院校专业设置、培养方案、教学资源、教学过程、学生就业等方面缺乏与地方产业、岗位需求以及区域资源的针对性联系。① 二是产业与职业院校合作形式单一，或仅仅局限于学生实习见习方面的合作，缺乏科技研发、技术创新、学科专业建设、课程开发、人才培养模式等一体化校企合作规划，同时职业院校人才培养的学科导向思维依然占主导地位，对产业技术创新和技术市场的需求不敏感，校企之间对产教融合目标的理解和执行存在相当大的落差。

三、以现代职业教育体系建设促进职业教育高质量发展

当前，我国职业教育的矛盾主要表现为经济社会发展以及人民群众对职业教育的需求与职业教育发展不平衡不充分之间的矛盾，而这种不平衡不充分形式上表现为职业教育体系的问题，本质上是职业教育质量问题。或者说，职业教育体系与职业教育高质量发展是问题的"一体两面"，也因此，职业教育的高质量发展必须通过建设现代职业教育体系来实现。

1. 强化职业教育的类型属性，完善职业教育人才培养的类型体系

《国家职业教育改革实施方案》提出，职业教育要"由参照普通教育办学模式向企业社会参与、专业特色鲜明的类型教育转变"，"职业教育与普通教育是两种不同类型的教育，具有同等重要的地位"。因此，强化职业教育的类型属性既是职业教育发展的战略定位，也是职业教育改革的理性抉择。长期以来，职业教育之所以社会认可度不高，就是因为职业教育的

---

① 谢笑珍. 产教融合：从概念改革到行动实施[N]. 光明日报，2019-08-13(13).

类型属性不彰，没有凸显不同于普通教育的质量特色。当前，强化职业教育的类型属性，关键是要从单个学校或局部的特色追求转向职业教育体系建构层面，① 既要全面规划、系统设计，又要制度保障、政策引导。一是探索体现职业教育类型属性的校企深度合作育人模式。优化职业教育供给结构，推动形成紧密对接产业链、创新链的专业体系；积极推进引企入校、企业办专业，建设职教联盟、产业学院或产教融合型企业；推行"招工即招生、入企即入校、企校双师联合培养"为主要内容的中国特色企业新型学徒制。二是构建体现职业教育类型属性的人才培养体系。实践中，亟待建立"职教高考"制度，完善"文化素质+职业技能"的考试招生模式，打通中职(职高)毕业生升学制度"阻梗"；通过推行"1+X"证书制度，构建职业教育的国家和行业标准，倒逼职业院校优化培养方案，创新人才培养模式；着力推进"三教"(教师、教材、教法)改革，系统规划教学体系"谁来教、教什么、如何教"的问题。三是建设体现职业教育类型属性的人才培养质量标准。本质上说，职业教育教学标准来源于产业、行业、企业，而不是来源于学校、学科、教师；职业教育人才培养过程要始终贯彻"能力本位"理念，结合职业岗位或岗位群的需要，确定培养目标体系以及教学评价和考核标准，并据此设置课程、组织教学内容。可以说，强化职业教育类型特性就是由学科主导的人才培养过程转向产业主导的人才培养过程，同时也是倒逼职业教育去"经院化"并逐步"回归职场"的过程。

2. 推进职业教育区域化发展，升级职业教育人才培养的层次体系

职业教育具有很强的区域性特征，这主要是由办学主体的区域性、服务面向的区域性所决定的。一般而言，职业教育与区域经济发展具有很强的共生关系，经济活跃度越高或经济较为发达的地区，职业院校人才培养质量就越高，毕业生就业质量的社会认可度也越高。② 因此，区域经济社

---

① 徐国庆. 确立职业教育的类型属性是现代职业教育体系建设的根本需要[J]. 华东师范大学学报(教育科学版)，2020(1)：1-11.

② 马廷奇. 高职院校扩招与高职教育高质量发展[J]. 中国职业技术教育，2019(33)：25-30.

会发展与职业教育发展要统筹规划、一体化设计。一方面，政府要将职业教育改革纳入区域经济社会发展中长期规划，根据区域经济转型升级战略要求做好职业教育发展顶层设计；另一方面，职业院校要主动根据区域经济发展需求调整专业结构，增设新专业，改造传统专业，人才培养要与新经济、新技术、新产业、新业态、新模式实现对接，着力培养服务于数字经济时代的高素质技术技能人才。同时，随着区域产业结构调整、传统技术升级改造，尤其是区域高新科技产业的发展，亟需打破固化的高中阶段和专科层次的职业教育框架，形成中—专—本—研上下贯通的职业教育体系，建立贯通技术工人、技能人才、高技能人才、大国工匠的职业教育体系和人才成长通道。① 当前，要重点落实职业本科教育实现形式多元化政策，一是优先遴选符合条件的"双高计划"高职院校"升格"举办本科职业教育；二是推进地方普通本科学校"转型"成为应用型本科学校；三是通过独立学院"转设"成为职教本科或应用型本科院校；四是支持有条件的高职专科学校、普通本科学校和应用型本科学校举办本科职业教育专业。同时要探索不同层次职业教育人才培养一体化，推动不同层次职业教育在专业设置、培养目标、课程体系、培养方案等方面的有效衔接。

3. 创新职业教育多主体协同机制，建构职业教育人才培养的开放体系

职业教育是一种跨界教育，是多元主体的跨界合作教育，从本质上来说，职业教育体系是开放的体系。也因此，职业教育改革是一项系统工程，不仅包括相关主体自身的改革，也包括相关主体之间的协同改革，着力构建政府统筹管理、行业企业积极举办、社会力量深度参与的职业教育人才培养的开放体系。首先，政府部门之间要密切配合，加大对职业教育发展的财政支持力度，切实引导社会用人单位加强就业和评聘制度改革，为职业院校毕业生营造更加公正的就业环境；人力资源和社会保障部门以及相关行业协会协同制定和开发职业标准以及课程教学标准，保障人才培

---

① 王文彬，聂劲松. 面向 2035 区域职业教育现代化：逻辑、挑战及策略[J]. 教育学术月刊，2021(10)：13-20.

养过程和质量规范化；各级政府要通过多元化激励政策鼓励企业依法参与举办职业教育，让行业企业真正成为职业教育人才培养的主体。其次，职业院校要将开放型体系建设置于职业教育综合改革以及多元主体协同中统筹落实。职业院校要瞄准经济社会发展需求，狠抓人才培养体系的内涵建设，构建专业集群发展机制，使专业链与产业链、岗位链深度嵌接；推进工学结合、理实一体，面向复合岗位（群）需求，构建以职业能力为导向的模块化、开放式课程体系。实质上，职业教育改革与发展或人才培养问题既有职业教育或职业院校本身的问题，也与社会文化、制度环境和政策支持密切相关。因此，无论是职业教育体系变革，还是推进职业教育高质量发展，不仅需要政府统筹规划和顶层设计，也需要职业院校的自身努力，更需要全社会的关心、参与和支持。

第二节　命运共同体：职业教育校企合作模式的新视域

"共同体"是哲学社会科学研究领域的重要命题。从命运或生命的角度来检视共同体，意在凸显利益相关方荣辱相伴、风险共担、不可分离的一体化关联。与普通教育相比，职业教育是跨越职业院校与行业企业的双主体、双场域教育，职业院校与行业企业之间存在休戚与共的命运联系。《国家职业教育改革实施方案》中提出"推动校企全面加强深度合作"；"厚植企业承担职业教育责任的社会环境，推动职业院校和行业企业形成命运共同体"。当前，学界对校企命运共同体的理论研究还比较薄弱，现实中校企命运共同体的实践样标也很少见。那么，如果作为职业教育的办学理念和理想类型，校企命运共同体建设有何理论依据？如果作为职业教育可操作性的实体性存在，如何规避校企命运共同体建设中的可能存在的实践误区和现实障碍？另外，当我们将校企命运共同体作为职业教育发展普遍的规范性导向时，实践中是否存在不同的样态？诸如此类的问题正是本节要着力思考的内容。

一、职业教育校企合作命运共同体建构的前提依据

在学界或政策话语体系中，校企命运共同体有两种叙事路径。一种是偏实体化的叙事路径，它注重共同体的组织属性及其实践功能取向；另一种是偏规范化的叙事路径，它偏重以校企合作的规范性取向来理解共同体的发展方向。从本质上来看，校企命运共同体既是一种全新的职业教育发展的规范性理念，也是有效履行职业教育功能的实体性组织，是规范性存在与实体性存在的统一。实践中，这种统一性构成了校企命运共同体建设的基本依据。

1. 实体性存在：校企命运共同体构建的理论依据

实体是一切存在物的本源。将校企命运共同体理解为实体性的存在，主要侧重对共同体"是什么"的分析，在厘清概念内涵的基础上找出职业教育活动中的具体所指，并试图构建一个边界清晰的校企合作行动框架。作为一个描述性的概念，校企命运共同体是指职业院校与行业企业基于共同的地域、情感，抑或是基于共同的利益、目标，共同开展职业教育活动的组织集合体。作为实体化的存在，校企合作命运共同体具有两个基本特征。

一是从较为直观的实践概念而言，校企命运共同体是职业教育活动中形式化的实存性组织。基于共同的活动，如人才培养、技术创新、社会服务等所形成的校企合作实存共同体，校企双方形成"你中有我、我中有你"的牢不可破的一体化组织。实践中，这个意义上的共同体是丰富多样、外延广泛的概念，如产教融合型企业、产业学院、订单式培养专业，以及股份制、混合所有制职业院校，等等。在这类共同体中，校企合作双方相互熟悉、持续互动，并将资源共享、互利双赢作为共同体存在的必要条件，其中每一方都生活在对另一方的相互依赖的关系之中。

二是从组织价值的视角而言，校企命运共同体存在的根据在于校企双方对于校企合作规范的认同。校企合作不是某一方强加的，也不是政府的"拉郎配"，而是基于共同的目标和利益需求而共同建立的组织体。长期以

来，校企合作过程中职业院校"剃头挑子一头热"，或校企之间"单依赖、无互动"①，要么是因为利益关系的偏向性，职业院校只是利益的获取者、寄生者，行业企业缺乏利益激励或有效收益，要么是因为文化信念的离散性，缺乏共同发展的价值共识。事实上，校企命运共同体是建立在利益相关者相互认同的基础上，不仅涉及校企双方如何行动、如何合作，而且也为可能的利益冲突设计了一致性的解决方案。或者说，校企命运共同体规定了自身存在的合法性和必要性，以及区别于短期或一次性合作的本质特性。

随着我国经济发展进入新常态，以及经济结构转型升级对高素质技术技能型人才的旺盛需求，人们对实体性校企合作的期待折射出社会对职业教育作为一种独特类型的现实期待，以求得确定性、实在性的组织保障。然而，这种将共同体理解为实体性的存在在实践中面临着重重障碍。其一，无论是基于情感关系、责任情怀，还是基于某种共同利益、政策导向，实体性思维包含着一个共同的预设，即共同体本质上是客观存在的功用性组织，建构共同体就是重建一种能够全面发挥职业教育功能的教育实体。事实上，我们在现实中很难发现这种理想类型的共同体，实践中也因为诸多原因的掣肘难以全面实现预设的校企合作目标。其二，共同体建构中因缺乏弹性思维而导致校企合作灵活性不足乃至僵死的结局。同时，缺乏弹性思维意味着共同体建构中忽视职业教育跨界合作影响因素的复杂性，缺乏组织开放、组织规范与组织形式多样性的制度弹性，这就容易导致校企合作体系的自我封闭，进而使得关系僵化、利益固化、活力弱化，最终导致校企合作关系名存实亡。

2. 规范性导向：校企命运共同体建构的本质要求

实体化的共同体揭示了校企合作的组织属性和实体性样态，但缺乏对校企双方之间的关系以及实现形式多样性的深刻把握，更没有从规范性的

---

① 姜茂，朱德全. 自由与共生：职业教育与区域经济联动发展的生态学审视[J]. 职教论坛，2014(10)：17-20.

角度对共同体建构提供更多的空间。所谓规范性是指"一种理论主张如果在事实性描述之外还蕴含着'什么是应该的'、'应该主张什么'等要义，并依据这种要义对客观现实作出评价、反思等价值审视，这就意味着它蕴含着'规范性'"。① 实际上，不能仅仅将校企共同体建立在利益性、情感性、资源性的基础上，更多地要关注共同体对校企双方的意义，以及共同体所承载的共同信念和价值取向。共同体本质上是规范性存在，它体现为对职业教育校企合作的价值性维度的理解，反映了人们对校企合作人才培养功能的期待和追求。实践中，校企合作共同体的建构不仅关系复杂，而且充满不确定性，完全是根据市场行为校企之间相互作用而实现社会建制的过程。② 也就是说，我们建构校企命运共同体，不是因为实践中有一个可模仿的样板，也不是仅为建构一个实体化的组织，而是在教育逻辑和市场逻辑下建构一种超越实用性功能的职业教育价值规范和利益相关者之间的交往秩序。

作为一种规范性存在，校企命运共同体具有以下特点：其一，共同的利益诉求。共同利益是指校企双方之间的利益以及单方利益与整体利益之间存在共损共荣关系。当然，这种共同利益不是校企之间的相同利益，实际上，校企双方在合作过程中所追求的利益是有本质不同的，但共同体存在的前提是只有通过校企合作才能产生收益。其二，共同的价值取向。为了实现校企双方的良性互动，共同体建构必须承载共同的价值追求，这是共同体规范性存在的内在要义。从新时期校企命运共同体构建的现实意义来看，主要包括三个方面的内在价值。一是共同体构建的教育价值。在职业教育领域，人们之所以热衷于讨论校企合作，根本原因在于对现行职业教育人才培养模式的焦虑。实际上，无论怎样强调互利双赢，都必须是基于职业教育人才培养功能的双赢。在这个层面，

① 曾琰."确定性—自由"规约下的规范性生成：人类命运共同体规范性构建的双重要义及径路[J]. 社会主义研究，2018(6)：131-137.

② 徐国庆. 从分类到分等——职业教育改革发展之路[M]. 上海：华东师范大学出版社，2018：145.

共同体被看作是蕴含教育伦理和人才培养价值的校企之间交往秩序的规范性体系，这也是共同体建构的基本逻辑。二是共同体的文化价值。任何共同体首先是文化的存在，同时也是多元文化的存在，构建共同体就是倡导多元文化之间的包容并蓄、和而不同，增进文化交流与文化创新。① 校企命运共同体基于共同的合作目标，将校企不同特质的文化融合在一起，形成相互包容的共同体文化。这种文化既是共同体本身发展的需要，也是职业教育人才培养的需要。三是共同体的合作意蕴。"合作"是个人与个人、群体与群体之间为达到共同目的，彼此相互配合的一种联合行动、方式，其本身就蕴含着人文情怀和价值关怀。校企毕竟是不同性质的利益实体，如何实现基于教育目标的资源整合，如何在共同协商中实现教育共识，这就需要合作。实践中，解决合作问题是校企命运共同体建构的规范性目标取向。

可见，校企合作命运共同体是一个正在生成的过程，现实中很难有一个完美的样态，也没有一个统一的标准组织形式和治理模式，它本质上就是根据具体的职业教育情景与利益相关者需求来建构的校企合作的规范性导向和交往秩序。或者说，校企命运共同体是职业院校和行业企业面对复杂的生存竞争和发展难题时而结成的相互依赖、相互影响、相互需要的关系框架，这种框架必然驱动建构一种具有共同目标取向的价值规范和交往秩序。从这个意义上说，校企命运共同体是一种融利益、价值、文化、管理等为一体的交互性共同体。

二、职业教育校企合作命运共同体建构的实践确证

产业结构转型及其工作岗位所需技能升级所驱动的人才培养职业化、个性化发展需求，必然推动职业教育人才培养模式的根本性变革，升级政府、职业院校、行业企业等多元主体的合作模式，构建命运相连的共同体

① 杨章文. 文化互通：新时代"人类命运共同体"的实践逻辑[J]. 理论月刊，2018(11)：18-25.

模式，以共同应对经济结构转型对校企双方生存与发展所面临的挑战。需要特别强调的是，校企命运共同体不是传统"计划体制"下校企一体化关系的简单回溯，更不是政府强制下的"生拉硬配"，而是进入自在自为、产教融合的校企关系状态。

1. 校企不同的治理逻辑需要建设命运共同体

职业教育是一种跨界教育，跨越学校与企业两个场域、学习和工作两类活动；从世界职业教育发展趋势而言，建构"学校—企业"教育共同体已经成为培养职业技能型人才不可或缺的办学模式。但在实践中，"职业教育校企合作不仅仅是一个教育问题，而且是一个经济问题"[①]。在计划体制下，行业企业举办职业院校，或直接负责职工培养与培训，职业院校与行业企业本身就是一体的，因此也就不存在校企合作的问题。随着市场经济的发展，以及20世纪90年代的企业改制和教育管理体制改革，职业院校与行业企业由一体走向分离，原来隶属于行业企业的学校划归为教育行政部门管理，企业不再承担举办学校教育的职能。在市场经济环境下，职业院校与行业企业是两类不同性质的社会组织，呈现出不同的利益取向、运行逻辑、治理结构。企业以盈利为目的、以市场需求为导向，追求盈利和资本增值是第一位的，社会责任包括教育责任为第二位的，企业作为一个市场主体，政府无权强迫企业参与校企合作。尤其是在企业人才培养与人才招聘体制性分离，以及缺乏必要的教育成本补偿和政策保障机制的条件下，稳固的校企合作体系很难形成，因此也就很容易出现校企之间"貌合神离"以及合作关系的短命化现象。

实际上，在开放办学的时代，职业教育最突出的问题就是人才培养体系封闭化。人才培养体系封闭化与职业教育的类型特征不彰是"一体两面"的关系，封闭化导致职业教育与经济发展脱节，职业院校圈定于"围墙"内办学，面对激烈的人才市场竞争学校孤立无助，在空间上与社会隔离，在

---

① 石伟平，郝天聪. 阐教深度融合 校企双元育人[J]. 中国职业技术教育，2019(7)：93-97.

心理上与企业隔膜，学校与职业的内在联系受到忽视或破坏，从而导致职业教育"普通化"，以至于中职教育变成"升学教育"，高职教育成为本科教育的"压缩饼干"，课程架构以学科体系为指导，没有凸显产教融合的职业教育特色。① 传统上，我们只将职业院校视为职业教育机构，教育的产品是"一元化"的，即学生的供给与需求，而现代职业教育体系中具有资格的企业也成为职业教育机构，教育的产品是"多元化"的，既包括教师的实训需求和企业兼职教师的供给，还包括对企业实训基地的需求和实训设备的供给，行业企业和职业院校相互融合，都是职业教育的主办者、参加者，互为职业教育供给和需求行为的主客体。② 在这种背景下，产教融合、校企合作、工学结合，建设校企命运共同体，就不再是一种愿望和理念，而是成为实实在在的实践运动。

2. 企业技能的专用性亟需构建命运共同体

从发生学的视角来看，校企合作不是自动的，因为有合作就会有合作成本，只有合作收益大于合作成本，校企双方才会自觉通过合作谋求双赢。从理论上讲，校企双方是技术技能型人才的供求主体，当人才市场供不应求时，职业院校就倾向于选择自外于行业企业而封闭办学；当人才市场供大于求时，职业院校就倾向于选择通过校企合作为人才培养体系赋能，以提升毕业生在人才市场上的竞争力。同样，行业企业如果不需要投入也能获得所需的技能型人才时，就会规避校企合作成本及其可能的风险。因此，校企合作的前提必然是通过合作能够产生利益最大化、成本最小化。一般而言，企业延揽技术技能型人才有两条路径：一是直接从人才市场招聘，企业无涉职业院校人才培养；二是通过与职业院校合作培养人才，企业也是人才培养的主体。当前，无论是职业教育人才培养体系建设，还是经济社会发展对技术技能型人才的现实需求，校企合作已经成为职业教育发展的必要路径。也就是说，校企合作不是仅有一方获利，而是

---

① 刘盾. 课证共生长，携手育人才[N]. 中国教育报，2019-08-05(1).

② 姜大源. 职业教育要义[M]. 北京：北京师范大学出版社，2017：147-148.

为了追求双方互利共赢、共同抵御市场风险。实际上,校企双方是在一个特定的制度空间和组织框架内形成了一种竞争性合作关系。所谓合作,包括共建专业、共建课程、共建平台、共建师资,以及共同维护双方互动的行动框架,进而形成校企命运共同体;所谓竞争,是指合作双方投入资产具有高度的专用性,但由于收益双方产权不明晰,包括学生培养与就业场域分离,以及合作研发收益的非均衡分配,就会导致利益联结机制弱化。因此,校企合作印证了共同体建构的可行性,校企竞争印证了共同体建构的必要性。

同时,经济结构转型升级不仅使得职业教育主动寻求与行业企业合作,而且也使得行业企业从被动合作向主动合作转变。从利益动机来看,企业之所以主动寻求校企合作,是由于企业所需技能形成的复杂性和专用性所决定的。在规模化、程序化生产以及技术层级较低的企业,需要更多的是掌握通用性技能的员工,而通用性技能可以通过人才市场购买,不需要企业专门投入或直接参与培养。当前,以智能化、网络化、数字化技术为核心的工业革命,不仅正在或将要催生一批新的先导产业,而且从根本上改变了传统产业的技术基础、组织模式和商业形态,企业的设备、技术、标准也逐渐呈现出专属于自身的专用性特征。然而,技术技能专长的形成"要求个体在领域内有长时间(职业学校学习—职场实习—职场工作—基于工作的学习)、多场域(职业学校—企业工作场所—社会)的知识积累、社会化浸润和专业实践参与"①。同时,为降低环境不确定性变化带来的风险,政府、行业协会等部门参与到校企合作,通过制度供给来为他们之间的合作提供可信的承诺和保障。② 当然,这种专用性技能不仅包括专业层面的"硬技能",也包括企业文化、价值观念等"软技能",前者通过技能培训或岗位实习就可以形成,后者则需要通过"浸染"才可以养成。在这种背

---

① 和震,柯梦琳. 职业教育视角下的专长与校企合作重构[J]. 清华大学教育研究,2017(4):40-47.

② 王春旭,朱俊. 技术复杂性与治理结构:技能形成中的校企合作[J]. 教育学术月刊,2018(6):48-55.

景下，校企合作必须从传统浅层次的依赖关系模式转向供需互嵌、文化相容、资源共享的命运共同体模式。

三、校企合作命运共同体建设的内在逻辑与制度困境

校企命运共同体是一个跨界合作的职业教育理念，也是一个脚踏实地的校企合作的实践路径。如果将共同体作为一种经验事实来看待，它在实践中的确有助于校企深度融合、人才培养质量提升、彰显职业教育类型特色等积极效应。如果将共同体作为一种规范性导向来看待，它的确被寄予在经济结构转型背景下提升职业教育质量的价值期待。现在的关键问题是，要把握校企命运共同体的实质和发展趋势，就必须追问它的内在逻辑；而要解决校企命运共同体的实践问题，就必须弄清楚共同体制度化过程中存在的现实障碍。

1. 校企命运共同体建设的内在逻辑

校企命运共同体可以看作是人员交流、资源交换、信息共享在职业院校和行业企业范围内的深度扩展。同时，共同体使得现代职业教育发展呈现出利益、文化、资源等要素跨界整合的实践特征。一是利益相关者共同治理、共同维护校企合作的组织边界、组织行为框架；二是校企之间资源、信息和人员等要素无阻碍而又有目标的流动。本质而言，共同体建构就是实现校企之间职业教育要素的结构性联系。在共同体建设内在逻辑的探讨中，存在着三个相互关联的问题。第一，共同体建设的主体是谁？第二，共同体存续的动力和机制是什么？第三，哪些要素和问题需要被纳入共同体？

从场域理论的视角，校企共同体就是职业教育功能的跨界延伸，以及职业教育与区域经济联动发展的共生环境。如果把场域作为职业教育活动的基本构型，那么现代职业教育活动早已不再局限于职业院校这个传统的场域。实际上，不仅教育资源配置、人员交流已经超出了传统场域的限制，而且学生技能的培养、职业文化的养成也不可能仅局限于职业院校的范围，人才培养目标的新要求必然引发职业教育结构和组织功能相应的变

革。当前，职业教育正从经济社会发展的"边缘"走向经济结构转型战略的"核心"，职业教育人才培养供给体系与人才市场需求体系之间的"黏合度"逐渐加强，政府、行业企业、职业院校、市场和社会成为职业教育发展的利益相关者。区别于以实习基地建设、订单式培养、教师入企提升实操技能等形式来描述校企合作，新型校企合作关系就是要达成产业发展与人才培养的融合，校企共同体就是职业教育活动的重新场域化，或者说职业教育场域在组织结构和功能上的重构。那么，如何在体制机制上保障这种场域重构呢？

从运行逻辑来看，校企命运共同体就是职业教育永续动力的发展机制。首先，校企命运共同体是一种职业教育观。这种教育观不同于单一主体的教育观，共同体观念是基于不同利益相关者之间职业教育行为的预设，即以一种特定的组织形式将职业教育活动纳入具有预定目标的框架。从理想状态而言，共同体就是将职业教育活动或人才培养活动构建为一个体系，并把校企以及其他利益相关者置于权责利相统一的组织保障系统之中。由此，这就需要建立多主体、多因素联动的整合和治理机制，包括市场机制、行政机制、学术机制、社会机制等。其次，校企命运共同体是一种利益相融机制。传统职业院校"求合作"模式已经无法适应经济结构转型对职业教育发展的要求，共同体建设被视为校企相互依赖深化乃至校企双方变成命运与共、发展与共的过程。实践中，职业院校所面临的职业教育难题已不仅仅是自身问题，而是已经演变为只有通过跨界合作才能解决的问题。当然，仅仅依靠校企之间的自愿合作、自发合作是不够的，这就预设了政府或社会组织介入共同体建构的必要性。其一，政府或社会组织介入能够防止市场配置资源低效率或市场机制失灵，为校企合作创设必要的政策和社会环境；其二，政府介入可以保障校企双方责权利统一以及利益关系的整合，尤其是为企业参与职业教育创设激励机制。

2. 校企命运共同体建构中的制度性困境

职业教育的共同体模式是帮助所有行动者(政府、职业院校、行业企业等)确认和处理跨界合作问题的规范、程序和制度的组织行为体系。实践中，共同体所面临的现实困境主要表现为校企之间的制度性"隔阂"。

首先是校企合作的依附性困境。作为一种教育职能体系，校企合作共同体必须有相对稳定的结构框架保证其有效运行，但传统的校企合作关系是职业院校对企业"求合作"的依赖或依附性关系。① 在这种关系结构中职业院校迫于提升质量的生存竞争或完成人才培养方案的现实"需要"，想方设法与企业建立"联系"，而企业出于利益得失的算计则不情愿与职业院校合作，或碍于情面仅仅是被动或形式性合作。这种单向的依附性关系或偏利性结构，决定了校企双方在合作关系中话语权或利益需求的不平等地位。职业院校基本上处于"饥不择食"的境地，对合作企业的选择范围有限；行业企业则可以根据自己的喜好选择与谁合作以及不与谁合作。由于企业拥有适宜的教育资源和教育环境，而职业院校往往拿不出企业所需的合作"资本"，职业院校也就不可避免地会处于依附性地位，因此这种合作关系也就不可能持久。同时，这一依附性的单向偏利结构还加剧了同一区域院校之间的竞争，而忽视了职业院校之间携手合作的发展思路，更没有形成职教集团的聚集发展机制。从理想状态而言，校企双方或职教集团各成员之间相互依赖、利益共赢就意味着共同参与、共同协商职业教育活动，也包含着风险共担和问题共解机制。因此，校企命运共同体建构的关键在于对校企双方教育主体身份的认同和共同利益的确认；尤其是要通过体制机制创新引导行业企业从职业教育的"旁观者"，转变成为职业教育的办学主体、教育主体。②

其次是校企合作的治理困境。校企合作的治理困境首先源于对治理模式的理解与运用。从本质而言，职业教育是准公共产品，属于公共治理的范畴，因此校企合作不仅仅是校企双方之间的关系，同时还包括其他利益相关者之间的关系；同样，校企合作的治理模式是多元利益主体在一定的

---

① 唐智彬，石伟平. 论高等职业教育与产业发展协同创新的逻辑与机制[J]. 教育与经济，2015(4)：3-7.

② 喻忠恩. 职业教育的革命性变革：从政府办学到企业办学[J]. 职教论坛，2016(27)：42-46.

组织框架和制度规范下，以持续互动和充分协商的方式来开展职业教育活动的过程。理论上，校企合作治理有三种理想模式类型，即行政治理、市场治理和学术治理。但在实践中，理想类型往往会变换成混合型的治理结构，或者说是以理想类型为主体的混合型治理结构。行政治理的核心是强调政府的权威性，利用政策杠杆为校企合作提供具有导向性的制度环境。市场治理的核心是校企双方基于利益和生存竞争的需要，而自愿结成的以市场为核心的治理结构体系，市场"需求"是校企合作的原动力。学术治理注重学校及其学术委员会主导、行业企业参与校企合作过程，并依据社会需求建构以学院为中心的治理体系。实际上，这三种治理模式都不是全能的甚至是相互冲突的，一种治理模式或仅仅具有某种程度和范围的实用性，要落实成为现实的实践形态，就必须具有特定的精神支撑和制度保障作为校企双方共同的前提条件。实践中，校企合作往往面临多元利益主体之间在价值、信念、态度等方面内在的矛盾与冲突，不同治理模式或不同利益主体之间的协同与融合还很困难；虽然国家或相关部委相继颁布了一系列校企合作的政策文件，但主要属于倡导性的，责任和利益的主体不够明确，缺乏刚性约束以及具体的执行和评价标准。

最后是校企合作中的行政悖论。在校企合作模式中，到底谁是真正的和可行的治理者，是政府、学校或企业，还是社会第三方？在市场经济条件下，校企合作预示着校企双方是独立的利益主体，或预设了不受任何行政干预的合理性，但由于校企双方利益取向和行为取向的差异，实际上又不得不强调政府的政策规制以及行政干预等职能的必要性；与此同时，政府面对校企合作中复杂的利益冲突，往往力不从心甚至束手无策；行政区划的阻隔限制了地方政府推动跨区域校企合作的可能性，以及弱化了地方政府跨区域合作制度建构的责任。这些就是校企合作中的行政悖论，或者称之为"政府失灵"。从理想状态而言，政府行政是公共治理的基本机制，市场环境下完全依靠校企合作的自组织机制，其成效肯定是有限度的，因此发挥政府宏观调控、政策导向以及社会组织的协调作用是较为理想化的制度安排。同时，校企合作的行政悖论的另一种现实困境是政策执行的场域化。不同区域的经济发展环境、不同的校企合作关系，往往会带来政策属性、执行环境、执行模式的变化；同一政策往往会导致并非一致性的政策成效，政策执行过程中的政策变异也时有发生。① 可以说，校企合作治理中的行政干预和规制处于既有存在的必要，也有多余之嫌的两难境地。

可见，校企合作关系的治理结构面临的制度化困境，表明在市场经济以及经济结构转型背景下，校企合作越来越充满不确定性和复杂性。可能的出路是，不能简单地把校企合作看作解决一切职业教育实践问题的方案，而是要超出传统治理的视野，着力于构建更加稳定和更具有协调性的校企命运共同体。

四、职业教育校企合作命运共同体建构的实践路径

校企命运共同体作为产学深度融合以及培养技术技能型人才的规范性存在，着力于从系统性的视角反思经济结构转型升级背景下职业教育改革的理论和实践逻辑，内含着职业教育作为一种教育类型的特色化发展路径。本质而言，校企命运共同体更加强调校企双方基于人才培养的利益认同与自主合作的共存方式。实践层面，校企命运共同体既是一种抽象单一的观念，也是一个具体多样性的观念。我们只有从具体的情境出发，才能准确阐发校企命运共同体建构的具体路径。

1. 校企命运共同体规范性与多样性的统一

校企命运共同体不是统一的实践样态，而是规范性的价值共同体。实践中共同体是多样化的、多样态的，规范性和多样化是相互包含的范畴。这不仅意味着实践中所有的校企合作形式应该具有某种同构性，还意味着校企合作真实的实践样态都具有存在的合理性。当前，我们对校企合作关系的论证囿于价值、利益、文化等共同体规范性要素，而没有说明这些规范性因素的现实基础是如何形成的，因此也就忽视了校企合作的具体实践

---

① 屠莉娅. 从"文本的政策"到"行动的政策"：课程政策在实践中的生成与演进[J]. 教育发展研究，2012(18)：53-58，64.

环境的特殊性，忽视了多样化共同体实践形态存在的意义。校企命运共同体概念就是以校企合作的规范性或共性为理论基础，并认为共同体的多样性是由利益相关者之间具体的活动方式或治理结构所决定的，不具有固定不变的模式。因此，对于共同体的存在形态而言，规范性寓于多样性之中，而多样性实践才是共同体发展的目标。从实践层面而言，由于价值取向、利益关系、政策环境、区域经济发展水平等方面的差异，共同体既有不同的实践形式，也存在不同的发展层次。所以，共同体建构必须通过规范性要素来整合和规约多样化的共同体形式，而不是简单地取消、代替和磨灭校企合作关系的多样性。实践中，规范性要素的存在需要满足两个基本条件：一是校企双方必须具有以价值取向为核心的合作体制机制；二是不存在单方面的利益剥夺或零和博弈，尤其是在缺乏共同文化价值认同的条件下。

2. 校企命运共同体运行机制的变革

校企命运共同体建构意在解决运行机制的问题，即不仅要明确共同体的共同利益和共同问题何在，还要探索如何维持共同体运行的长效性。实践中，校企合作机制不应该仅仅服从某一方的利益，以及行政权力的强制性干预，而是以校企双方利益的最大公约数为目标取向。其一要建立有效的规范约束机制。现行校企合作体系尚未建立隶属于校企共同目标的规则遵循，大多是短期性合作的临时性协议或承诺。没有共同的规则约束，校企合作就会趋向于依附性体制；校企合作要从理念变成行动，就必须打破一方对另一方的结构性压制。一方面，规则要成为约束校企以及利益相关方行动主体的底线与责任，并将其纳入服务于共同体的目标之下，不能因追逐某一方利益而破坏共同体的规则；另一方面，要根据校企共同体的层次和目标制定具有针对性的治理规则，规则的制定不能仅仅基于抽象的价值和观念，而要置于真实的校企合作的环境中，上下结合或横向联合制定规则。其二要提升校企双方的包容机制。校企命运共同体建构不能依赖于政府强制性的"拉郎配"，关键在于弄清楚校企双方内在共同需求，将专业建设、基地建设、师资建设、课程建设等人才培养的核心要素纳入产学合作体系，建立基于相互需求的互动和交往机制。① 共同体内校企交往的基础不在于利益竞争而在于利益共享，这其中的利益不仅是各自考量的经济利益、声誉利益等，关键是关于校企双方生存发展的共同利益。实践中，这种共同利益的直接表现就是人才供给侧与需求侧的精准对接，课程体系与企业技术体系的对接，所学知识技能与岗位需求的对接。尤其是在生产智能化、柔性化、物联网的背景下，无论是生产工艺改进、工程科技创新还是人力资源结构升级，校企任何单一主体都无法独立承担这些责任。包容机制的本质就是消除相互之间基于利益、价值差异的"门户之见"，寻找利益整合的共同点，凝聚校企合作共识点。

3. 校企命运共同体治理范式的转换

校企合作表面上是校企之间的合作，实际上涉及政府、社会、市场等多元利益主体之间构成的治理环境的变革。传统的校企合作治理是单一主体主导的治理结构或校企协商的治理结构，其他治理形式及其与之相连的治理机制趋于失效或缺位。治理范式转换是对治理模式的重新设计或不同治理模式的平衡或妥协。一是多机制治理，即超越单一行政机制、市场机制以及学术治理机制的治理模式。实践中，区域内职业院校与行业企业组成职业教育园区或职业教育集团，通过协商和对话，实现合作治理；弘扬职业教育价值观，形成崇尚技能的社会氛围，为校企合作营造积极的社会舆论文化，实现文化治理；② 充分发挥社会组织或行业协会的作用，创新培训评价、标准开发、发证考核等职能，实现社会化治理。二是多场域治理，即针对不同区域、不同层次和类型的共同体，依据其不同的政策环境、建设目标来界定校企合作的范围和形式，型构利益相关者、行动路线和行动事项之间的关系结构，进而形成多样化的治理模式。实践中具体表现为区域校企共同体、职教集团共同体，以及课程建设、基地建设、师资

---

①　郎秋洪，周志翠. 找准双赢点，构建产学融合的人才培养机制[J]. 中国高等教育，2010(23)：51-52.

②　沈剑光，叶盛楠，张建君. 多元治理下校企合作激励机制构建研究[J]. 教育研究，2017(10)：69-75.

建设共同体，等等。三是多中心治理，即任何校企共同体都处于一定的制度和生存环境之中，都要接受外部利益主体的约束、规范及其提供的条件。这就需要打破单一权力中心的治理框架，建构政府、社会、院校、行业企业等多元职责主体有效协同的治理体系。同时，多中心治理也是推进社会多元主体办学，实现产教深度融合的基本路径。从理想层面而言，校企合作的治理逻辑不仅是以解决问题为导向的，而且是以建构共同体为导向的。我们之所以强调共同体治理范式的转型，主要是基于经济结构转型升级的现实背景，直面校企合作中的普遍问题，实现共同又有差异的多元化共同体发展模式。

第三节　区域制造业发展与职业教育区域化特色

2015 年，国务院印发《中国制造 2025》，对中国制造业未来 10 年的发展做出了顶层设计，努力实现中国制造向中国创造、中国速度向中国质量、中国产品向中国品牌三大转变，提出中国到 2025 年基本实现工业化，迈入制造强国行列。在制造强国战略背景下，各地纷纷提出了"建设制造强省""制造业立市"的战略，加大了对制造业的经费投入，加强了制造业相关行业产业的建设和发展，这就对制造业相关的技术技能人才有了更多数量、更高质量的要求。职业教育必须紧密对接制造业发展需求，及时进行专业结构调整，结合制造业的重点领域和行业产业发展需求，有针对性地重点培养一大批制造业相关的技术技能人才，提高人才培养质量，彰显职业教育办学特色，从而更好地服务区域制造业发展。本节在梳理区域制造业发展和职业教育特色发展关系的基础上，分析区域职业教育服务制造业发展的现实困境，探寻职业教育在服务区域制造业发展中彰显人才培养特色的策略。

一、区域制造业与职业教育发展的相互促进关系

职业教育是与经济社会发展联系最为紧密的教育类型，职业教育发展

与制造业发展相互促进。制造类技术技能人才的培养，是职业教育发展与制造业发展的结合点。

1. 区域制造业发展有力促进了职业教育的特色发展

制造业（Manufacturing Industry）是指机械工业时代利用某种资源（物料、能源、设备、工具、资金、技术、信息和人力等），按照市场要求，通过制造过程，转化为可供人们使用和利用的大型工具、工业品与生活消费产品的行业，包括食品制造业、纺织业、医药制造业、通用设备制造业等30个行业。

世界上通用的产业结构分类，是根据社会生产活动历史发展的顺序来对产业结构进行划分。产品直接取自自然界的部门称为第一产业，对初级产品进行再加工的部门称为第二产业，为生产和消费提供各种服务的部门称为第三产业。在我国，根据《国民经济行业分类》（GB/T 4754—2017），第一产业包括农、林、牧、渔业（不含农、林、牧、渔专业及辅助性活动）；第二产业包括采矿业（不含开采专业及辅助性活动）、制造业（不含金属制品、机械和设备修理业）、电力、热力、燃气及水生产和供应业、建筑业等；第三产业即服务业，是指除第一产业、第二产业以外的其他行业。可见，制造业属于国民经济行业的第二产业。

制造业是国民经济的主体，是立国之本、兴国之器、强国之基。打造具有国际竞争力的制造业，是我国提升综合国力、保障国家安全、建设世界强国的必由之路。根据《中国制造2025》，制造业的十大重点领域为新一代信息技术产业、高档数控机床和机器人、航空航天装备、海洋工程装备及高技术船舶、先进轨道交通装备、节能与新能源汽车、电力装备、农机装备、新材料、生物医药及高性能医疗器械。

根据2021年9月国新办"推进制造强国网络强国建设助力全面建成小康社会"发布会发布的信息，自2010年以来，中国制造业增加值已连续11年位居世界第一。2012年到2020年，中国工业增加值由20.9万亿元增长到31.3万亿元，其中制造业增加值由16.98万亿元增长到26.6万亿元，占全球比重由22.5%提高到近30%。在500种主要工业品中，超过四成产品的产量位居世界第一，我国已经成为名副其实的制造业大国。①

虽然我国制造业取得了令人瞩目的成就，但是制造业大而不强、全而不优的局面并未得到根本改变。制造业基础比较薄弱，关键核心技术受制于人，"卡脖子""掉链子"风险明显增多。调查显示，我国50%的机械关键零部件依赖进口，重大设备生产的母机、高端医疗仪器、高级精密仪器及其核心元器件等主要依赖进口。②

从世界范围来看，根据2020年12月25日由中国工程院战略咨询中心、机械科学研究总院集团有限公司、国家工业信息安全发展研究中心、南京航空航天大学共同完成发布的《2020中国制造强国发展指数报告》，世界主要九个国家中，美国制造强国发展指数以168.71分依然持续高于各国，处于第一阵列，综合优势突出；德国、日本分别以125.65分、117.16分稳居第二阵列，相对优势明显；中国（110.84分）、韩国（73.95分）、法国（70.07分）、英国（63.03分）处于第三阵列；印度（43.50分）、巴西（28.69分）分别排名第八和第九。③ 在全球制造业四级梯队格局中，中国处于第三梯队。工信部前领导苗圩最近在"推动制造业高质量发展"大会发言指出，我国实现制造强国的目标至少还需要30年。

2018年，《人民日报》对三省六市100家企业的问卷调查结果显示，高达73%的企业认为，目前企业迈向高质量发展的过程中最主要的困难就是"技术人才缺乏"。④ 可见，制造业迈向中高端，制造强国的建设，对制造业技术技能人才产生了大量、迫切的需求，这为职业教育提供了良好的发展机遇。这也促使职业教育在服务制造业发展的过程中，凝练

---

① 工信部介绍"推进制造强国网络强国建设　助力全面建成小康社会"情况［EB/OL］. https://zhibo.sina.com.cn/finance/180163.

② 庄西真. 高质量职业教育是制造业转型升级的关键［J］. 职教论坛，2018（2）：1.

③ 中国工程院战略咨询中心，等. 2020中国制造强国发展指数报告［R］. 北京：中国工程院，2020：4.

④ 田俊荣，等. 制造业引才须综合施策［N］. 人民日报，2018-09-17（19）.

办学特色，找准服务方向，提高人才培养质量，实现职业教育健康可持续发展。

2. 职业教育特色发展强力支撑制造业发展

2021 年全国共有中等职业学校 7294 所，中等职业教育招生 488.99 万人，在校生 1311.81 万人，毕业生 375.37 万人；中等职业教育专任教师 69.54 万人，生师比例为 18.86∶1，"双师型"专任教师占专业（技能）课程专任教师比例 55.51%。高职（专科）招生 552.58 万人，在校生 1590.10 万人，毕业生 398.41 万人。职业本科招生 4.14 万人，另有专科起点本科招生 1.51 万人，在校生 12.93 万人。① 2019 年 4 月，教育部、财政部联合实施中国特色高水平高职学校和专业建设计划，立项建设了 56 所高水平高职学校和 141 个高水平专业群。本次"双高计划"197 所高职院校共申报 389 个专业群，覆盖了全部 19 个高职专业大类。布点最多的是装备制造大类，共布点 90 个，占 23%。2019 年 2 月，国务院印发了《国家职业教育改革实施方案》，提出开展本科层次职业教育试点。目前，教育部已经批准设立了 32 所职业技术大学，开展本科层次职业教育。天津中德应用技术大学作为国内首个应用技术大学，自 2016 年开始招收本科生，目前开设有 21 个本科专业，年招生规模 2000 余人。

可以看出，目前我国已经基本构建起中职—高职—本科职业教育多层次人才培养体系，为制造业发展输送了大批技术技能人才。有数据显示，在现代制造业、战略性新兴产业和现代服务业等领域，一线新增从业人员 70% 以上来自职业院校，这些人才有力支撑了经济社会发展。职业教育还需要紧密结合区域制造业优势产业的发展需要，与制造业行业企业进一步深入合作，形成自身的办学特色，建设中—高—本—硕技术技能人才培养体系，培养胜任制造业相关岗位能力要求的高素质技术技能人才，强力支撑制造业转型升级和高端制造业发展。

---

① 教育部. 2021 年全国教育事业发展统计公报［EB/OL］. http://wap.moe.gov.cn/jyb_sjzl/sjzl_fztjgb/202209/t20220914_660850.html.

二、职业教育服务区域制造业发展的现实困境

区域制造业的发展，对区域职业教育人才培养的数量和质量提出了更高的要求。制造业高质量发展或高质量的制造业，必须有数量充足、技艺精湛的技术工人队伍作为支撑。毋庸讳言，目前区域职业教育发展状况还不能很好地适应区域制造业的发展需求，主要表现在制造业人才培养规模与制造业发展需求不匹配、制造业高层次技术技能人才供给不足、制造业技术技能人才培养质量有待提升、职业院校与制造业企业的产学研合作不紧密、制造业从业人员工资收入偏低、制造类专业师资队伍建设亟待加强等方面。

1. 制造业人才培养规模与制造业发展需求不匹配

根据 2016 年教育部、人力资源和社会保障部、工业和信息化部联合发布的《制造业人才发展规划指南》的人才需求预测，到 2020 年制造业十大重点领域的人才需求为 5119 万人，缺口将达到 1913 万人；到 2025 年，制造业十大重点领域的人才需求为 6192 万人，缺口将达到 2986 万人。目前，我国高等职业学校制造大类专业点数约 6000 个，在校生 136 万人；中等职业学校加工制造类专业点数约 1.1 万个，在校生 186 万人。显然，同巨大的人才需求相比，我国制造类技术技能人才的培养规模还亟需扩大。

天津是现代工业文明发祥地，在工业全部 41 个大类中，天津占 39 个，207 个中类里，占 191 个，是全国工业产业体系最完备的城市。"十四五"时期，随着天津制造业立市战略的实施，制造类专业技术技能人才短缺的问题日益凸显。天津市人力资源和社会保障局发布的数据显示，2018 年天津市重点企业全年用工需求总量为 9 万人左右，主要集中在汽车制造、电子加工、新能源等制造业重点领域。近年来，随着一批大型制造业企业的进驻，制造业的用工需求日益增加。就天津中职制造大类学生规模来看，"十三五"期间，呈现逐年下降的趋势。2020 年，天津中职制造大类毕业生 16748 人，招生 15905 人，在校生 49224 人（见表 2.1）。从专科层次制造大

类学生规模来看,"十三五"期间,毕业生数、招生数和在校生数都呈现出逐年增长的趋势。2020 年,专科层次制造大类毕业生 30829 人,招生 42520 人,在校生 108526 人(见表 2.2)。可以看出,2020 年天津中职、高职制造大类毕业生共计不足 5 万人,同 9 万人左右的用工需求相比,仍然存在较大的差距,还远远不能满足制造业发展的需求。不仅天津如此,随着制造强国战略的实施,不少省市也都面临着制造类技术技能人才短缺的问题。

表 2.1 2016—2020 年天津中职制造大类学生规模(单位:人)

年份	毕业生数	招生数	在校生数
2016 年	18319	22666	62343
2017 年	17052	17122	59414
2018 年	18736	16358	55125
2019 年	18805	14884	49537
2020 年	16748	15905	49224

数据来源:天津市教育事业统计资料,2016—2020 年。

表 2.2 2016—2020 年天津专科层次制造大类学生规模(单位:人)

年份	毕业生数	招生数	在校生数
2016 年	28091	30258	88214
2017 年	29610	31341	88733
2018 年	29623	33292	91558
2019 年	29345	35444	95799
2020 年	30829	42520	108526

数据来源:天津市教育事业统计资料,2016—2020 年。

2. 制造业高层次技术技能人才供给不足

从需求端来看,随着高端制造业的快速发展,先进生产设备、先进工艺流程的采用，企业技术水平和产品科技含量显著提高，相应地对从业者的技术技能要求也不断提升，高级工、技师、高级技师普遍成为制造行业企业岗位紧缺的人才。从人力资源市场的供需情况来看，技术工人的求人倍率近些年一直维持在 1.5 以上，高技能人才求人倍率维持在 2 以上的水平。而且技工的短缺，从过去的东部沿海地区逐步蔓延到中西部地区，从过去的季节性短缺演变为经常性短缺。据人社部统计，截至 2020 年底，全国技能劳动者总量超过 2 亿人，占就业人员的 26.8%；高技能人才达到5800 万人，占技能劳动者的近 30%。[①] 相比发达国家，特别是德国、日本等制造业强国，高技能人才占比为 70%~80%，还有较大差距。

从供给端来看，我国职业教育的人才培养层次主要集中在中职、高职层次，本科乃至硕士等高层次技术技能人才匮乏。截至 2021 年 9 月，全国共有职业技术大学 32 所，目前正在开展本科层次职业教育的实践探索，且大部分学校还没有毕业生。作为培养本科层次技术技能人才的中德应用技术大学，2020 年首届 599 名本科生毕业，目前每年的招生规模 2000 人左右，在校的本科生不足 7000 人，还远远不能满足天津经济社会发展的需要。可见，高层次技术技能人才供给不足已经成为制约制造业发展的主要瓶颈之一。

3. 制造业技术技能人才培养质量有待提升

技术技能人才的培养质量是职业院校的生命线。当前，制造业技术技能人才培养与企业现实需求衔接不紧密，专业人才基础不扎实，职业教育的人才培养质量不高的问题依然突出。由于职业院校毕业生的综合能力与企业制造业实际岗位能力要求不匹配，大部分企业需要耗费较多精力和成本对进入企业的职业院校毕业生进行二次培训，这大大降低了社会对职业院校学生的认可度和信任度。

职业资格证书是表明劳动者具有从事某一职业所必备的学识和技能的

---

① 周子勋. 强化职业教育体系　助力制造业转型升级[N]. 中国经济时报，2021-10-15(2).

证明，反映了劳动者为适应职业劳动需要而运用特定的知识、技术和技能的能力。能否获得职业资格证书是对职业院校学生技能水平的客观反映，是技术技能人才培养质量的重要标志。2019年，全国中职毕业生获得职业资格证书的比例为72.8%，还有较大的提升空间。这也从一个侧面说明了职业教育人才培养质量有待进一步提升。

基本办学条件是人才培养质量的重要保证。数据显示，目前我国中职学校基本办学条件不达标的现象仍然比较普遍，半数以上学校在校生规模达不到1200人的设置标准，学校建设规划用地、生均占地面积、生均校舍建筑面积分别有50%的学校不达标，贫困地区职业学校办学条件薄弱问题更为突出。① 缺乏基本的办学条件，直接导致了中职学校的人才培养质量不高，乃至社会上出现了中等职业教育的信任危机。

4. 职业院校与制造业企业产学合作不紧密

校企合作、产教融合是职业教育的办学特色，也是提升职业教育办学质量的基本途径。实践中，制造业行业企业主动参与职业教育的积极性和主动性不足，校企合作往往流于形式、浮在表面。由于缺乏制造业行业企业的深度参与，职业院校的专业设置、教学标准与制造业企业的生产实际缺乏有效衔接，导致毕业生不能很好地适应制造业实际工作岗位的要求。职业院校为制造业企业开展技术攻关、解决技术难题的能力还不强；职业院校科研成果孵化、转化的平台还不多，科研成果转化的体制还不健全。校企还没有真正成为利益共同体、命运共同体，校企合作还缺乏系统化的制度保障。

5. 制造业从业人员工资收入偏低

从全国来看，国家统计局发布的《2020年规模以上企业分岗位就业人员年平均工资情况》报告显示，2020年制造业工人的年平均工资为61324元，换算成月平均工资约为5110元。这一工资水平仅包含技术类工种，而

---

① 马树超，郭文富. 坚持学历教育与职业培训并举 推动新时代职业教育改革[J]. 中国职业技术教育，2019(7)：13-18.

需求量更大的普通工人，其月平均工资水平不足 5000 元。从调查获得的市场工资水平来看，目前外卖送餐员、快递员及网约车司机等职业的全职从业人员月平均收入约为 6400 元，一、二线城市可达 8000～10000 元。① 相比之下，制造业就业人员工资水平明显偏低，对技术技能型人才缺乏吸引力。

天津市 2019 年城镇非私营单位在岗职工年平均工资，制造业为 91934 元，换算为月平均工资约为 7661 元，在国民经济的 19 个行业中排倒数第 6 位，仅相当于年均工资最高的科学研究和技术服务业的 52%。仅高于批发和零售业（年均 87436 元，月均约 7286 元）、租赁和商务服务业（年均 78776 元，月均约 6565 元），农林牧渔业（年均 70980 元，月均约 5915 元）、居民服务修理和其他服务业（年均 60912 元，月均约 5076 元）、住宿和餐饮业（年均 56712 元，月均约 4726 元）。②

相比于其他行业，制造业一线工人工作环境差（很多在粉尘、化学物质等有害身体健康的环境中作业）、工作强度大（体力消耗较大）、工作时间长（很多是两班倒，每天工作时间 12 小时），这与其工资收入形成强烈反差，直接导致了制造业的劳动者流动性较大。

6. 制造类专业师资队伍建设亟待加强

建设一支既具有理论知识，又具有实践经验的高素质双师型师资队伍，是职业教育技术技能人才培养的重要保障。有关统计显示，2019 年，我国中职专任教师中"双师型"的比例为 31.5%，高职专任教师中"双师型"的比例为 39.7%，③ 虽然"双师型"教师的数量在逐渐增加，教师队伍的整体素质在不断提升，但是同制造业技术技能人才培养的要求相比，"双师型"教师无论在数量上还是在质量上，都有较大的提升空间。职业院校制

① 国家统计局. 2020 年规模以上企业分岗位就业人员年平均工资情况[EB/OL]. http://www.stats.gov.cn/tjsj/zxfb/202105/t20210519_1817669.html.

② 天津市统计局. 天津统计年鉴 2020[M]. 北京：中国统计出版社，2021：49.

③ 教育部：到 2022 年，职业院校"双师型"教师占专业课教师的比例超过一半[EB/OL]. http://www.moe.gov.cn/fbh/live/2019/51475/mtbd/201910/t20191022_404718.html.

造类专业课教师定期到企业实践的制度还不完善，更没有形成常态化机制，一些专业课教师实践能力不足，特别是对于制造业企业的先进设备、先进技术和先进工艺不熟悉，导致人才培养过程和要求很难适应现代制造业发展的需要。同时，聘任来自制造业知名企业有实践经验的技术能手、工程师、高级管理者作为兼职教师，是职业院校教师队伍建设的通行做法，也是职业院校培养学生实践技能的重要师资保障。但目前职业院校制造类专业兼职教师在聘任、管理、薪酬待遇等方面的体制机制还不完善，导致兼职教师数量不足，质量和水平不够理想，兼职教师的作用没有得到充分发挥。

三、职业教育区域化特色发展的路径选择

职业教育依托地方或区域的需求而生，职业教育发展与区域的资源禀赋紧密相关，所以职业教育具有显著的区域性特征。职业院校大多是地方院校，生源以所在区域为主，投入以当地政府投入为主，毕业生主要在所在区域就业。这就决定了，职业教育必须紧密对接区域产业发展，服务区域经济社会发展，并在服务区域产业发展和产业转型中彰显办学和人才培养特色。

1. 结合区域制造业产业特色打造学校办学特色

职业教育发展的区域性特征，决定了职业院校必须紧密围绕区域制造业重点行业企业和区域制造业特色，培养区域制造业发展需要的技术技能人才。同时，在服务区域制造业发展的过程中，不断凝练学校办学特色，实现职业教育的区域特色发展。深圳已成为世界工厂的最核心地带，制造业比重超过35%，远远高于全球同级别城市，是名副其实的中国工业第一城。但相对而言，深圳职业教育的院校少、规模小，支撑制造业发展的能力不足。据统计，深圳现有职业院校31所，在校生13.1万人，职业教育在校生占常住人口的比例低于其他一线城市。为进一步增强职业教育对制造业的支撑能力，深圳市委市政府充分借鉴德国、瑞士等职业教育发达国家的先进经验，从2015年开始，筹建深圳技术大学。深圳技术大学自

2019 年开始正式独立招生，办学定位为应用型技术大学，其重要的特色就是紧密对接《中国制造 2025》以及深圳、珠三角地区重点产业发展需要设置学科专业，着力培养深圳先进制造业发展急需的本科及以上层次的高素质应用型人才。湖南信息职业技术学院因信息技术而生，因信息技术而特。近年来，学校坚持内涵发展，充分发挥学院的信息技术优势，重点打造特色优势专业群，深度对接长沙市 22 条产业链，服务长沙先进制造业尤其是智能制造业发展，形成了学院的信息技术特色。①

2. 加强职业院校同制造业企业的产学研合作

实践中，要加强产业、行业、企业、职业、专业"五业"联动，促进制造业企业全程参与职业院校专业建设、课程开发、实践教学、考核评价等人才培养全过程。按照现代制造业企业的生产实际和岗位需求设计开发职业院校的专业课程，动态调整教学标准，及时将制造业的新技术、新工艺纳入教学内容。联合制造业知名企业，深入开展"现代学徒制"改革试点，实行校企联合招工招生，联合制定人才培养方案，联合开展实习实训。职业院校要加强同制造业行业协会、龙头骨干企业、科研院所的合作，坚持产教理念融合、利益融合、责任融合、命运融合，培育一批行业领先的产教融合型制造业企业。支持职业院校与制造业企业共建产品研发中心和技术创新平台，鼓励职业院校把科研课题做到制造业转型升级主战场，为企业技术改造、产品开发、成果转化提供有效服务。要通过完善"财政+金融+税收+土地+信用"政策，调动制造业企业参与职业教育的积极性。要及时开展制造业行业人才需求预测，及时发布制造业行业人才需求报告，便于职业院校及时根据制造业行业人才需求，调整专业结构，保证人才培养的适切性。

3. 扩大制造业大类的招生和培养规模

培养一支与制造业发展需求相匹配的技术技能人才队伍是促进制造业

---

① 余求根，熊勇，邱凰菁. 以高质量职业教育服务先进制造业发展[N]. 长沙晚报，2020-12-09(6).

高质量发展的基础工程。2021年8月，广东省人社厅发布了《粤港澳大湾区(内地)急需紧缺人才目录》。该目录通过对粤港澳大湾区内地城市16959家规模以上和国家高新技术样本企业做统计调研，聚焦高端装备制造产业、新一代信息技术产业等7个战略性新兴产业和其他重点产业共26类，发现粤港澳大湾区内地9市急需紧缺人才数量最多的是制造业(19.97万人)，超过总需求人数的一半(61.93%)。① 因此，区域教育行政部门制定招生计划时，要紧密对接区域产业链人才需求，扩大制造类相关专业学生的招生和培养规模。尤其是针对现代制造业的智能化、信息化、绿色化发展趋势，推进制造业相关专业升级改造，设置战略新兴相关专业，突出强化智能制造、数字设计、信息管理等知识传授；建立健全教学内容动态更新机制，适应产业技术升级的需要，及时引入区块链、云计算、大数据等前沿技术。

4. 加快构建"中—高—本—研"现代职业教育体系

随着新一代信息技术与实体经济的深度融合，现代产业用工要求已经由"体能+技能"转向"技术+技能"，一线工人从直接使用工具转向控制自动化装备甚至是智能生产线，工作越来越复杂。很多岗位中职毕业生已不能胜任，一些复杂岗位甚至专科生、高职生也难以胜任。制造业转型升级对技术技能人才提出了越来越高的要求，迫切需要一批高端技术技能人才来更好地适应更加智能、日益复杂的岗位需要。因此，要加快"中高本研"贯通衔接的现代职业教育体系建设，满足制造业不同岗位对各个层次技术技能人才的需求。对于高端技术技能人才的培养，要重点抓好三个方面的工作。一是大力发展本科层次职业教育。要充分借鉴德国、瑞士等欧洲国家应用技术大学的成功经验，进一步加快职业技术大学建设，扩大职业本科的培养规模。同时，要通过合并转设、院校转型等途径，积极筹建本科层次职业院校。二是加快推进应用型本科院校转型。重点是推进新建本科

---

① 广东省人社厅. 粤港澳大湾区(内地)急需紧缺人才目录[EB/OL]. https://www.sohu.com/a/483981176_161795.

院校整体向应用型转变，普通本科院校二级学院或部分专业向应用型转变。三是加强专业学位研究生培养。加强普通高校制造业相关专业研究生培养，加强制造业相关学科交叉融合，鼓励支持制造业重点企业参与制造业专业研究生培养全过程，强化实践性和应用性人才培养模式改革，培养一批制造业"工程师"。

5. 着力提升制造业技术技能人才培养质量

深入实施"1+X"证书制度改革，联合区域制造业知名企业，深化校企深度融合，进一步完善工学结合人才培养模式。结合制造业实际工作岗位和真实工作过程，推行项目教学、案例教学、工作过程导向教学等教学模式，着力培养学生的文化素养、专业技能和实践能力。遵循技术技能人才成长规律，强化文化基础教育，强化实习实训环节，强化动手能力培养，推进中职与高职在培养目标、课程内容、教学过程、考核评价等方面相衔接。紧密结合区域制造业对高层次技术技能人才的需求，深入开展中高职五年一贯制培养和四年制高技能人才联合培养改革试点，系统培养区域制造业急需的高层次技术技能人才。加强教学质量监控，健全职业院校教学督导联席会议制度，完善职业院校人才培养诊断与改进工作机制，确保人才培养质量。

6. 健全职业教育经费投入体制机制

职业教育的办学特点，决定了职业教育的办学成本较高，要保证人才培养质量，必须有充足的经费投入作为保障。国际普遍认可职业教育生均培养成本为同级普通教育的 2.6 倍。与其他专业相比，制造业相关专业实习实训的耗材损耗大，其培养成本更高。统计数据显示，2020 年，我国生均一般公共预算教育事业费，中等职业学校 15625 元，普通高中 17187 元，① 中职相当于普通高中的 91%，还远远不能达到国际认可的标准。所以，要切实加大财政资金的投入力度，逐步提高职业院校的生均拨款标

---

① 教育部 国家统计局 财政部. 关于 2020 年全国教育经费执行情况统计公告 [R]. 教财〔2021〕6 号，2021-11-16.

准。同时要充分发挥财政资金的激励导向作用，根据职业院校办学情况、专业人才需求情况以及不同专业的办学成本，实行差异化生均拨款，尤其是要提高制造类等培养成本较高专业的生均拨款标准，形成激励相容、奖优扶优的经费投入机制。同时要抓紧研究制定职业院校经费投入改革方案，探索建立财政部门、行业企业和职业院校经费分担机制，建立健全职业教育经费投入的长效保障机制，促进职业教育持续健康发展。

7. 加强制造业紧缺工种的社会培训

职业培训是职业教育的重要功能，也是彰显职业教育特色的重要手段。2019 年国务院颁布的《国家职业教育改革实施方案》明确提出，要落实职业院校实施学历教育与培训并举的法定职责，面向在校学生和全体社会成员开展职业培训。一方面，职业院校要积极面向社会人员开展制造业相关工种职业培训，以满足制造业基础岗位的技术技能人才需求。另一方面，随着现代制造业、高端制造业的发展，制造业企业在岗职工的继续教育与培训需求也日益凸显，要加大面向制造业在岗职工的新设备、新技术、新工艺的培训，使在岗职工满足制造业企业转型升级的需要。

在全面加强职业技能培训方面，天津政府购买培训服务的模式值得推广。为健全政府购买培训服务的引导激励机制，2019 年 8 月，天津市人社局和天津市财政局联合印发了《天津市职业培训补贴管理暂行办法》，对劳动者参加职业培训，按照培训学时和取得技能证书的不同等级，给予相应的补贴。同时，天津市人社局建立了职业培训补贴目录制度，通过政府购买服务确定调查机构，对市场需求职业、等级和培训成本进行调查，依据调查结果和战略性新兴产业、支柱产业发展需要，制定并定期向社会公布《市场紧缺职业需求程度及补贴标准目录》，并根据产业结构调整和技能人才供需状况适时动态调整该目录。职业技能培训补贴按该目录范围和标准执行。根据 2021 年 9 月天津市人社局、天津市财政局印发的《天津市2021—2022 年度市场紧缺职业需求程度及培训补贴标准目录》，制造业大类中，列入"非常紧缺职业"的工种一共有 22 个，其中机械行业 11 个，电子行业 4 个，化工行业 3 个，轻工行业 4 个；列入"紧缺职业"的工种共有

35 个，其中机械行业 20 个，电子行业 1 个，化工行业 3 个，轻工行业 4
个，冶金行业 2 个，医药行业 5 个；列入"一般紧缺职业"的工种共有 33
个，其中机械行业 7 个，电子行业 6 个，化工行业 7 个，轻工行业 8 个，
船舶行业 2 个，冶金行业 1 个，医药行业 2 个。① 职业院校要重点围绕制
造业的重点领域和紧缺职业工种，加大职业培训的力度，提高培训的针对
性和实效性，促进制造业人才结构与制造业产业布局相适应。

8. 提高制造业技术工人的地位和待遇

收入分配的调节，是优化社会合理分工的重要途径和手段。技术工人
是制造业的基础性力量，提高制造业技术工人的福利待遇，是增强制造业
吸引力的重要途径，是解决制造业"用工荒"的有效手段。德国制造业享誉
世界，就是因为制造业得到了全社会的普遍认可。只有制造业被认可，技
术工人有社会地位，才能有源源不断的人才投入到制造业，并用自己的兴
趣和专长贡献于制造业发展。最后，通过生产优质的产品，获得高额的回
报。再用高额的回报反哺到制造业和技术工人身上，这样才能形成良性循
环机制。因此，切实提高技术工人的福利待遇和社会地位，让技术工人体
面和有尊严地劳动，这样制造业才能留住工人，吸引大量的技术技能人才
助力制造业发展，从而为我国制造强国建设奠定坚实的人力资源基础。

制造业健康发展，迫切需要与制造业结构相适应的技术技能人才队伍
作为支撑。区域职业教育高质量发展需要在制造业人才培养的规模、层
次、结构、质量协调发展上下功夫，职业院校进一步加强同制造业企业的
产学研合作，加强制造业紧缺工种的职业技能培训，以更好地服务区域制
造业发展，并在服务区域制造业发展的过程中不断凝练特色，实现自身的
可持续发展。这是区域制造业与职业教育协调发展的最佳选择。

---

① 天津市人社局　天津市财政局. 天津市 2021—2022 年度市场紧缺职业需求程
度及培训补贴标准目录［Z］. 津人社办发［2021］69 号，2021-09-26.

第三章 现代职业教育体系的产教融合机制

第一节 制造强国背景下职业教育产教融合及其保障体系

面向"十四五"规划新要求,深入实施制造强国战略,构建现代化产业体系是保障经济高质量发展、实现产业转型升级、协同推进国家现代化的关键举措与重要实践。在制造强国背景下,制造业正朝着自主可控、安全高效、绿色智能方向发展,对技术技能人才的素质、类型、层次提出了更高要求,对培养技术技能人才的职业教育体系提出了新挑战。职业教育是培养技术技能人才、推动中国制造和服务上水平的重要保障。在全面建设社会主义现代化国家的新征程中,习近平总书记指出"职业教育前途广阔,大有可为"。因此,为适应现代制造业转型升级,职业教育应主动作为,加快构建现代职业教育体系,深化产教融合,创新人才培养模式,培养更高质量的技术技能人才与大国工匠。

产教融合,是建设现代职业教育体系的关键抓手,是激发职业教育活力、完善职业教育办学体制的核心途径,也是实现制造强国战略目标的重要保障。2021年10月中共中央办公厅、国务院印发的《关于推动现代职业教育高质量发展的意见》明确指出,"为推动现代职业教育高质量发展,要坚持产教融合、校企合作,推动形成产教良性互动、校企优势互补的发展格局"。① 由此可见，产教融合是高技能人才培养的基点，是职业教育高质量发展的支点，是制造强国背景下职业教育改革创新的重点。因此，加强职业教育产教融合、巩固职业教育产教融合的制度基础、健全职业教育产教融合保障体系对破解高技能人才短缺困境、优化职业教育供给结构、健全技能人才培养机制有着至关重要的意义。

一、制造强国背景下职业教育产教融合的形态与特征

"产教融合"一词在我国由来已久。黄炎培先生就曾提出"办职业学校的，须同时和一切教育界、职业界努力的沟通和联络"。② 中华人民共和国成立后，我国兴起了行业部门办职业教育的浪潮。1951 年 8 月周恩来总理指出，"各级各类学校都要由教育部包办是不行的。因此，要分别不同情况，由教育部和各行业部门分工去办"。③ 此时，职业教育在最大限度上实现了教育与产业的结合。20 世纪 90 年代随着社会主义市场经济体制的建立与深度推进，国有企业的办学功能逐渐被剥离出来，不再直接承担职业教育人才培养工作；随着教育管理体制改革，大部分职业院校逐渐划归地方或教育行政部门统一管理。这就意味着，传统意义上产业与教育之间的天然联系被打破，政府、职业院校与企业之间一体化的关系链条逐步瓦解。到 20 世纪 90 年代中期，职业教育产教融合、校企合作成为一个广受关注的实践问题。④

产教融合，无论是内涵还是外延，都是一个发展中的概念。2002 年《国务院关于大力推进职业教育改革与发展的决定》提出，"深化职业教育办学体制改革，形成政府主导、依靠企业、充分发挥行业作用、社会力量

---

① 中共中央办公厅　国务院办公厅印发《关于推动现代职业教育高质量发展的意见》[EB/OL]. [2021-11-02]. http://www.gov.cn/zhengce/2021-10/12/content_5642120.htm.

② 中华职业教育社. 黄炎培教育文选[M]. 上海：上海教育出版社，1985：155.

③ 闻友信，杨金梅. 职业教育史[M]. 海口：海南出版社，2009：38.

④ 郝天聪，石伟平. 从松散联结到实体嵌入：职业教育产教融合的困境及其突破[J]. 教育研究，2019(7)：102-110.

积极参与的多元办学格局"①，2009 年教育部《关于加快推进职业教育集团化办学的若干意见》进一步阐明了产业、专业、企业间的内在联系，"以产业发展促进专业建设，鼓励学校依托专业举办企业产业，以专业教学促进产业发展"②，这为"产学研"三位一体的发展走向提供了广阔的平台。③从"政校企多元办学格局"到"产学研三位一体"，职业教育产教融合不断深化和发展，制度化保障逐渐增强。其中，校企合作是产教融合的形态之一，在我国政策文本正式提出"产教融合"一词之前，与产教融合相关的规范性文件中多表述为"校企合作"，校企合作是职业教育办学的基本模式。但不可否认，职业教育校企合作并未取得足够理想的实践成效，我国职业教育体系还存在"企业参与办学动力不足""实践教学不够完善""职业技能实训难以满足企业需求"等问题，这对我国进一步优化政校企生态系统、完善教育界与产业界合作模式提出了新的要求。2014 年国务院印发《关于加快发展现代职业教育的决定》，首次在国家层面提出"产教融合"这一概念。"产教融合"概念的提出，标志着我国产教关系进入深入发展的转型期。④ 产教融合是校企合作深化发展的新阶段，与校企合作相比，产教融合在合作主体、合作内容、合作方式等方面都有了新的实践形态，取得了新的突破；产教融合不仅关注两类主体间的合作，更强调深化教育链、人才链、产业链、创新链融合，构建共生共荣的利益共同体。总之，为支撑现代产业体系、构建现代职业教育体系、培养高技能人才，职业教育产教融合正在主动适应制造强国发展战略，构建及时有效的产教互动机制。

具体来说，在建设制造强国战略背景下，职业教育产教融合呈现出一

① 国务院关于大力推进职业教育改革与发展的决定[EB/OL].[2021-11-03]. http://www.gov.cn/govweb/gongbao/content/2002/content_61755.htm.

② 教育部关于加快推进职业教育集团化办学的若干意见[EB/OL].[2021-11-02].https://wenku.baidu.com/view/9bb6dd785acfa1c7ab00cc05.html.

③ 祁占勇，王羽菲.改革开放 40 年来我国职业教育产教融合政策的变迁与展望[J].中国高教研究，2018(5)：40-45，76.

④ 方益权，闫静.关于完善我国产教融合制度建设的思考[J].高等工程教育研究，2021(5)：113-120.

些全新的特质。第一，职业教育产教融合参与主体更加多元，行业企业参与办学的作用更加明显。政、校、企、产、社等不同主体在技术技能人才培养中各具优势。多元主体参与技术技能人才培养，能为职业教育的教学、科研、生产活动汇聚更大的社会资源优势。尤其受新一轮科技革命影响，在制造业生产活动智能化、生产方式数字化、产业基础高级化的背景下，行业企业在参与办学与人才培养中的作用愈加明显。2017年国务院印发的《关于深化产教融合的若干意见》明确提出，要逐步健全多元化办学体制，形成政府、企业、学校、行业、社会协同推进的工作格局。[①] 同时，为精准服务制造业人才培养，深化产教融合要逐步提高行业企业参与办学程度、强化企业人才培养的主体责任，形成"引企入教"和"引教入企"双向办学模式，实现产业要素与教育要素资源互补。第二，深化产教融合是产业界与教育界的共同利益诉求，校企合作意愿更加明显。长期以来，"校冷企热"或"校热企冷"是产教融合难以深度推进的重要阻碍，这导致企业参与动力不足、校企合作稳定性不强、产教融合流于形式等问题频频出现。在制造强国战略需求牵引以及服务产业转型升级背景下，产教利益关系和利益诉求发生新的变化。一方面，受新一轮科技革命和产业革命影响，制造业正朝着数字化、网络化、智能化方向发展。制造业的创新与转型升级要坚持"人才为本"的发展理念，充分依靠高素质技能人才，全方位培养大国工匠。实践中，深化产教融合，推动职业院校与企业生产实践密切结合，能及时、有效地为企业生产提供人力资本，进而对扩大工业生产、推动企业技术创新、实现制造业高质量发展发挥关键作用。另一方面，对职业院校而言，深化产教融合是推动人才供给侧改革、优化技术技能人才培养结构、提升人才培养质量的关键路径。在产业转型升级背景下，职业院校需要更快更好地将企业的新技术、新需求、新发展融入人才培养体系。这就要求职业院校积极推动产教融合，利用产业界资源优势充

---

① 国务院办公厅关于深化产教融合的若干意见 [EB/OL]. [2021-11-03]. https://kns.cnki.net/KNS8/manage/export.html? displaymode=GBTREFER.

实职业院校的教学内容、教学场景、教学活动，推动职业教育体制机制改革与人才培养模式创新。总之，在建设制造强国战略背景下，产教融合不再是学校或企业单方面的实践，企业和高校都是产教融合的主体，并将通过校企深度合作，将独立的资源整合起来，从共赢走向共生共赢，构建荣辱与共的利益共同体。第三，产教融合运行模式趋向实体化，融合程度不断加深。运行模式实体化，是指通过搭建合作平台或构建合作组织，如产业园区、组建二级学院等形式，将校企双方纳入同一管理体系和运行组织内，实现资源、人员、技术、管理、文化等全方位深度融合，进而有效降低产教融合带来的协商成本、沟通成本与交易成本。实践中，产教融合运行实体包括松散实体、名义实体和独立法人实体三类。① 在制造强国背景下，随着产业界与教育界合作内容的拓展、合作程度的加深，产教融合实体化趋势不断加强，并形成多种形态的产教融合模式。第四，更加强调职业教育与区域经济发展的依存关系，突出产教融合城市的示范引领作用，形成以城市为节点、行业为支点、企业为重点的产教融合改革路径。在制造强国战略背景下，职业教育改革着力推进职业教育区域化、区域职业教育产业化、职业教育集群化，这是职业教育驱动产业发展、推进经济高质量发展的重要机制。实践中，深化产教融合要以区域产业发展为重点，立足城市发展需求和发展特色，建立健全产教融合与经济社会发展同步联动的运行机制，促进产业结构升级，形成区域—产业—企业—职业教育一体化的良性职业教育发展生态系统。

二、制造强国背景下职业教育产教融合的实践现状

深化产教融合是职业教育支撑、引领制造强国建设的关键制度保障。长期以来，为有效推动产教协同育人，政府、职业院校、企业、社会、产业等多元主体积极行动，从政策保障、机制改革、平台建设等多层面推动

---

① 周晓瑜，张君兰. 高职院校产教融合的实体化：模式、本质及其实践[J]. 职教论坛，2021(8)：55-59.

产教深度融合。尤其是 2014 年国家政策层面首次提出产教融合以来，职业教育界在理论与实践层面掀起了产教融合研究的热潮，产教融合呈现多样化实践样态。2017 年，国务院办公厅出台《关于深化产教融合的若干意见》，对产教融合做出了系统化的顶层设计，深化产教融合从职教政策上升为国家战略，进一步加快了政校企等多元主体协同行动步伐。迄今为止，我国围绕制造强国战略和高技术技能人才培养，对如何有效推动产教融合这一问题开展了大量的理论与实践探索，取得了显著成果。

1. 各级政府不断优化政策供给，产教融合不断深度推进

"十八大"以来，党和国家高度重视职业教育，通过完善顶层设计，加强国家与地方政府统筹规划，扎实推进产教融合深度发展。教育发展，政策先行。自 2014 年国务院《关于加快发展现代职业教育的决定》首次在国家层面提出"产教融合"概念以来，职业教育产教融合相关政策与规范性文件频发，对深化产教融合起到了引导、规范和保障的作用。2014 年国务院《关于加快发展现代职业教育的决定》直指职业教育发展困境，表明当前职业教育还不能完全适应经济社会发展的需求，并提出职业教育发展要"统筹发挥好政府和市场的作用，加快现代职业教育体系建设，深化产教融合，校企合作，培养数以万计的高素质劳动者和技术技能人才"①。同年 8 月，教育部发布《关于开展现代学徒制试点工作的意见》，提出"积极推进招生与招工一体化"，"深化工学结合人才培养模式改革"，"加强专兼结合师资队伍建设"，"形成与现代学徒制相适应的教学管理与运行机制"四大重点工作，② 进一步在人才培养层面将产教融合落到实处。2017 年国务院办公厅印发《关于深化产教融合的若干意见》，首次明确了深化产教融合的政策内涵及制度框架，划分了政府、社会组织和市场边界，并提出了保障产教融合的政策支持体系。具体来说，国家要求在深化产教融合中落实财

---

① 国务院关于加快发展现代职业教育的决定［EB/OL］．［2021-11-03］．http://www.gov.cn/zhengce/content/2014-06/22/content_8901.htm.

② 教育部关于开展现代学徒制试点工作的意见［EB/OL］．［2021-11-04］．http://www.moe.gov.cn/srcsite/A07/s7055/201408/t20140827_174583.html.

税用地等政策，"各级财政、税务部门要把深化产教融合作为落实结构性减税政策，推进降成本、补短板的重要举措，落实社会力量举办教育有关财税政策，积极支持职业教育发展和企业参与办学"，加强金融支持，"鼓励金融机构按照风险可控、商业可持续原则支持产教融合项目"。① 可以说，《关于深化产教融合的若干意见》这一政策文件从内涵界定到实践行动，再到支持体系，对深化职业教育产教融合做出了整体性的规划和系统性设计。在此基础上，为进一步破解产教融合的政策瓶颈，将职业教育新发展理念落到实处，2018 年、2019 年教育部先后印发了《职业学校校企合作促进办法》《建设产教融合型企业实施办法(试行)》等文件。2019 年国务院印发《国家职业教育改革实施方案》明确提出，经过 5~10 年时间，职业教育基本完成由政府举办向政府统筹管理、社会多元办学格局转变。此外，该文件特别强调了多元办学主体的职能划分，要求各级政府部门深化"放管服"改革，由注重"办"职业教育向"管理与服务"过渡，特别强调企业和社会力量办学的主体作用。同年 12 月，教育部发布《中华人民共和国职业教育法修订草案(征求意见稿)》，专门围绕完善产教融合制度支持体系做出了相关规定。2021 年教育部出台了产教融合型企业和产教融合试点城市的名单，致力于推进以城市为节点，行业为支点，企业为重点的改革机制，推进产教融合的模范试点工作。

可以说，深化产教融合，是推进人才和人力资源供给侧结构性改革的一项迫切任务。在建设制造强国背景下，高素质职业技能人才是创新驱动的本质，而产教融合是培养高素质职业技能人才的基本途径。面对技术技能人才供需结构矛盾，国家层面积极出台新政策，明确规定产教融合内涵、多元主体、运行机制、保障体系等，为破解产教融合政策瓶颈、推动产教融合深度发展提供了"助推器"和"稳定器"。除国家层面外，地方政府也积极出台产教融合相关文件。有研究表明，截至 2021 年 4 月，我国颁布

---

① 国务院办公厅关于深化产教融合的若干意见[EB/OL]. [2021-11-03]. https://kns.cnki.net/KNS8/manage/export.html? displaymode=GBTREFER.

"产教融合"有关规范性文件共171部，其中包括行政法规1部、部门规章4部、行业规定2部、地方规范性文件55部、地方工作文件109部。① 以广东省为例，2020年广东省发展改革委、广东省教育厅等六部门联合发布《广东省产教融合建设试点实施方案》，在国家产教融合发展理念指导下，广东省进一步细化产教融合建设试点方案，提出从"完善产教融合发展和资源布局"，"健全需求导向的学科专业动态调整机制"，"深化产教融合人才培养改革"等八方面推进广东省产教融合试点改革。同时，《产教融合建设试点实施方案》列出试点改革清单、试点政策清单和重大建设项目清单。② 近年来，山东省大力发展职业教育、深入推进产教融合，先后发布《关于整省推进提质培优建设职业教育创新发展高地的意见》《职业学校校企合作促进办法》《关于深化产教融合推动新旧动能转换的实施意见》等多项政策文件，细化、明确产教融合举办形式、收益分配方式、治理体系和管理运行机制等问题，在财政拨款、融资、税收、土地等方面予以支持，鼓励不同层次、不同形式的混合所有制形态，着力打造校企命运共同体。③深圳市出台一系列文件鼓励职业院校与行业、企业开展深度合作，加强产教融合支持力度，细化产教融合标准。例如，深圳市采用"政府出补贴、企业出场地、校企共建共享"模式，鼓励职业院校与企业共建校外公共实训基地；实施"1+X"证书制度，规范人才培养质量。④ 总之，在近年来不断利好的政策引导下，国家与地方政府深入推进职业教育产教融合，职业教育发展迎来了前所未有的发展黄金期。

① 方益权，闫静.关于完善我国产教融合制度建设的思考[J].高等工程教育研究，2021(5)：113-120.

② 广州切实抓好产教融合，打造国家试点城市"广州标杆"[EB/OL].[2021-11-03].https://www.thepaper.cn/newsDetail_forward_15124415.

③ 促进产教深度融合 山东将建设一批产教融合示范区[EB/OL].[2021-11-05].https://baijiahao.baidu.com/s？id=1683685919351858569&wfr=spider&for=pc.

④ 深圳打造产教融合示范区，推动我国职业教育标准"走出去"[EB/OL].[2021-11-05].https://baijiahao.baidu.com/s？id=1702905507521732885&wfr=spider&for=pc.

2. 加快推进产教融合人才培养体系改革，产教融合模式趋于多样化

在制造强国战略背景下，工业化与信息化的深度融合推动着新业态、新技术、新经济蓬勃发展。新经济与新产业对技术技能人才的创新性、实践性需求也日益渗透到人才培养的各个环节，对职业教育教学模式、培训体系、产教融合组织形态提出了新的要求。但实践中，校企合作流于形式、学生实习走过场等问题突出，无法适应新经济发展对培养创新型技术技能人才的要求。为有效解决人才供需结构性矛盾，政府、职业院校、企业积极推进人才培养模式改革，探索形成了多种类型的产教融合模式。

"引企入教"是最基础、最典型的产教融合模式。"引企入教"强调企业应深度参与职业院校教育教学改革，参与学校专业规划、课程开发、教学设计、实习实训等人才培养环节，切实将企业需求融入职业院校人才培养体系。其中，校企共建二级学院是深化产教融合、校企合作的重要形式之一。湖南现代物流职业技术学院、山东淄博职业院校、广州铁路职业技术学院等一大批职业院校通过将校企合作主体下沉到二级学院的方式，深化企业参与学院专业建设、人才培养的程度。2018 年 1 月，湖南现代物流职业技术学院立足现代物流业发展需求，与湖南苏宁云商集团共同打造二级学院——湖南苏宁物流学院。苏宁物流学院成立后，学生一入校便是企业的"准员工"。苏宁相关负责人表示："今天的学生就是明天的职工，成立二级学院后，企业不能再做甩手掌柜了。"① 同年，山东淄博职业学院与鲁南制药集团共建二级学院——淄博职业学院鲁南制药学院，充分发挥企业在专业建设、课程开发、技术服务、就业创业等方面的作用。② 学习工厂，也是深化产教融合，将企业实践资源优势与职业院校教育资源结合的一种重要形式。2019 年国家发改委、教育部联合印发《建设产教融合型企业实

---

① 从"订单班"到"共建二级学院"湖南高职院校"校企合作"升级［EB/OL］.［2021-11-05］. https://baijiahao.baidu.com/s? id = 1590082612634593509&wfr = spider&for = pc.

② 淄博职业学院与鲁南制药集团校企合作共建二级学院［EB/OL］.［2021-11-06］. https://www.zbvc.edu.cn/zyjyjt/info/1127/1652.htm.

施办法(试行)》,提出把数以万计的产教融合型企业打造成为支撑职业教育高质量发展的"学习工厂"。以北京财贸职业学院为例,积极探索产教融合新模式,该校借助企业力量构建了一个"会计工厂",把企业搬进校园,请企业的会计师指导学生做"真实业务",有效提升了学生的财贸素养和专业能力。①

"引教入企"或者企业办学校,也是产教融合的一种极为重要的模式创新。在制造强国战略背景下,行业、企业开展职业教育和加强职工培训是提高企业竞争力、切实保障人力需求、适应经济结构调整的重要举措。2021年国务院办公厅印发的《关于推进现代职业教育高质量发展的意见》指出,鼓励上市公司、行业企业举办职业教育,特别是在轨道交通、健康管理等新兴或社会急需的行业领域,加大技能人才培养力度,推进产教深度融合。徐州工程机械技师学院是一所拥有近20年历史、由徐工集团独资兴建的具有工程机械特色的现代化技工学院。为支持机械技能人才培养,2015年徐工集团投资约2亿元兴建的新校区全面投入使用,建立数控加工技术、焊接加工技术、工程机械装配与调试技术、工程机械机电技术4大培训基地,并配备了以企业技术专家为首的"教育教学、专业发展、企业工作实践"三位一体化的教师队伍。徐州工程机械技师学院采用"校企一体、双元模式"的高技能人才培养模式,培养了一大批"到企业就能用、一用就能成功"的技能人才。② 广汽集团为了推动"引教入企"工作,与地方优秀职业院校合作,以企业自身投资和资产为基础,自主开展职业教育培训,创建了"工匠学院"这一新型的产教融合模式。③ 中车职业技术学院是央企办学的典型案例。近年来,中车集团积极落实党和国家战略部署,确

---

①　"学习工厂"赋能财贸素养养成 职业院校"人人都是胜者"[EB/OL]. [2021-11-05]. https://baijiahao.baidu.com/s? id=1631201558125001512&wfr=spider&for=pc.

②　徐州工程机械技师学院 [EB/OL]. [2021-11-05]. https://www.xcmg.com/xgjsxy/about/xue-yuan-gai-kuang.htm.

③　易卓. 组织社会学视角下"引教入企"的产教融合模式探索[J]. 高等工程教育研究,2021(5):134-140.

立了中车职业教育改革的总体思路。中车职业技术学院是由中车集团与常州市共同推进的、以中车"双元"育人为办学模式、以轨道交通装备为专业特色、以校企人才协同为创新团队、以中车之道引领校园文化的一所新型职业院校。在中国中车转向数字化、智能化的新经济背景下，中车职业技术学院形成了职业教育、中车培训中心、实训基地三位一体的教育培训平台，致力于推进教育培训一体化、师资人才一体化、课程体系一体化、实训基地一体化、业务运营一体化的管理模式。①

现代产业学院是推进职业教育产教融合发展的又一重要实践模式。在广东省市各级政府及教育部门支持下，2017年广州科技贸易职业学院正式筹备产业学院，面向开发区动漫游戏产业链和企业用人需求，瞄准特色专业群，秉持"入园建院、课岗融合"的理念，建立了政校行企"四元协同"理事会管理架构和"四实"治理体系，推动现代产业学院资源统筹、人才培养等各环节的有效开展。② 2019年华奥现代产业学院成立，该学院整合了奥鹏教育的国际化资源与华为、华星企业的现代化教学资源及岗位资源，主动对接智能制造、新一代信息技术产业，打造"工业智能订单班""工业智能定向班"等多种协同育人模式，致力于建设智能技术人才培养新高地。③2020年教育部办公厅、工业和信息化部办公厅联合发布《现代产业学院建设指南（试行）》，现代产业学院建设进入了多元化探索新阶段。2021年铜川职业技术学院和厚溥集团陕西厚溥教育科技有限公司成立了铜川职业技术学院厚溥大数据产业学院;④ 同年，广东中凯文化集团、大连东软教育科技集团有限公司、广东轩辕网络科技有限公司分别与广州科技贸易职业

① 中车集团与常州市积极推进中车职业技术学院建设［EB/OL］.［2021-11-05］. http://weixin.cuepa.cn/show_more.php? doc_id=3572320.

② 入园建院 课岗融合 现代产业学院建设硕果累累［EB/OL］.［2021-11-05］. https://baijiahao.baidu.com/s? id=1700949278383656115&wfr=spider&for=pc.

③ "人工智能+工业"时代的新型产业学院——华奥现代产业学院［EB/OL］.［2021-11-05］. https://www.sohu.com/a/356985658_120274822.

④ 借智赋能 加快现代产业学院建设［EB/OL］.［2021-11-07］. https://baijiahao.baidu.com/s? id=1711952004908612340&wfr=spider&for=pc.

学院签订校企合作协议，成立粤港澳大湾区现代产业学院职教联盟，致力于汇集地方政府、职业院校、企业行业的优势与资源，实现现代产业学院融合发展。①

3. 推进产业园区和产教融合城市建设，打造产教深度融合发展平台

职业教育人才培养的主阵地，不仅在职业院校或企业内，产业园区也为深化职业教育产教融合提供了良好的合作交流平台。实践中，各地方政府积极推进产业园区与职业院校的紧密合作，充分考虑园区在衔接"教育链—人才链—产业链"的治理功能。当前，河北省通过全面梳理省内工业园区状况，提出在批复新工业园区或科技园时，将中职、高职教育配备设施列入公建规划和考核目标，将职业教育充分融入产业园区发展规划。②产业园区与职业院校的紧密合作，有助于搭建起共建共享、资源集约、立体互通、多方共赢的技术技能人才培养培训"立交桥"。以山东省为例，山东省积极建设产教融合示范园区，目前已规划建设新华职教产业园，通过引入集团旗下万通汽车学院、新东方烹饪学院、新华互联网学院等职业教育品牌，开设轨道交通、新能源汽车、人工智能、动漫设计、现代餐饮、时尚美容等专业，着力打造集教学研发、文化体验、智慧居住等特色功能于一体的职业教育产业园。③贵州经开区小孟工业园区通过积极搭建平台，为辖区企业和学校牵线搭桥，促进企业与学校开展订单式、新型学徒制人才培养实践；充分利用技能大师工作室平台，发挥大师的示范引领作用，不断促进技能人才提升技能水平。2020年，经开区采用校企合作、产教融合等方式，培养技能人才数达1200人，不断为产业发展尤其是制造业

---

① 入园建院 课岗融合 现代产业学院建设硕果累累[EB/OL]. [2021-11-05]. https://baijiahao.baidu.com/s? id=1700949278383656115&wfr=spider&for=pc.

② 让职业教育融入产业园区[EB/OL]. [2021-11-05]. http://www.dzwww.com/xinwen/shehuixinwen/202102/t20210220_20196463.htm.

③ 中国东方教育·山东新华职业教育产业园获批2021年山东省重大项目[EB/OL]. [2021-11-05]. https://baijiahao.baidu.com/s? id=1706068156293284998&wfr=spider&for=pc.

发展提供优秀技能人才。①

　　产教融合城市是深化产教融合的重要载体，也是支撑产教融合的重要节点。设立产教融合试点城市，是扩大产教融合溢出效应、打造联合培养人才平台的重要方式。为有效发挥城市在深化产教融合方面的作用，教育部印发了产教融合试点城市名单，北京、天津、广州等城市加快推进产教融合城市建设，构建了具有良好发展前景的产教融合生态链。2019 年，陕西省推行职业教育改革，提出创建产教融合型城市的构想。根据实施方案，陕西省根据区域发展战略和产业布局，支持有代表性、影响力和改革意愿的地方政府，在办学体制、分配机制、资源调配等方面改革放活，建立产教一体、中高本衔接、职普融通的产教融合型城市，培养行业企业急需的各层次人才，为职业教育改革探索路径、提供样板。② 2021 年，天津市津南区入选国家产教融合试点城市。目前，津南区出台多项政策，涵盖人才引进、创新创业、科技扶持、智能制造、会展经济、楼宇、金融、优化营商环境等各方面。此外，津南区还正在研究制定创新发展聚集区、医疗器械产业等专项政策。除真金白银的政策红利，津南区积极搭建海棠众创大街、阿里云创新中心津南基地等载体，深入推进产教融合及高校研究成果落地转化。津南海河教育园区教育资源高度集聚，为产教融合提供了重要的人才基础。此外，津南海教园还打造了全生命周期教育模式，拥有十二年一贯制基础教育机制、八大产教融合联盟、工匠涵养班、无人机训练场以及作为全国职业院校技能大赛主会场的中国(天津)职业技能公共实训中心等。③

三、职业教育产教融合的制度性困境及其成因

　　在建设制造强国战略背景下，职业教育作为国民教育体系和人力资源

---

　　①　贵阳经开区：全力打造 产教融合示范区[EB/OL]. [2021-11-07]. https://epaper.gywb.cn/epaper/gyrb/html/2021-02/18/content_2133.htm.

　　②　陕西省将创建产教融合型城市[EB/OL]. [2021-11-06]. https://baijiahao.baidu.com/s？id=1652702423209568784&wfr=spider&for=pc.

　　③　缘何？津南光荣入选国家产教融合试点城市！[EB/OL]. [2021-11-06]. https://page.om.qq.com/page/Ovn6Kn6a-YYQi5tv5mGEqsfw0.

开发的重要组成部分，肩负着培养高技术技能人才、促进就业创业的重要使命。近年来，党和国家高度重视职业教育，各级政府部门出台多项职业教育政策，职业院校、企业、行业组织在深化产教融合实践中积极作为，取得了显著成效。但不可否认，职业教育产教融合的制度体系建设尚未完成，制度性弊病痼疾依然存在。

（一）职业教育产教融合存在的主要问题

1. 产教融合政策文件支持不到位。2017 年国务院办公厅发布《关于深化产教融合的若干意见》后，各省市政府部门积极出台关于深化产教融合的相关政策。据统计，截至 2021 年 4 月，关于"产教融合"的规范性政策文件共计 171 部，其中行政法规 1 部，部门规章 4 部，行业规定 2 部，地方规范性文件 55 部，地方工作文件 109 部。① 虽政策性文件数量较多，但短期内暴涨的产教融合政策及其执行实践中存在以下主要问题：第一，产教融合政策呈现为"自我复制与自我维持"式增长，其创新性不强，特色不够明显。根据王泳涛对我国 21 省市出台的深化产教融合政策文件的分析可知，部分省份的政策文本框架与内容几乎是对中央政策文本的复制，不仅没有体现地方经济、产业发展特色，还缺乏实质性建设意见，可操作性不强。② 第二，产教融合政策意见较为笼统模糊，缺乏具体可操作性的法规和实施细则。例如，对于如何推进产教融合、如何界定政校企行的权利、责任和利益，如何落实产教融合企业的财税用地政策，均未给予明确解释。③ 此外，一些省市政府部门在设计产教融合制度时，也只是罗列出可能涉及的相关责任主体，但并未明确牵头单位，以及各责任主体之间的关

---

① 方益权，闫静. 关于完善我国产教融合制度建设的思考[J]. 高等工程教育研究，2021(5)：113-120.

② 王泳涛. 我国省级政府深化产教融合的政策分析与局限突破——基于 24 省市实施意见的文本分析[J]. 职教论坛，2020(1)：42-49.

③ 姜波常委：产教融合"合而不深"校企合作"校热企冷"[EB/OL]. [2021-11-08]. http://www.sxzx.gov.cn/wyfc/6120.html.

系。这就容易造成权利交叉、责任不清、管理混乱等情况，导致实践工作难以开展。第三，面对产教融合发展中存在的实际问题，补充性教育政策支持不到位。无论是"引教入企"还是"引企入教"，在深化推进产教融合实践中存在各种实际问题，但中央和各省市政府缺乏面对问题的快速反应机制与应对机制，这在一定程度上限制了产教融合深度发展的可能性。以企业办职业教育为例，虽然一些大型企业蹚出了一条央企办职业教育的特色发展新路，但在实践中仍存在一些制度性问题，如国有企业尤其是央企办职业教育，仍未系统性地纳入国资委对企业考核制度体系，企业办学积极性仍待进一步激发。①

2. 职业教育产教融合中"校热企冷""合而不深"的现象依然存在。"校热企冷"，在本质上是对校企双方合作意愿、态度的形象化说明，是长期以来困扰职业教育产教融合深度发展的瓶颈，直接导致了职业教育产教融合"合而不深"的状态。实践中，受利益诉求、发展规划以及其他不确定因素影响，企业参与职业教育产教融合的内驱动力严重不足，校企合作多处于浅层次、自发式、松散型、低水平状态。其一，产教融合、校企合作多停留在硬件设施建设、短期实习层面，企业参与课程标准建设、教材开发、教学评价的可持续性不足，课程内容与职业标准、教学过程与生产过程相对脱节。其二，产教融合育人资源整合机制不健全。在师资方面，校内教师与校外导师培训不足，"校内外导师+社会力量"的"职业教育共同体"尚未形成；在教学过程中，教学活动偏向"理论学习+实训操作"的传统模式，"问题导向+学科交叉"的人才培养新模式尚未构建；在实践教学层面，实训基地与学校配套设施建设相对滞后，难以跟上新经济与科技发展的时代步伐。其三，受市场波动影响，校企合作的可持续性不强、稳定性不高。面对激烈的市场竞争，企业存在严峻的生存紧迫感。尤其对于新型科技企业而言，由于行业尚未建立起成熟的运作模式和生产标准，在不确

---

① 产教融合"合而不深"校企合作"校热企冷"难题亟待破解[EB/OL].[2021-11-08].https://baijiahao.baidu.com/s？id=17142966269626952380&wfr=spider&for=pc.

定且复杂的市场环境中极易出现问题。这必然使得校企之间的合作关系受到不确定性影响，校企合作难以持续和深入。中国宏观经济研究院产业经济与技术经济研究所副所长谭永生认为，目前我国职业教育校企合作"学校热，企业冷"，校企协同育人的人才培养模式尚未根本形成，"重理论、轻实践"问题普遍存在。①

3. 职业教育产教融合的区域性特色不彰。推进区域产教融合、打造产教融合试点城市，是推动职业教育产教融合深度发展、构建中国特色职业教育体系的重要内容。2017 年国务院办公厅发布的《关于深化产教融合的若干意见》中明确要求，各省级人民政府要结合本地市级制定具体实施办法，加强协同联动，切实推动区域职业教育产教融合。但从整体上说，目前职业教育产教融合的区域性特色并不显著：一方面，在党中央、国务院陆续颁布《关于深化产教融合的若干意见》《国家职业教育改革实施方案》《关于推进现代职业教育高质量发展的意见》等若干文件后，地方政府并未在深化、细化产教融合政策中发挥显著的主导作用、主体性功能。以产教融合各类配套支持政策为例，地方政府套用中央文件中关于财政、金融、土地、信用的表述，并未结合地域实际情况做出切实、明确、落地化的应对措施。另一方面，在职业院校专业建设层面，职业院校专业建设跟不上区域产业发展需求，尚未建立起与区域产业发展相匹配的专业建设动态调整机制。以产教融合试点城市为例，产教融合试点城市尚处于探索阶段，职业院校与区域产业需求脱节，专业调整滞后，课程改革缓慢，区域龙头企业的新技术标准、新工业标准、新规范标准不能及时融入职业教育课程教学内容体系。

（二）职业教育产教融合困境的原因透视

职业教育产教融合中所出现的"政策支持不到位""企业参与产教融合

---

① 产教融合"合而不深"校企合作"校热企冷"难题亟待破解［EB/OL］.［2021-11-08］. https://baijiahao.baidu.com/s? id=1714296626962695238&wfr=spider&for=pc.

动力不足""产教融合区域特色不彰"等问题，在本质上可归结于职业教育产教融合体制机制问题，即"制度低效"。从外部治理机制看，各级政府部门在推进职业教育产教融合中的缺位与越位，制约了产教融合的发展水平；从校企双方的内部管理体制看，双方在管理体制上的异质性无形中增加了产教融合的交易成本，降低了产教融合的层次水平；从第三方监督协调机制来看，行业以及其他第三方机构的监管、协调、反馈机制失效，阻碍了产教融合良性生态系统的构建。

1. 政府部门的缺位与越位。在职业教育产教融合中，政府部门的职责主要体现在管理、服务、监管、调节四个方面。其中，政府部门缺位是指政府在应该履行职责的地方没有发挥或者没有发挥好应有的作用。众所周知，政府是职业教育产教深度融合的直接利益相关者，但在产教融合过程中，政府部门仍存在以下几种缺位情况：第一，政府部门未能根据职业教育产教融合的实际情况，及时出台明确、具体、系统化的职业教育政策。以企业办职业教育为例，近年来企业举办职业教育已然成为深化产教融合的重要举措。作为一种跨界制度设计，企业办学过程中必然涉及利益相关者的产权问题，但目前关于企业办学的相关产权保护基本处于政策规定的"空白地带"。第二，政府部门出台的政策文件多以规定、办法、纲领为主，缺乏具有实际可操作性的、有明确指导性的政策文件。例如，职教20条提出，建立产教融合型企业认证制度，对进入目录的产教融合型企业给予"金融+财政+土地+信用"的组合式激励。但对于如何保障产教融合型企业的利益、如何给予激励式补助、如何推动产教融合支持政策落地，大多省市地方政府尚未给予明确的政策指导。第三，职业教育产教融合政策存在统筹规划力度不够、执行力不够、保障机制建设滞后等问题。以政府部门贯彻产教融合政策为例，职业教育产教融合政策涉及多个政府部门，不仅要发挥教育行政部门的协调作用，还要得到财政、税收等部门的支持。但实践中，不同行政职能部门间职责不清、多头领导、责任推诿状况广泛存在。

政府部门越位是指政府管理权限过大，越俎代庖式插手本不属于政府管理的事务，从而导致职业教育产教融合运行不畅、行动滞后。职业教育产教融合本是政府、学校、企业、社会、行业多个主体共同管理、互相协作的过程，但在实践中，一方面，受传统管理观念的束缚，政府习惯于以主导性地位发布行政指令，领导、约束、管理学校和企业的合作行为；另一方面，第三方监管组织的制约能力不足，导致政府部门事无巨细的插手本应由社会自主管理的事项。此外，在实践中，由于政府部门在推进产教融合时普遍存在轻市场调节重行政审批、轻法律管理重政策管理的情况，导致职业教育产教融合行政管理复杂，审批事项繁多，行动迟缓。实际上，无论是政府缺位还是越位，在推进职业教育产教融合实践中，政府部门都未能起到积极、良性的引导和规范作用，这是导致职业教育产教融合外部管理低效的重要原因。

2. 校企双方管理机制差异，增加了产教融合的交易成本。职业院校与企业，作为组织间的两类组织，在各自利益诉求下形成了相应的管理机制、运作模式和组织架构。实践中，职业院校的核心使命是技术技能人才培养，形成了学术导向、行政科层化的管理机制；企业的利益诉求是营利，形成了资本(市场)导向、扁平化的管理机制。校企双方在管理机制层面的差异，不仅造就了校企双方思维方式的不同，还增加了产教融合的交易成本，严重影响了校企双方的有效交流和对等沟通。具体来说，一方面，校企双方在利益诉求和管理机制上的差异，带来了校企合作中认知层面的偏差。教育部门和职业院校主要是从教育公共利益和人才培养的角度考虑校企合作的重要性、必要性和可能性，并尝试从职业教育需求的角度构建校企合作的路径，这一过程中往往会忽视企业层面的利益诉求。例如，对于产教融合中的"校热企冷"这一问题，除了需要探讨企业为何"冷"之外，还需要深入研究学校层面是否是真的"热"以及"热"在什么地方？实际上，职业院校大力推崇的产教融合、校企合作之所以受到企业的"冷眼相待"，很大一部分原因是职业院校并不了解企业的需求，也没有提出满足企业发展的校企合作路径，从而不可避免地导致产教融合的浅层次化、低水平状态。另一方面，校企双方管理机制上的差异还导致校企双方的信息对接机制不健全、沟通不顺畅。在推进职业教育产教融合实践中，职业院校意在借助企业力量，为技术技能人才培养提供师资、课程标准、实践场地等。但在这一过程中，校企双方由于合作时间短、合作模式不健全，校企双方沟通停留在自发状态，仍按照自身利益诉求和运行机制开展交流，尚未建立起平等对等、利益共赢的校企沟通交流平台。

3. 行业协调作用不健全，缺乏社会监管与评价。良性的产教融合生态系统的形成，不仅需要政府部门的管理与服务、职业院校与企业的深度合作，还需要充分发挥行业与社会第三方评价机构的监管、服务、协调功能。以行业协会为代表的第三方评价机构的缺位，将直接影响职业教育产教融合的水平与质量。实践中，行业协会在协调、指导、管理职业教育产教融合中的职能发挥并不充分。一方面，行业协会自身专业能力有限，难以对产教融合、校企合作提供有效指导。以编制行业调研报告、发布行业人才需求为例，由于不少地方行业协会缺乏专业的调研人员和标准化的评价指标体系，其所公布的调研报告多存在数据不够翔实全面、论证不够严谨等问题，难以得到社会的关注和认可。另一方面，由于缺乏法律依据支持，行业协会的独立性与权威性不强。当前我国职业教育行业协会还处于不成熟状态，既缺乏法律支持和政策扶持，又缺乏明确的权限范围、组织架构和管理制度，这直接导致行业协会难以在产教融合组织框架内发挥协调管理职能，只能在体制外以自己的方式参与职业教育治理。此外，行业协会独立性不足还表现为，一部分行业协会沦为政府的附属机构，其管理职能被弱化，成为政府部门意志的代言人。总的来说，由于我国职业教育第三方评价机构成长缓慢、规模较小、权威性不足,[1] 第三方评价机构难以在优化职业教育治理、保障职业教育产教融合质量方面发挥应有功能。

综上所述，以建设制造强国战略的视野审视，职业教育产教融合及其

---

[1] 吴健. 新时代职业教育产教融合、校企合作向纵深发展的研究[J]. 成人教育，2019(11)：51-58.

人才培养面临着严峻的制度性阻碍，既缺乏强劲的启动动力，又缺乏持久维持的定力，还缺乏不断完善的助力。而破解职业教育产教融合困境，要从完善体制机制入手，通过优化、完善职业教育产教融合体系的运行逻辑及其保障制度，推动职业教育高质量发展。

四、制造强国背景下职业教育产教融合保障体系建设

构建职业教育产教融合保障体系是推动职业教育高质量发展的重要途径。在制造强国战略背景下，深化职业教育产教融合、切实提升职业技术技能人才培养质量，要在深挖产教融合现存问题的基础上，统筹职业教育产教融合相关利益主体，从政策支持、机制改进、监督协调等方面入手，打造精准、确切、系统化的产教融合保障制度体系。

1. 强化政策支持，构建系统化的政策保障体系

职业教育产教融合政策是引导、规范、推动职业教育产教深度融合的重要制度保障。从某种程度上说，政府部门逐步完善产教融合政策的过程，就是不断提升治理能力、服务职业教育产教融合的过程。构建系统化的政策保障体系，一是加强法律建设，推进产教融合法治化进程。与德国、美国等职业教育发达国家相比，我国职业教育产教融合缺乏有效的法律支持，法律建设严重滞后。实践中，我国政府相关部门需紧跟产业与职业教育发展态势，直面产教融合发展瓶颈，从教育、经济、劳动三方面建立法律框架，形成一套保障产教融合、校企合作的法律制度体系。二是及时出台、改进、调整职业教育产教融合政策，确保教育政策确切性、有效性和功能性。实践中，政府部门既要加强顶层设计，在宏观层面统筹产教融合政策；又要细化产教融合准则，明确合作主体的"权、责、利"关系，完善产教融合配套政策，保障各项产教融合政策落到实处。三是加快建设区域性产教融合政策体系。区域性产教融合政策是落实党中央、国务院职业教育产教融合精神、与区域职教资源、产业结构相结合的重要形式。实践中，地方政府应贯彻可操作性与适用性原则，围绕区域产业发展情况，细化产教融合政策，并建立起与政策相匹配的资源配套机制和资源补偿

机制。

2. 创新产教融合制度，构建完善的制度保障体系

制度创新是指在特定组织场域中，创造出新的适用于组织运行的制度性规则、规范和框架。推动职业教育产教融合制度创新，意味着要围绕产教融合各方主体，构建利于产教融合深度发展的交流机制、互动机制和运行机制。一是充分利用人工智能、互联网、大数据等信息技术构建产教融合交流平台。产教融合的前提是产业界与教育界信息交流顺畅、互通有无。从产业界人才需求到教育界人才培养，产教融合中的诸多环节都需要以稳定、通畅、及时的信息沟通为基础。因此，实现职业教育产教深度融合，必须打开信息沟通渠道，在产教之间建立起"供给—需求—供给"的闭环互动系统。二是构建校企命运共同体，打造产教融合的公共空间。① 从本质上说，产业界与教育界处于两个相互独立的空间内，有着各自的运转逻辑和运行规则。欲深度推进职业教育产教融合，需构建校企命运共同体，并根据产教融合的特点制定新的规则和管理制度，如校企一体化的人才管理制度、资源整合制度等。三是创新产教融合办学机制，探索新型职业教育教学形态。近年来，产业学院、学习工厂、众创空间等新型组织的兴起为创新产教融合人才培养机制、深化校企合作提供了新的发展思路。实践中，在产教融合过程中，校企层面需不断突破传统的、浅层次的合作，通过共建技术技能创新平台、现代产业学院、大学科技园等形式，延伸职业院校办学空间，充分发挥校企在推动技能人才培养与科学研究方面的合作潜能。

3. 深化监督与评价改革，打造完善的质量保障体系

完善的质量保障体系是优化、协调、平衡职业教育产教融合的必然要求。加快推进职业教育产教融合、提升产教融合现代化治理水平，关键在于变革职业教育产教融合的监督评价机制，打造内外结合、科学高效、多

① 赵晓芳. 职业教育校企命运共同体：理论逻辑、内涵特征与行动路径[J]. 职业技术教育，2021(25)：69-74.

元参与的质量保障体系。一是要加强职业教育标准建设，尤其是在教学标准、管理标准和评价标准方面。实践中，既要注重多元主体的参与性，引导行业组织、龙头企业参与职业教育的课程、教材、教学等国家职业教育标准建设；又要注重职业教育标准差异性与地域性，鼓励地方政府、职业院校结合实际情况出台更高要求的地方标准。二是充分发挥第三方评价机构的监管、评价、协调作用。当前，我国职业教育产教融合第三方评价机构尚处于萌芽阶段，为切实提升以行业协会、社会独立机构为代表的第三方评价机构的独立性、专业性和公信力，政府部门要做好政策支持与引导工作，通过赋权等形式提高第三方评价机构的协调作用。同时，行业协会要加强自身专业建设，提高第三方评价机构的履职能力、监督能力。三是创新职业教育产教融合监督管理范式，优化监督管理方法，健全评价指标体系。在监督管理范式层面，深化职业教育督导与评价改革，构建职业院校自我质量评估与外部监督有机整合的管理方式，推进职业院校内部保证与外部评价协调配套的运行机制；在创新监督管理方式层面，需充分利用现代化监测手段，运用教育大数据治理方法，培育"数据治理"思维，构建更加科学化、智能化、规范化的职业教育产教融合评价方法；在职业教育产教融合评价指标方面，基于产教融合质量评估报告和大数据采集，围绕产教融合力度、广度、深度、效度等维度，建立科学合理、动态调整的质量评价指标体系，提升质量评价指标体系的可信度和可用性。

第二节 智能制造背景下职业院校
产教融合的实践探索

职业教育是培养高质量技术技能人才的一项基础性工程，是促进经济社会发展和提升国家综合国力的重要支撑。新时期我国职业教育发展面临良好机遇，2021年4月，习近平总书记在对职业教育工作做出重要指示时强调：在全面建设社会主义现代化国家的新征程中，职业教育前途广阔，大有可为。① 2021 年 10 月，中共中央办公厅、国务院办公厅印发的《关于推动现代职业教育高质量发展的意见》中提出要优化职业教育供给结构，明确要求"围绕国家重大战略，紧密对接产业升级和技术变革趋势，优先发展先进制造、新能源、新材料、现代农业、现代信息技术、生物技术、人工智能等产业需要的一批新兴专业"②。制造业是立国之本，兴国之器和强国之基，在新时代坚持走中国特色的新兴工业化道路，加快先进制造业的发展，对于建设制造强国，实现中华民族伟大复兴的中国梦具有重要意义。2021 年 12 月 29 日发布的《2021 中国制造强国发展指数报告》中指出，我国制造业与第一、第二阵列制造强国发展的指数在不断缩小，但是我国尚未迈入"制造强国"第二阵列，大而不强的问题仍旧突出。③ 面向制造业十大重点领域，加快推进人才供给侧结构改革，对接技术技能人才培养和制造业发展的现实需求，深化产教融合与校企合作，职业教育面临的任务仍旧十分艰巨。

一、制造业发展对职业教育人才培养提出新诉求

随着新一轮科技革命的兴起和产业变革的迅猛发展，制造业发展日益展现出科技化、信息化、智能化发展的特点，同时也进入因资源和环境束缚而需要不断强化绿色发展新模式的时代，信息技术的冲击、新发展理念的引领和自我创新能力的提升不仅为制造业发展提供了广阔的空间，也对职业教育的人才培养提出了更高的要求。

---

① 迈向高质量发展，吸引力影响力竞争力不断增强——职业教育前途广阔、大有可为［EB/OL］.［2023-04-12］. http：//www. gov. cn/xinwen/2022-08/19/content_5705984.htm.

② 新华社. 中共中央办公厅 国务院办公厅印发《关于推动现代职业教育高质量发展的意见》［EB/OL］.（2021-10-12）［2022-01-25］. http：//www. gov. cn/zhengce/2021-10/12/content_5642120.

③ 人民网. 2021 中国制造业发展指数报告［EB/OL］.（2021-12-29）［2022-01-25］. https：//www.thepaper.cn/newsDetail_forward_16074230.

（一）人才培养规模的扩增

职业教育的人才培养规模要与制造业的发展体量相协调。据预测，到2025年，我国制造业领域的从业人数将会达到1.3亿，其中技术技能型从业者人数约8000万，占比约为61.5%。与2015年相比，技术技能型从业者将增加3000万人，年均增量约为300万人。① 据人力资源和社会保障部统计，2020年我国智能制造行业大约有750万人的岗位需求，同时拥有300万人的就业缺口，其中在一些支撑我国工业化建设的重点领域，人才缺口问题尤为显著。根据2016年教育部、人力资源和社会保障部、工业和信息化部三部门联合发布的《制造业人才发展规划指南》预测：至2025年，新一代信息技术产业的人才缺口将达到950万，电力装备领域人才缺口高达909万人，高档数控机床和机器人领域人才缺口将达450万人，其他重点制造业领域均存在不同程度的人才短缺。② 面对如此巨大的人才缺口，建设制造强国的任务艰巨而又充满挑战，职业院校更应该将服务制造强国建设作为战略任务，积极扩宽视野，将制造业发展需求融入职业教育人才培养规划，培养足够规模的制造业人才，回应制造业发展对职业技能人才的新诉求。

（二）人才培养规格的匹配

职业教育人才培养规格要与制造业发展水平相匹配。建设制造强国，要推动制造业领域产业的全面转型升级，推动传统制造业向创新驱动发展模式转变，需要大量高素质技术技能型人才的支撑。据统计显示，在日本制造业产业人才队伍之中，高级技术技能人才的占比约为40%，而德国的

---

① 付卫东，林婕."中国制造2025"战略下职业教育的应对之策[J].职业技术教育，2016(24)：62-66.

② 教育部 人力资源社会保障部 工业和信息化部关于印发《制造业人才发展规划指南》的通知[EB/OL].（2017-01-11）[2022-01-22].http://www.moe.gov.cn/srcsite/A07/moe_953/201702/t20170214_296162.html.

占比高达 50%，但在我国，高级技术技能型人才占比仅为 5%，人才缺口近 2000 万人。[①] 初级技工多、高级技工少，单一型的技工较多、复合型技工较少，传统型技工较多、现代型技工较少等"多"与"少"并存现象，反映出了高质量技术技能型人才短缺的突出问题。据人力资源与社会保障部统计，目前我国整个劳动力市场对于技术等级和专业技术职称的劳动者用人需求普遍较大，以 2021 年第二季度为例，40.7% 的市场用人需求都对技术等级和职称有相关的要求，高级技师的缺口较大，求人倍率达到了 3.11。[②] 高级技能人才供不应求成为制约制造强国建设的瓶颈之一，因此，提升职业教育人才培养规格，培养更多高质量的技术技能人才，就成为制造强国建设面临的重要课题。

（三）人才培养质量的提升

党的十九大报告指出，我国经济已由高速增长阶段转向高质量发展阶段，正处在转变发展方式、优化经济结构、转换增长动力的攻关期。在这种背景下，经济社会更加需要创新型复合型技术技能人才，制造业转型升级需要培养一支高素质技术技能型人才队伍。制造业特别是十大重点领域，在国家战略和市场发展的推动之下，转型升级十分迅速，呈现出从初级加工向高级制造转变、从劳动密集型向技术密集型转变、从低附加值向高附加值转变、从技术依赖向自主研发转变的发展趋势。智能制造既是对传统制造业的全面转型升级，又是对新技术、新工艺、新理念的深度融合。智能制造要求职业教育培养复合型的人才，注重学科专业之间的交叉渗透，但在实践层面，我国职业教育对培养复合型人才的认识不足，课程体系落后、课程设置较为单一、课程内容滞后于产业发展的需要等问题普

---

① 张莉. 制造业转型升级背景下高职人才培养质量提升路径研究[J]. 中国职业技术教育，2019(30)：69-73.

② 人力资源与社会保障部. 2021 年第二季度百城市公共就业服务机构市场供求状况分析[EB/OL]. (2021-08-06)[2022-01-25]. http://www.mohrss.gov.cn/xxgk2020/fdzdgknr/jy_4208/jyscgqfx/202108/t20210806_420213.html.

遍存在。因此职业院校要着力建构跨学科、跨专业的课程体系，提升自主创新和协同创新能力，帮助学生系统掌握制造技术、信息技术，① 提升职业教育人才培养质量，增加制造业相关专业的招生吸引力和社会认可程度，创新职业教育人才培养模式，培养更多复合型、创新型人才。

二、职业院校产教融合服务制造业发展的办学实践

近年来，我国现代职业教育体系建设不断完善，全国职业院校共开设近千个专业，近 10 万个专业点，覆盖了国民经济的各个领域，职业教育取得了与普通教育同等重要的办学地位。2019 年高等职业教育规模已占据高等教育总体规模的半壁江山。在这种背景下，我国职业教育体系既面临重大机遇，也面临重重挑战。在服务制造业尤其是高端制造业发展的过程中，职业教育专业结构不断优化，推进与产业结构精准对接；职业院校内涵建设不断强化，服务制造业能力不断提升，职业院校与制造业企业的合作不断加深，产教融合发展取得了实践成效。②

(一)建设技术协同创新中心，服务高端装备制造业发展

职业院校在推进产教融合、校企合作的过程中，紧密围绕智能制造发展的需要，面向新一代信息技术、先进装备制造、新能源产业等重要战略性制造业领域，进行专业结构优化布局，校企政行多方主体共同建设技术协同创新中心，助力高端制造业发展。

常州职业信息技术学院是一所国家级示范性高职院校，立足于服务制造强国的国家战略，基于江苏省建设"国内领先、有国际影响力的制造强省"这一目标，以及常州市建设中国智能制造一流名城的现实需求，将提

① 李政."中国制造 2025"与职业教育发展观念的转轨[J].中国职业技术教育，2015(33)：38-44.
② 席东梅，任占营，徐刚.支撑国家战略：做强"中国制造"的职教担当——职业教育支撑国家战略：中国制造 2025 座谈会综述[J].中国职业技术教育，2017(28)：30-37.

供"智能工厂"应用示范、培养智能制造技术工程师、服务智能装备制造业作为办学目标,打造智能化生产车间、单元技术实训区、综合应用实践中心以及智能制造创新中心,并组成集教学、科研、服务、生产于一体的"智能工厂"产教融合综合实践平台。通过平台建设,致力于为学生创造多方位立体化实践教学空间,为社会提供技术培训、技术研发等服务,助力区域制造业的转型升级。常州职业技术信息学院作为地方性的高职院校,始终坚持"服务地方的经济建设,培养高素质技术技能人才"的办学定位,坚持把产教融合作为学院发展的主线,在传统制造业向智能制造业转型的过程中积极促进教育链与产业链的对接。例如,学院与上海发那科机器人有限公司进行校企合作,共同建设省级产教融合实训平台、工业机器人技术与应用实训平台,设立"工业机器人技术与应用研究中心",其中包括工业机器人认证培训、工业机器人系统研发和工业机器人创客中心等平台,面向江苏和长三角地区,对标智能制造、柔性制造、无人机系统等领域,开展相应的技术服务与企业培训。①

四川德阳是国家重大技术装备制造基地,聚集了中国第二重型机械集团公司、东方电机有限公司、中国东方电气集团有限公司等巨头公司以及上千家的配套企业,形成了装备制造产业集群。随着装备制造业向智能化、高端化升级,四川工程职业技术学院组建数控技术、焊接技术以及自动化等专业群,发挥专业群集聚优势,积极推进深度产教融合,构建高水平产学研平台,融入区域产业、生产和技术创新体系。与政府、行业企业和科研院所合作,先后建立了一批服务重大产业的四川省工程实验室、技术创新中心和科技成果转化中心。例如,学院与中国航发北京航材院进行合作,共建四川省航空材料检测与模锻工艺技术工程实验室,为四川、陕西、贵州航空产业带提供航空产业检验检测服务、检测技术研究、人才培养和从业人员培训等。学院与库卡机器人有限公司(KUKA)等合作,共建

---

① 席东梅,任占营,徐刚. 支撑国家战略:做强"中国制造"的职教担当——职业教育支撑国家战略:中国制造 2025 座谈会综述[J]. 中国职业技术教育,2017(28):30-37.

四川省装备制造业机器人应用技术工程实验室，开展机器人应用研发、性能检测、人才培养等业务，目前已为中国二重、天元重工等企业开展"大型铸锻件自适应磨抛""大型铸锻件自动焊补"等应用开发 35 项。除此之外，学院积极服务于产业，打造技术技能创新平台，2018 年 4 月，德阳西门子高端装备智能制造创新中心落户在四川工程职业技术学院产学研园内，这是西门子在全国布点、面向制造装备业的第一个智能制造创新中心，旨在助力于产业转型升级，培育高新技术企业。该创新中心的建设对于加快构建产学研用协同创新体系，对于推动高端装备，智能制造技术应用协同创新，把德阳建设成为国家高端装备产业创新发展示范基地，都具有极其重要的意义。①

(二)调整专业结构，服务区域制造业转型升级

为推动制造业的转型升级，西方发达国家都有应对举措，美国曾出台《制造促进法案》，提出构建世界一流的教育体系和创造高质量的职业培训机构的目标；德国实施更加弹性化的职业教育，致力于职业教育的持续发展，推进产学研用的一体化；日本《2015 年版制造白皮书》提出，注重科学技术人才的培养以及高等职业教育的发展。在我国，职业教育围绕服务于制造业转型升级，创新人才培养模式，调整与优化专业结构，建立专业设置与课程改革服务产业专业升级的动态机制，适应制造业数字化、网络化和智能化要求，多方协同提升制造业人才培养质量。

芜湖职业技术学院坚持以服务区域产业发展为己任，适应产业发展需要不断更新办学思路，创新服务理念和服务模式。芜湖市汽车产业发展迅速，芜湖职业技术学院依托汽车产业发展的区位优势，建立汽车工程学院，依据地方产业发展规划进行专业设置与调整。"中国制造 2025"行动计划，新能源汽车行业被列入十大重点领域。芜湖职业技术学院通过调研国

---

① 程宇. 四川工程职业技术学院产教融合培养高端装备智能制造人才[J]. 职业技术教育，2016(32)：1.

内新能源汽车市场的发展状况，在汽车学院超前开设了新能源汽车技术专业，与国产企业奇瑞公司进行深度对接，为新能源汽车行业提供各类服务。① 目前，汽车工程学院已经拥有完善的实验实训教学设施，拥有"国家级汽车维修实训基地"和"奇瑞汽车实训基地"等14个专业实训基地；学院坚持走校企合作、工学结合的办学路径，先后与奇瑞汽车、芜湖运安机动车检测有限公司等32家企业建立合作关系，为学生实习及就业创造了良好的环境和平台。与此同时，芜湖汽车职业技术学院十分注重与国外科研院校和汽车企业进行合作，参与教育部与德国奔驰、宝马、奥迪、大众、保时捷五大汽车公司联合培养汽车机电维修人才的中德 SGAVE（Sino-German Advanced Vocational Education）项目，作为安徽省唯一入选院校为教师和学生提供更多学习和交流的机会。②

云南机电职业技术学院立足于机电学科专业的优势和特色，主动融入国家制造业发展战略，着力实现教育链与产业链深度对接，开展校企合作。云南机电职业技术学院紧密结合云南省制造装备业发展战略，设立"五系一部"共32个专业，其中，数控技术专业、电气自动化技术专业、焊接技术及自动化专业为国家重点建设专业。学院坚持以服务为宗旨，以就业为导向，以融入专业建设为核心，构建集培训、鉴定、生产、新技术推广应用、技术研发为一体的社会服务体系和公共服务平台。实践中，坚持体制统一和机制灵活，构建高质量服务的制度保障，校企共同建设"西仪连杆生产线"等8个"校中场"，构建协同育人的产教融合平台；推行学历证书和职业资格证书"双证制"及"多证制"的培养机制，构建"岗课赛证"综合育人长效机制；建设"岗证融通"基地，与北京中车行高新技术有限公司、北京汽车蓝谷营销服务有限公司合作，以基地建设为契机，以"1+X"证书为着力点，致力于复合型技术技能人才培养模式改革，打造开

　　① 郑永进，徐建平. 高职院校"政行企校"联合培养人才机制研究——以芜湖职业技术学院人才培养机制改革为例[J]. 中国高教研究，2015（4）：107-110.

　　② 夏跃武，李敏，钱峰. "互联网+"背景下的汽车智能技术专业建设——以芜湖职业技术学院为例[J]. 韶关学院学报，2015（12）：24-27.

放、共享、共建的产教融合生态圈，实现教育链、人才链、产业链和创新链"四链"有效衔接。①

（三）探索现代学徒制，实现产教深度融合

2016 年教育部等三部门联合发布的《制造业人才发展规划指南》明确提出"加快实现产业和教育深度融合"，"面向制造业十大重点领域，推行校企联合培养的现代学徒制"。实践中，现代学徒制作为职业教育产教深度融合的有效模式，已经在多批试点的基础上，逐渐向全国铺展，在体制机制、运行模式以及教学标准建设等层面取得了有效成果。推进现代学徒制，需要在广泛试点的基础上累积相关经验，凝聚共识，在职业院校制造类相关专业中，普遍推行校企联合招生、联合培养等一体化育人模式，在人才培养计划、人才培养的规格和标准、教师队伍建设等方面形成政府推动、市场引导、社会参与、行业企业和职业院校双主体的现代学徒制育人模式，实践中关键是要解决好学徒制实践过程中存在的权责不明确、主体不清晰、操作流程管理不规范等问题。②

广西工业职业技术学院切实推广现代学徒制，与金光集团共同设立"金光电气自动化"现代学徒班，与华为机器有限公司和中南国际人力资源有限公司共同设立"中南华为 SMT"现代学徒班，与广西南南铝业股份有限公司共同设立"南南铝工业机器人"现代学徒班，形成了校企协同发展的合作育人机制。其中"金光电汽自动化"现代学徒班是金光集团在广西推出的"圆梦计划"的基础上成立的，旨在帮助贫困学子完成学业，校企合作共同培育高素质技能型人才。校企通过建构"全方位、全过程"合作育人模

---

① 黄晓明，杨晓春，刘春美，等. "校中厂"在校企合作机制建设中的运行与管理——以云南机电职业技术学院"校中厂"为例[J]. 武汉职业技术学院学报，2016(4)：79-84，102.

② 席东梅，任占营，徐刚. 支撑国家战略：做强"中国制造"的职教担当——职业教育支撑国家战略：中国制造 2025 座谈会综述[J]. 中国职业技术教育，2017(28)：30-37.

式，共同组成工作小组，制定培养方案、工作制度、考核标准等。校企通过联合招生招工计划，进行精准招工，照顾贫困学生，协同推进精准扶贫工作；明确校企双方权责，并与家长签订三方协议，明确学员和员工的双重身份。构建1+1+X产教融合"四合作"机制，"1+1+X"是指工业职教集团、相关学院、职教集团成员(政府、行业、企业等)。其中，广西工业职教平台在校企合作中发挥了纽带作用，整合政府、行业、企业和学校的相关优质教育资源，形成多主体协同的合作运行机制，通过共同进行专业设置、共同商定课程体系、共同组建教师队伍、共同建设实训基地、共同享受教育资源、共同进行合作管理，多方合作构建命运共同体，形成了合作办学、合作育人、合作就业与合作发展的"四合作"机制。①

湖南机电职业技术学院位于长沙经济技术开发区，学校依托区位优势，与区域内的智能装备企业共同成立长沙经济技术开发区职教集团，与长沙长泰机器人有限公司、湖南艾博特机器人系统有限公司、湖南宇环智能装备有限公司等企业成立工业机器人专业建设委员会，开展现代学徒制的试点工作。实践中，湖南机电职业技术学院根据智能装备制造产业优化升级需要，及时调整人才培养计划、课程体系，完善教学内容等，推进专业建设与装备制造业升级相适应。校企联合制定教学方案，由学徒制试点工作小组统筹制定公共基础课、校内实训课和企业实习等课程教学体系；通过校内基础实训、企业实习、校内工程技术实践、校内竞赛和毕业设计、企业技术服务交替轮训等形成层层递进的人才培养体系。校企联合开发课程，根据企业岗位需求，兼顾学生的个性特点，构建公共基础课程、专业技术课程和岗位课程等三类课程能力培养递进式的课程体系。校企联合安排教学过程，将学年划分为职业体验、职业适应和职业融入三个阶段，并在不同阶段分为学校学习和企业学习两个部分，着力构建学校与企

---

①　陶权，黄熙彭. 智能制造专业群产教融合校企合作构建协同育人融合发展机制研究与实践[J]. 装备制造技术，2021(9)：103-107.

业良性互动的工学交替机制。①

(四)对接世界标准，打造国际化技术技能人才培养高地

随着中国制造业的转型升级，我国的通信技术、铁路行业等开始迈向高精尖方向，并在"走出去"国家战略中实现了更高价值。同时，伴随着制造业转型升级，我国职业教育发展通过走国际化道路，积极对接国际人才培养标准，培养具有国际视野和国际水准的技术技能人才。以中国高铁为例，中国高铁是"一带一路"倡议实施的先行者，也是"中国制造2025"的极具影响力的产品，从侧面凸显职业教育发展的新高地。在"一带一路"的倡议之下，中国高铁在短时间内实现了从中国制造到中国标准的跨越，与多个国家签订了高速铁路的修建协议，并规划欧亚高铁、中非高铁、中俄加美高铁等路线。进入"十四五"时期，各省市都在职业教育发展规划中提出对接国际标准、走国际化道路的职业教育发展构想，也就是说，国际交流合作在推动职业教育改革与发展中的地位和作用越来越重要。

湖南铁道职业技术学院是"一带一路"职教联盟的发起单位，在"一带一路"建设发展的重要战略机遇期，学院积极与国际知名企业合作，同时结合自身的特色专业，积极践行国际化人才培养模式。湖南铁道职业技术学院于2016年成立国际学院，专门负责国际学术交流与合作的组织与开展，积极拓展国际化的教育市场。学校与俄罗斯圣彼得堡国立交通大学合作，成立湖南铁道职业技术学院圣彼得堡学院，开办铁道机车、城市轨道技术等中外合作办学专业。在2017年圣彼得堡学院共招生120人，目前该批学生已经顺利毕业并服务于莫斯科—喀山高速铁路的建设和运营。同时，湖南铁道职业技术学院还与中车集团合作建立海外分校，与东盟国家合作建设轨道交通人才培训基地，与中国中车株洲电力机车有限公司、中国中车株洲电力机车研究所有限公司等铁路公司合作，联合湖南铁路科技

---

① 教育部. 深化合作，协同创新，实现职业教育新作为[EB/OL]. (2018-04-27)[2022-01-25]. http://www.moe.gov.cn/jyb_xwfb/.

职业技术学院、武汉铁路职业技术学院等院校，开发动车组检修技术、工业机器人两个专业国际化人才培养标准，为走出国门的轨道交通行业职业教育国际化专业人才培养提供依据。①

同样，天津轻工业职业技术学院共有六个专业群，每个专业群都与国际知名的行业或龙头企业开展合作，共同开发核心课程标准、编写教材、组建专业教师团队、共建实训基地等，实现了与优质企业的良性互动。天津轻工业职业技术学院的模具专业紧紧围绕精密制造、智能制造行业的转型升级需要，与世界知名企业瑞士 GF 集团、德国卡尔蔡司公司等进行合作，利用企业智能化生产的先进设备，将行业前沿技术及时融入课程教学内容，将智能化的生产标准和要求及时转化为学生岗位能力的培养标准，实现课程体系的重构和专业升级改造。同时，利用这条生产线，学校与瑞士的 GF 集团、德国卡尔蔡司公司、天津海鸥手表集团、天津市模具工业协会等共建精密模具协同创新中心，为天津海鸥手表集团的民族品牌研发精密模具，提升国内手表精密模具的自主研发能力，将研发过程中取得的相关成就和遭遇的问题转化为教学资源，提升创新型技术技能人才培养质量和水平。②

三、职业院校产教融合人才培养体系建设路径

(一)构建"三个体系"，完善人才培养保障机制

首先，构建制造业人才报告体系。"中国制造 2025"规划了制造业十大重点领域，并委托相关行业协会等第三方机构对各行业进行深入调研，调研内容包括人才的数量、来源、结构、分布以及行业发展趋势等方面，并

---

① 席东梅，任占营，徐刚. 支撑国家战略：做强"中国制造"的职教担当——职业教育支撑国家战略：中国制造 2025 座谈会综述[J]. 中国职业技术教育，2017(28)：30-37.

② 教育部. 深化合作，协同创新，实现职业教育新作为[EB/OL]. (2018-04-27) [2022-01-25]. http://www.moe.gov.cn/jyb_xwfb/.

据此形成人才需求状况报告并向社会发布。在此背景下，制造行业应该明晰产业发展战略规划，开展行业人才需求预测，明确所需人才数量、规格、类型等，指导高职院校根据人才需求预测报告及时调整和优化人才培养结构，构建人才培养体系，促进产业链与教育链的深度对接，增强高职院校人才培养对国家战略和市场需求的适应性。

其次，完善职业教育质量评价体系。实践中，逐步建立职业教育质量社会评价机制，鼓励利益相关方通过多种方式参与职业教育质量评价，提升职业教育的社会认同度和信任度。职业院校要建立毕业生跟踪反馈机制，对毕业生就业质量和发展状况进行跟踪评估。同时鼓励第三方机构针对制造业企业对职业教育人才培养的贡献度进行调查和评估，将接纳学生实习、教师队伍建设、实训基地建设等作为重要的评价指标；同样，鼓励制造业行业发布职业院校对行业企业发展贡献程度评价报告，将人才输送、员工培训、技术服务等作为重要评价指标，进而切实提升职业院校和制造业行业企业进行校企合作的热情，提升校企合作人才培养质量和水平。[1]

最后，构建制造业人才培养标准体系。制造业行业企业要主导建立人才评价机制，委托行业协会等三方机构制定并完善制造业领域技术技能人才的从业标准和评价标准，完善制造业相关专业的教学质量标准；积极对接国际标准，提升人才培养的国际化水平。通过构建行业企业人才培养标准体系推动职业院校建立人才培养质量标准，完善人才培养过程质量监控机制，提升人才培养与产业发展需求的适配性。[2]

(二)实现"三个融合"，完善人才培养结构

职业院校要切实推动新兴制造业学科专业建设，把大数据、人工智能

①　李拓宇，李飞，陆国栋. 面向"中国制造2025"的工程科技人才培养质量提升路径探析[J]. 高等工程教育研究，2015(6)：17-23.

②　中国教育科学研究院课题组. 完善先进制造业重点领域人才培养体系研究[J]. 教育研究，2016(1)：4-16.

等新兴学科和传统学科相融合，推动传统专业升级改造。新兴制造业以智能装备、智能工厂等为基础，在产业研发、生产和组建商业模式过程中，体现出信息化、智能化和网络化发展趋势，对人才知识和能力结构提出了新要求，需要更多兼顾扎实专业技术和复合型知识背景的创新型人才。因此，职业院校课程设置在加强大类专业通识教育的基础上，升级改造专业核心课程，增设新技术课程；建立专业动态调整和设置机制，根据行业发展需要建设制造业相关特色专业，引导职业院校人才培养与区域经济社会发展需求以及制造业升级改造紧密对接；增设互联网+、制造业重点领域新兴产业与急需专业，构建与产业结构相适应的专业集群，深化职业院校人才培养与区域产业链深度嵌接。①

优化教育教学的课程结构建设，实现基础教育、通识教育和特色教育相融合。参考深圳职业技术学院的成功办学经验，构建涵盖分段课程、分类课程和分层课程的三分课程体系，分段课程是指将培养过程划分为公共基础课、专业基础课程、认证课程三个阶段，通过分段培养循序渐进地提升学生职业技术能力。分类课程是指根据不同的专业发展侧重将培养方向分为不同的认证课程组，通过分类培养使学生系统地掌握某一个领域具体的知识和技能，同时也可以兼顾到不同学生的学习兴趣和发展方向。分层课程是指在认证课程阶段，根据企业的认证层次将课程分为全体、进阶、顶级三部分，实行阶段化和个性化培养。分段课程、分类课程和分层课程分别体现了教育教学规律、因材施教规律和职业成长规律。三分课程体系充分考虑学生原有的知识基础以及兴趣爱好，在充分尊重学生能动性的基础上进行灵活教学，有利于提升人才培养的效率和质量。②

建设实践教学内容体系，实现制造业基础训练与专业实习相融合。推动不同层次职业院校围绕制造业创新创业链，构建多层次、多类型的人才

①　李拓宇，李飞，陆国栋. 面向"中国制造 2025"的工程科技人才培养质量提升路径探析[J]. 高等工程教育研究，2015(6)：17-23.

②　杜怡萍，李海东，詹斌. 从"课证共生共长"谈 1+X 证书制度设计[J]. 中国职业技术教育，2019(4)：9-14.

培养体系。发挥企业在职业教育人才培养中的主体作用，企业与学校协同更新知识体系、课程结构和教学内容，培养学生的工匠精神、实践能力、设计能力和创新能力，提升学生在制造业领域就业和发展的核心竞争力。职业院校要与行业企业建立密切的合作关系，根据"中国制造 2025"规划的制造业重点领域与企业联合建立实习基地、教学实训基地等实践平台，帮助学生在创新创业、毕业设计以及校企联合项目实践中获得锻炼和成长，培养具有创新创业意识的高素质技术技能人才。

(三)提升"四项能力"，优化人才培养资源供给

一是提升教师队伍的实践教学能力。职业院校要建立专业教师教学能力和实践能力培训制度，组织专业教师定期到企业参加培训和轮训，帮助教师更新制造业领域相关知识、掌握新的设计和生产技能、丰富职业实践经验、强化实践教学能力。职业院校要建立兼职教师评聘制度，聘请龙头企业实践经验丰富的高水平技术人员和工程师担任兼职教师，明确兼职教师的教学要求和基本职责，提供与专业教师同等的职业保障。[1] 同时职业院校要合作建设兼职教师人才储备库，遴选行业企业优秀工程师和管理人员，推动优质教师资源的流动和共享。

二是提升制造业领域人才的国际化能力。促进职业教育对外开放，按照国际工程师标准，利用好国内优质职业院校和科研机构教育资源，培养具有国际视野的复合型创新型人才；建立全方位、多层次的国际合作培养方式，构建与国际标准接轨的人才培养体系，支持我国职业教育专业认证组织加入国际互认协议，实现人才培养质量的国际对接；采取多种形式选拔优秀人才到海外进行学习培训，探索建立国际化人才培训基地。加大制造业行业的引智力度，引进领军人才和紧缺资源，建立制造业人才国际交流专项基金，支持制造业人才国际化培养和引进；聘请海外专家学者举行

---

① 陈鹏，薛寒."中国制造 2025"与职业教育人才培养的新使命[J].西南大学学报(社会科学版)，2018(1)：77-83，190.

专题讲座，借鉴国外制造业与职业教育合作人才培养实践经验以及校企合作教育模式①，扎根中国大地和区域经济发展需求，探索中国特色的职业教育人才培养体系。

三是提升制造业人才的实践能力。职业院校要根据学生在不同学习阶段的实际情况，将实践教学划分为不同的阶段，使学生从入学到毕业都能够得到良好的训练，逐步提升学生的操作技能水平，实现学生实践能力连续培养的要求。推广项目教学、案例教学和工作过程导向教学模式等，通过探究式、参与式等教学方法，激发学生参与实践训练的积极性和主动性；在实训过程中紧密结合企业生产实践，依托技术协同创新中心和实验室，不断改善学生实训教学条件。职业院校要积极与制造业龙头企业合作，积极探索现代学徒制人才培养模式，搭建"大国工匠"培养平台，对接国际人才培养标准，促进双证融通，全方位提升制造业人才职业实践能力。

四是提升制造业人才的市场适应能力。政府、职业院校和制造业企业联合制定校企合作政策，明确校企合作人才培养的责任和义务，强化企业参与人才培养的主体责任，将企业参与人才培养成效纳入企业社会责任体系；政府对企业进行相关政策扶持和资金扶持，要将企业参与职业院校人才培养绩效作为主要依据；完善制造业企业参与职业院校人才培养的财税优惠政策和法律保障措施，保障企业、职业院校、学生等多元利益主体的责任共担、利益共赢，构建多元主体共治的产教融合育人模式。要明确企业在构建制造业创新中心和人才培养中的责任和义务；鼓励职业院校积极参与专业技能认证，为学生参与校企合作项目提供更多的平台支持；积极推进人才培养标准与市场需求对接，提升人才培养对制造业人才市场的适应性。②

---

① 干勇. 赋予产学研深度融合生命力 推进制造业高质量发展[J]. 中国科技产业，2022(1)：2-3.

② 胡颖蔓，姚和芳. 对接现代制造业发展需求 深化工学结合人才培养模式改革[J]. 中国高教研究，2009(6)：90-91.

第三节　日本制造业发展与职业教育产教融合机制

一、日本制造业的转型升级战略

作为实体经济的代表，制造业是日本创新力的重要载体，也是走向经济强国的基础力量。① 日本作为后来居上的发达工业国家，在二战以来，制造业经历了"倾斜生产方式政策"引导下的快速崛起、石油危机推动制造业能源结构转型、"泡沫经济"后的衰落，以及 21 世纪以来的制造业的转型升级四个阶段。虽然近几年日本制造业风波不断，尤其是 2017 年下半年爆出的一系列造假丑闻，神户制钢、东丽公司以及三菱材料等上游制造业企业均牵涉其中，不断有媒体形容为"日本制造神话正在崩塌"，但不容置疑的是，日本仍位居全球制造强国之列。2020 年在世界银行公开的各国制造业 GDP 规模数据中，日本制造业行业 GDP 约为 10279.67 亿美元，制造业规模位居全球第三。同时，日本的精密机床和机械业、汽车、电子信息、钢铁冶金等行业全球领先，制造业技术水平和制造能力处于世界一流行列，在全球制造业分工体系中居于至关重要的地位。因此，在当前全球制造业所形成的四级梯队的发展格局中，日本仍处在仅次于美国的第二梯队，高端制造领域占比较大；相比而言，我国目前位于第三梯队，属于制造业大国，以中低端制造领域为主。特别是在信息技术驱动的新一轮科技革命和产业变革，以及世界主要工业发达国家积极重构制造业全球竞争新优势的背景下，日本将振兴制造业作为国家复兴战略的重要内容，并将延续传统优势、克服制造弱势作为制造业转型发展的共识与着力点。

（一）延续传统优势：现场力的维持与提升

"现场力"被称为日本制造产业的基础和生命线，主要是指日本制造产

---

① 徐梅. 日本制造业强大的原因及镜鉴[J]. 人民论坛，2021(Z1)：116-121.

业擅长生产现场的"整合""改善""工匠技艺"等。所谓现场，是指有人介入某种活动的总称；而且现场不限于工厂，现场力也不仅限于生产工程所需要的能力，还包括整个企业活动中广泛的能力①，具体包括发现和解决问题的能力、部门之间的合作能力等。随着外部环境的变化，日本制造业传统的、引以为傲的现场力也面临着新挑战。一方面，人才问题成为最大的隐患，就业者高龄化，年轻人正在远离制造业。据日本总务省的劳动力调查报告显示，日本制造业就业人数从 2002 年的 1202 万人减少到 2019 年的 1063 万人，近 20 年间减少了 11.6%，制造业就业人数占所有产业的比重也从 2002 年的 19.0%减少到 2019 年的 15.8%。② 最重要的是，在制造业劳动者的年龄构成中，高龄就业人数在 2002 年为 58 万人，到 2020 年达到 92 万人；2002 年青年就业人数为 384 万人，在 2015 年减少到 261 万人，2020 年 259 万人。③ 另一方面，随着数字技术的发展而来的"第四次工业革命"不断推进，机器人、物联网、人工智能等新兴技术已成为主导产业变革的决定性力量，并成为解决劳动力不足问题以及重构现场力的必要手段。在此背景下，人机结合的工作场景常态化，低水平的工作被先进机器替代，解放的劳动力被推向高附加值工作，成为产生附加价值的存在，因此制造人才的现场力具有了新的内涵。例如以现场数据的收集和分析为基础，使现场工匠的技术和隐含知识转化为数字化资产，并进一步转化为产业生产实际问题的解决方案。④

从日本近年来发布的白皮书和产业界实践来看，提升日本传统的"现场力"优势已经成为共识，而如何应对未来这一最大挑战，最根本的不是

---

① 経済産業省. 2017 年版ものづくり白書[R/OL]. (2017-06-12). https://www.meti.go.jp/report/whitepaper/mono/2017/honbun_pdf/pdf/honbun01_01_03.pdf.

② 経済産業省. 2020 年版ものづくり白書[R/OL]. (2021-11-30). https://www.meti.go.jp/report/whitepaper/mono/2020/honbun_pdf/pdf/honbun_01_01_01.pdf.

③ 経済産業省. 2020 年版ものづくり白書[R/OL]. (2021-11-30). https://www.meti.go.jp/report/whitepaper/mono/2020/honbun_pdf/pdf/honbun_01_02_01.pdf.

④ 経済産業省. 2018 年版ものづくり白書[R/OL]. (2018-12-10). https://www.meti.go.jp/report/whitepaper/mono/2020/index.html.

技术问题而是人才问题。日本职业教育作为培养制造业人才的重要主体，每年向制造业输送大批量的职业技能人才。据日本文部科学省统计，从2015 年到 2019 年，中等职业学校和高等专门学校毕业生从事制造业人数均达到总毕业生人数的 1/2。尽管如此，这与当前日本制造业转型发展带来的人才需求还有一定的差距，而且近几年从事制造业毕业生人数呈递减趋势。尤其是面对日本高龄少子的现实，如何充分发挥个人潜能，为制造业打造优质、高效的技术技能人才队伍更是维护传统现场力的挑战。与此同时，随着数字技术在制造产业中的应用不断加深，数字技能已经成为劳动力资源的必要技能，传统的制造业人才素质结构已经不能满足当前数字化制造业对技术技能的要求。因此，日本制造业传统优势"现场力"维持和提升，要求职业教育在保障制造业人才优质优量的基础上，更要求职业教育紧跟制造业发展动向，了解制造产业岗位需求，明确人才培养目标和方向，为制造人才提供接触数字化设备以及智能化环境的学习机会，打造适应信息化、数字化、智能化制造的技能型人才队伍。

（二）克服制造弱势：产业新附加值的提高

伴随"第四次产业革命"的浪潮，物联网、AI 等数字技术开始渗透到各个行业以及企业商业模式，整个产业系统将从根本上产生变革。特别是在制造业领域，随着经济数字化、服务化商业环境的变化，制造业发展模式和发展方向将迎来最本质的变革。2018 年《日本制造业白皮书》的调查中发现，与欧洲企业相比，日本制造业的净资产收益率（ROE）水平一直较低，2016 年美国净资产收益率为 18.1%，欧洲为 13.4%，而日本仅为 8.5%，产业生产收益持续走低。当然，数字技术于制造业附加值创造的作用和重要性是毋庸置疑的，但不应该仅仅追求通过机器人、信息技术、物联网等技术的灵活应用和工作方式变革达到生产效率提升和优化，更重要的是通过灵活运用数字技术获得新的附加价值。

因此，日本制造业发展着力于从"物"的生产向"服务与解决方案"附加价值领域转型。面对韩国的"新增长动力战略"、法国的"未来工业"、"中国制造 2025"等国家制造战略的挑战，日本政府提出了制造业发展的新概念——"互联工业"（Connected Industries）。所谓"互联工业"是指通过数据将机器、技术、人等各种事物连接起来，以创造新的附加价值和解决社会问题为目标的产业形态。① 这不仅包括物与物连接的物联网带来的附加价值，还包括人与机器、系统协作共创带来的附加价值，即通过技术与人的连接，激发人的智慧和创意的附加价值。实践中，日本互联工业的三个核心理念，即实现人与机器、系统不是对立而是合作的新数字社会；通过合作和协作解决课题；贯彻以人为中心的理念，立足于数字技术的发展，积极推进人才培养。② 另外，由于日本制造业数字化进程中存在的工程链和供应链数据流动不畅、企业的数据收集与利用滞缓、技术债务负担沉重、IT 投资创新不足以及数字化人力资源短缺等一系列现实困境③，推动数字化的转型升级、重塑制造业数字化发展就成为创造制造业新价值、新动能的着力点。

数字化与制造业的深度融合对制造人才在掌握数字化技术技能的基础之上的综合素养提出了更高的要求。如要求制造人才拥有系统思维，在日本制造业的数字化过程中，很多时候陷入了个别最优的状态，缺乏系统性思维的制造人才影响着部门、团队之间的协同创新，所以考虑到各部门的整体最优而不是个别最优，培养俯瞰业务整体的能力就显得非常重要。在此过程中，数学思维的重要性也凸显出来。在人工智能与人类的协调、协作中，数学思维对于人工智能的控制以及提高学习数据和推测结果的可靠性是必不可少的。在这种背景下，培养适应数字化经济的"一专多能"的复合型人才，就成为日本职业教育改革与发展的重要使命。

---

① 経済産業省. 2018 年版ものづくり白書［R／OL］.（2018-12-10）. https：//www.meti.go.jp/report/whitepaper/mono/2018/honbun_pdf/pdf/honbun01_01_03.pdf.

② 経済産業省. 2018 年版ものづくり白書［R／OL］.（2018-12-10）. https：//www.meti.go.jp/report/whitepaper/mono/2018/honbun_pdf/pdf/honbun01_01_03.pdf.

③ 马文秀，高周川. 日本制造业数字化转型发展战略［J］. 现代日本经济，2021，40（1）：27-42.

二、产教融合助力日本制造业转型发展

长久以来，日本职业教育以其产教融合办学特色，在世界职业教育领域独树一帜。多元利益主体协同推动产教深度融合，创新人才培养模式，回应制造业转型升级的新需求。

(一)学校：搭建合作平台，把握行业动态

合作交流平台是校企联系的重要桥梁，日本 55 所国立高等专门学校中均设有"合作、研究推进中心"作为学校与行业主要联络据点，致力于通过"项目共研""设备共用""成果共享"服务于本校教育、研究，以及产业技术开发和技术培训服务。"项目共研"，即校企之间通过技术协商、委托研究、共同研究、提供学术情报等形式开展研究合作，同时保障每种合作形式都有完整的体系流程；"设备共用"，即中心内均设技术咨询室、项目实验室以及研讨会室等，可以最大限度地利用学校所拥有智能资源、最先进机器，服务于企业技术开发和职业培训；"成果共享"，即通过与产业界进行共同研究，举办以工业技术为主要内容的论坛和讲习会等活动，将项目研究活动融入本校教育过程，培养拥有广泛视野和自主开发能力的技术人员，同时将科研成果运用于企业，助力行业企业发展。

此外，随着人才培养要求的提高，中心的活动和功能也在不断创新和完善。以日本长冈工业高等专门学校为例，由于 IT 和人工智能对传统的生产模式产生深刻影响，相应地就对社会所需"人才"的要求也发生了变化。以往所谓的优秀人才会要求能对研究项目计划缜密、执行 PDCA 循环，现在则要求能够找出问题、课题，构思解决方案，在尝试失败中不断前进。对此，长冈工业高等专门学校新设了系统设计、创新中心，所运营的"系统设计教育项目"与地区企业合作，着力培养具备课题提取力、课题解决能力的创新人才；开设培养团队协作能力的工程设计演习等科目，帮助学生探寻工程实践问题，解决企业技术难题，提出创造性的解决方案。

通过完善和创新学校与行业合作形式，丰富学校育人方式方法，在关

注学生专业知识的同时，重视发展学生综合能力，通过参与企业的技术开发和问题解决，激发行业与学校合作主体性，既使学生接触先进的技术资源，又能让学校了解行业发展动态和趋势，保证行业发展情报的准确性、及时性，建立以产业需求为导向的人才培养体系，助力职业教育人才培养和科学研究。

（二）企业：承担培养责任，留住制造人才

产教协同育人是职业教育人才培养体系中的重要环节，产教融合的核心就是凸显企业的主体功能，积极发挥企业在人才培养过程中的积极作用。面对制造业人才困境，企业可以从两个方面开展人才培养工作：一是如何从外部吸引数字化人才；二是对企业员工开展专业知识培训。对于前者，为确保更多年轻人留在制造行业发展，使企业能够吸引更多优质的制造人才，企业应积极承担职业人才培养责任，积极与本地区职业院校开展多方位合作。

一方面，让学生走进企业。日本《职业能力开发促进法》规定，企业经厚生劳动省批准，可根据自身需要制订招工和职业技能培训计划，以试用工形式招收中等或高等教育在校生，其在企业的实习时间至少要占课时20%以上，并可获得一定的财政支持。① 因此，制造企业积极承担人才培养的实习教育责任，为学生提供接触制造业尖端技术的机会，让学生最直观地理解地区制造产业的技术发展态势。

另一方面，企业参与职业院校人才培养。一是参与课程开发。日本相关法规明确规定，职业教育学校与产业界及地域相关机构共同合作开发教育课程是高校的责任和义务。② 根据2021年《日本制造业白皮书》调查，以职业专修学校为首的教育机关，通过与企业密切合作，编制最新实务知识

---

① 李博. 基于"产学官合作"的日本实践型高职教育模式[J]. 教育与职业，2017（13）：104-109.

② 李博. 基于"产学官合作"的日本实践型高职教育模式[J]. 教育与职业，2017（13）：104-109.

教育课程，文部省将其认定为"职业实践专业课程"；到 2020 年 3 月，参与学校数达 1070 所，学科数为 3149 个。二是参与教师培养，企业为学校输送技术成熟的"实务家教师"，并通过举办研讨会组织高专教师与企业职员进行沟通对话，为教师深入企业内部学习创造机会，助力职业教育打造高质量的师资队伍。此外，企业也积极开辟新途径参与人才培养，如欧姆龙集团从全国的国立高专公开招募、选拔学生，举办控制技术教育夏令营，提高职业人才控制技术领域的专业能力。企业主动承担育人责任，推动企业发挥育人主体作用，丰富校内育人形式，向学生直观展示生产制造前沿技术，校企合作培育适应企业需要的专业职业人。

（三）中介机构：协调产学关系，推动有序发展

日本的中介机构在职业教育产教深度融合的交汇点发挥着积极作用。一方面，日本文部科学省设立了日本科学技术振兴机构（JST）和技术成果转让机构（TLO），推进大学和职业学校产学合作成果孵化。例如，科学技术振兴机构为促进学校研究成果的实用化，从学校和公共研究机构等的有潜力的研究成果发掘到商业化，实施"研究成果最优展开支援计划"，支援企业利用学校的研究成果进行伴有风险的商业化开发。① 技术成果转让机构成立的目的则是促进学校研究成果的专利化和向产业界转移，提高产业技术水平，激发大学研究活力。

另一方面，职业学校自身也不断创新管理机构的职能，55 所高等专门学校在政府支持下共同组建了"独立行政法人国立高等专门院校机构"，将研究推进产学官合作活动定位为"与学生教育同等重要的基本使命之一"。② 该机构下属部门设立了"产学合作和地域联合委员会""知识财产委员会"等多种部门，对高等专门学校与产业合作进行统一指导；设置产学

① 経済産業省. 令和 2 年版（2020）科学技術白書［EB/OL］.（2020-06-16）. https://whitepaper-search.nistep.go.jp/white-paper/view/36314.

② 国立高専機構. 独立行政法人国立高等専門学校機構概要［EB/OL］.（2012-10-30）. https://www.kosen-k.go.jp/Portals/0/resources/letter/kouhou/50nenshi_02.pdf.

合作的相关准则，对技术研发成果进行管理，提供产学合作手续和程序的咨询和服务，并及时发布产教发展的最新动态。在职业学校内部，通过设置协会组织推动产学密切合作。如长冈工业高等专门学校内设立技术合作协会、秋田工业高等专门学校设立产学合作会，其会员一般由当地企业和个人组成，负责处理高专教育研究事项以及地区产业发展事项，旨在充实高专教育研究内涵，协调高专与企业之间的合作交流关系，谋求推动产业技术的振兴以及校企深度融合。

(四)政府：发挥服务职能，营造良好环境

正确的战略导向和完善的法律法规是职业教育产教融合发展的制度保障。[①] 从 20 世纪 50 年代起，日本政府便致力于推动产教融合发展，并将其视为经济独立化所不可缺少的条件。日本政府积极履行服务职能，为产教融合发展打造良好的发展环境。为了激发产学之间交流合作的热情，提高产学合作效率，日本政府还先后颁布《知识产权基本法》《大学等技术转化促进法》《强化产业技术力量法》等法律政策；设立"产学合作研究委员会"，为产学合作研究领域、研究课题、技术开发以及信息交流等方面提供指导。考虑到承担客观、公正的教育研究活动的大学，与追求利益的企业合作过程中会产生复杂的影响，科学技术学术审议会和产业合作地区支援部会共同推进"产学官合作活动的风险管理方式"讨论等，为产教融合发展保驾护航。此外，日本政府在打造良好环境的同时，还积极为产教融合提供便利的财政扶持。文部省以"长期实习项目开发""手作技术者育成""服务业创新人才育成""产学官合作战略展开事业""大学产学官合作独立化促进"等项目为依托，向高校提供用于产学合作的研发费、共同人才培养费、高风险技术转让金等财政扶持；[②] 为推动共同研究开发，日本政府设立了研究开发税制，减轻相应的专利费。日本将推动产学合作列入政府

①　宋婷. 德、日产教融合研究与启示[J]. 新疆职业教育研究，2018(2)：76-78.

②　李博. 基于"产学官合作"的日本实践型高职教育模式[J]. 教育与职业，2017(13)：104-109.

目标，统筹协调各方面资源，不断优化产教融合制度环境，引导产学合作健康发展。

三、对我国职业教育产教融合发展的启示

《中国制造 2025》是我国政府实施制造强国战略的十年行动纲领，即推动我国到 2025 年基本实现工业化，迈入制造强国行列。这意味着到 2025 年，我国综合指数接近德国、日本，基本实现工业化，进入世界制造业强国第二方阵。2016 年 12 月，国家三部委联合印发了《制造业人才发展规划指南》，提出要形成和完善与现代制造业体系相契合的人力资源发展格局，造就一支结构协调、规模合理、素质优良、富有朝气的制造业人才队伍。[1]借鉴日本职业教育发展实践经验，深化我国职业教育产教融合人才培养模式改革，为制造强国战略提供高素质技能人才支撑。

（一）搭建合作平台，推动产教融合基础建设

信息对称、供需匹配是产教融合健康发展的前置条件。随着新一轮科技革命和产业变革深度推进，培养传统制造业人才的职业教育人才培养模式不能满足制造业转型升级的需求，而信息的不对称、不及时，则在一定程度上导致职业教育人才培养结构失衡、课程体系和教学内容改革滞后，难以满足产业结构转型升级对高素质应用型人才的需求。实践中，由于我国实施产教融合模式不成熟，校企沟通机制不健全，学校与企业合作仍然停留在自为自发、随意无序的状态[2]，无法形成稳定的校企合作制度环境，校企关系疏离，信息共享程度低。学校作为人才供给方，应积极了解制造业行业企业发展趋势，主动收集行业发展信息情报，并据此及时调整人才培养计划，把学校办学定位和人才培养目标与行业发展紧密结合，服务产

---

①　陈鹏，薛寒."中国制造 2025"与职业教育人才培养的新使命[J].西南大学学报(社会科学版)，2018(1)：77-83，190.

②　周蒋浒.新时代职业教育校企协同育人的价值意蕴与实施路径[J].教育与职业，2021(17)：40-44.

业发展需求，满足企业高素质技术技能人才需求。

借鉴日本经验，鼓励学校主动对接产业发展新需求。一方面，开辟专门交流合作平台。学校应主动升级和改造产教沟通平台，提供稳定的场地和资金、专业教师和技术专家、教学设施和生产设备等；设立专门机构和专职人员负责学校与行业企业对接，完善合作交流制度，保障校企合作制度化、便利化、规模化，改变仅仅对接单个专业、学院的分散形式。同时，通过建构信息化、专业化合作交流服务平台，行业基于自身需求能够一站式了解学校优势，学校也能快速找到合适的对口合作企业。另一方面，合理利用沟通平台，创新产教沟通交流形式，丰富产教合作信息资源。可以采用开展共同研究、委托研究等项目式合作方式，让学校、教师以及学生共同参与企业研究，了解行业技术研发需求，掌握行业发展信息，提升学校师生服务行业发展的能力；定期举行校企技术分享交流会、研讨会、行业发展讲座，设置固定的不同研究方向和产学交流议题，开展多形式、多层次的技术、人才和信息沟通交流。同时，利用产教交流平台进行品牌宣传，职业院校利用平台展示自身优势，发布科技成果，吸引对口企业合作交流，对口培养人才；行业企业通过平台发布技术需求和岗位需求信息，实现信息情报的及时共享，进而提升校企供需匹配度，避免因信息迟滞或信息堵塞而导致"逆向选择"现象。

(二)增强主体意识，充分发挥企业育人作用

校企协同育人机制是保障产教深度融合、实现人才培养目标的重要制度保障。与普通教育相比，职业教育是一种跨界教育、多主体合作教育。企业是参与人才培养的重要主体，而不仅仅是"下订单，收结果"的旁观者。由于体制机制的制约，我国职业教育往往忽视企业育人的主体地位，在职业院校专业设置、人才培养方案、课程设置、教材开发、教师培养等育人过程中，企业参与积极性不高，育人主体意识不强，使得职业教育人才培养缺乏应有的开放性。转变传统育人观念，重视企业在人才培养中的主体作用，让企业参与人才培养的全过程，推动校企双方在人才培养目标

定位、招生招工方式、经费保障、课程体系、实训安排和制度建设等方面深入开展合作，校企联袂结对组成育人成果共享的"朋友圈"。

借鉴日本经验，设置专门合作协会，校企双方联合设计职业人才培养的课程体系和教学内容，优化课程结构，把前沿技术引入教学内容，校企共同开发教材，充分发挥企业用人机制和学校育人机制的耦合功能，达到生产与教学一体化。重视实训课程建设，企业要为实训课程提供教学平台和资源；丰富实训课程形式，推行项目课程教学模式，让学生在项目中学习，在学习中完成项目，使学生知识与技能同步掌握。此外，企业要积极为职业院校输送优秀师资，让产业管理人员、企业技能大师和一线企业师傅走进学校和课堂，确保职业学校实务家教师的数量和比例，使专业教师和实务家教师形成优势互补，打造高水准职业教育的"双师型"教师队伍。同时，企业也要为专业教师培训提供支援，鼓励教师将行业发展新技术转化为课堂教学内容。

(三)重视外部保障，明确政府和中介组织职能

政府政策保障是推动学校主动服务行业发展新需求、企业积极参与人才培养的客观需求。日本政府相继推出一系列政策，为产教融合发展营造了良好的外部环境；完善法律保障，制定可操作性的校企合作管理办法，明确行业、企业、院校在校企合作中的权利和责任，引导和保障产教融合体系有效运行。参考日本经验，我国要及时出台相关法律，优化职业教育法律保障体系，解除校企合作的后顾之忧，提高产教融合效力。充分发挥行业协会在职业教育治理体系中的中介作用，通过发布行业发展趋势，剖析行业企业发展对职业技能人才培养的要求，校企双方增进了解、互通信息，同时为产教融合发展提供前瞻性设计和安排。参照日本政府设立科学技术振兴机构、技术转让机构等促进产教融合的实践经验，我国也应在政府和职业院校层面设立专门的产教融合促进和保障机构，明确机构服务职能以及功能定位，让中介机构一头连接职业院校学科专业优势、人才培养供给、技术研发成果等，一头连接行业发展以及技术和岗位需求，推进校企对接匹配、供需匹配，协调多元主体之间的利益关系，推动产教深度融合。

第四章 现代职业教育体系的体制机制建构

第一节 职业教育服务制造强国战略的政策支持

"没有强大的制造业，就没有国家和民族的强盛。"①2015 年 5 月 8 日，我国发布了《中国制造 2025》，开始实施以智能制造为主攻方向、加快由制造大国向制造强国转变的制造强国战略，并提出了"创新驱动、质量为先、绿色发展、结构优化、人才为本" 20 字指导方针。这是在国家产业政策中首次提出"人才为本"，体现了产教协同的制造业发展理念，优化了制造强国战略的实现路径。《中国制造 2025》还提出，要坚持"市场主导、政府引导，立足当前、着眼长远，整体推进、重点突破，自主发展、开放合作"的基本原则，通过"三步走"实现制造强国的战略目标：第一步，到 2025年迈入制造强国行列；第二步，到 2035 年中国制造业整体达到世界制造强国阵营中等水平；第三步，到新中国成立一百年时，综合实力进入世界制造强国前列。②

教育政策是公共政策的基本类型之一，是政府和教育管理部门依据一

---

① 单忠德. 打造有国际竞争力的先进制造业 [EB/OL]. [2023-04-12]. https://www.gmw.cn/xueshu/2022-06/15/content_35814716.htm.

② 国务院印发《中国制造 2025》[EB/OL]. [2023-04-12]. http://www.gov.cn/xin-wen/2015-05/19/content_2864538.htm.

定时期内的教育目标和方针，通过对多元主体关系及利益的综合考量而制定的行为规范与准则，具有目的性、系统性和规范性等特征。教育政策的本质是对资源的配置和整合，是一种价值选择过程，是一种权利运转的政治过程，也是一种政治系统的输出结果。[①] 现代职业教育服务制造强国战略的相关政策体现了迈入工业 4.0 时期政府对制造业强国的高度重视，政策支持成为制造业资源配置和价值选择的重要手段。

一、职业教育服务制造强国战略的政策意义

制造业直接体现了一个国家的生产力发展水平，是区别发展中国家和发达国家的重要因素。没有制造业，就没有国家的经济发展。2014 年 12 月，"中国制造 2025"这一概念被首次提出。2015 年 3 月 5 日，李克强总理在全国"两会"上作《政府工作报告》时首次提出"中国制造 2025"的宏大计划。2015 年 3 月 25 日，李克强总理组织召开国务院常务会议，部署加快推进实施"中国制造 2025"，实现制造业升级。也正是这次国务院常务会议，审议通过了《中国制造 2025》。2015 年 5 月 19 日，国务院正式印发《中国制造 2025》。在《中国制造 2025》的战略指导下，全国陆续推出了省级《中国制造 2025 行动纲要》，智能制造成为各地推动工业转型升级和制造强省建设的重要途径。近年来，国家大力支持技术技能人才的培养，习近平总书记强调"职业教育前途广阔、大有可为"，要加快建构现代职业教育体系，努力培养数以亿计的高素质技术技能人才。国家政策有序向职业教育倾斜，使其与制造强国战略相匹配，并发布一系列政策措施致力于现代职业教育服务制造强国战略。

第一，完善现代职业教育制度体系，坚持以提高质量、服务发展为导向，做好职业教育服务制造强国战略的顶层设计。2016 年 12 月，教育部、人社部、工信部联合印发《制造业人才发展规划指南》，旨在贯彻落实《中

---

① 宋亚峰. 高等职业教育专业建设政策变迁研究——基于历年我国高等职业教育专业建设相关政策的社会网络分析[J]. 中国职业技术教育，2021(30)：55-64.

国制造 2025》，健全人才培养体系，创新人才发展体制机制，进一步提高制造业人才队伍素质，为实现制造强国的战略目标提供人才保证。① 深入贯彻落实《制造业人才发展规划指南》关于人才培养的总体要求和主要任务，造就一支适应制造强国战略要求的高素质技术技能人才队伍，是制造业突破发展瓶颈和短板、抢占未来制高点的重大战略举措，更是职业教育的时代使命和创新发展的重要战略机遇。2019 年 2 月，国务院颁布《国家职业教育改革实施方案》，提出要"健全国家职业教育制度框架"，"将标准化建设作为统领职业教育发展的突破口，完善职业教育体系，为服务现代制造业、现代服务业、现代农业发展和职业教育现代化提供制度保障与人才支持"，"深化产教融合、校企合作，育训结合，健全多元化办学格局，推动企业深度参与协同育人"。2019 年 4 月，李克强总理对全国深化职业教育改革电视电话会议作出重要批示，指出要"瞄准市场需求和推动中国制造、中国服务迈向中高端，进一步改革完善职业教育制度体系，推动产教融合，着力培育发展一批高水平职业院校和品牌专业，加快培养国家发展急需的各类技术技能人才，完善人才评价激励机制，持续推进职业技能提升行动，让更多有志青年成长为能工巧匠"。

第二，产教融合、校企合作是职业教育的办学底色，是办好职业教育的关键所在，通过提升校企合作水平，加强技术技能型人力资源开发和技术创新服务能力提升。2018 年 2 月，教育部等六部门联合印发《职业学校校企合作促进办法》，指出"职业学校应当制定校企合作规划，建立适应开展校企合作的教育教学组织方式和管理制度，为合作企业的人力资源开发和技术升级提供支持与服务"，"增强服务企业特别是中小微企业的技术和产品研发能力"。2019 年 2 月，国务院颁布《国家职业教育改革实施方案》，提出"面向先进制造业等技术技能人才紧缺领域，统筹多种资源，建设若干具有辐射引领作用的高水平专业化产教融合实训基地"，"鼓励职业院校

---

① 教育部 人力资源社会保障部 工业和信息化部关于印发《制造业人才发展规划指南》的通知 [EB/OL]. [2022-05-22]. http://www.moe.gov.cn/srcsite/A07/moe_953/201702/t20170214_296162.html.

建设或校企共建一批校内实训基地，提升重点专业建设和校企合作育人水平"。2019年4月，教育部、财政部发布的《关于实施中国特色高水平高职学校和专业建设计划的意见》中指出，"坚持产教融合，创新高等职业教育与产业融合发展的运行模式，精准对接区域人才需求，提升高职学校服务产业转型升级的能力，推动高职学校和行业企业形成命运共同体，加快建设现代产业体系"。并提出"要打造技术技能人才培养高地，打造技术技能创新服务平台，培养适应高端产业和产业高端需要的高素质技术技能人才"。2019年4月，国家发展改革委、教育部印发《建设产教融合型企业实施办法(试行)》文件中指出，"重点建设培育主动推进制造业转型升级的优质企业，以及现代农业、智能制造、高端装备、新一代信息技术、生物医药、节能环保、新能源、新材料以及研发设计、数字创意、现代交通运输、高效物流、融资租赁、工程咨询、检验检测认证、电子商务、服务外包等急需产业领域企业，以及养老、家政、托幼、健康等社会领域龙头企业"。2021年10月12日，中共中央办公厅、国务院办公厅印发《关于推动现代职业教育高质量发展的意见》，明确提出"鼓励上市公司、行业龙头企业举办职业教育，鼓励各类企业依法参与举办职业教育"，"鼓励职业学校与社会资本合作共建职业教育基础设施、实训基地，共建共享公共实训基地等"。

第三，坚持需求导向，深化职业教育供给侧结构性改革，使职业教育和产业人才需求精准对接，为制造业转型升级提供高素质技术技能人才支撑。自2015年5月国务院颁布强化高端制造业的国家十年战略规划《中国制造2025》以来，我国产业转型升级步伐加快，高端技能人才需求增量明显。与此同时，高等职业院校积极响应产业发展需求，持续提升技能人才培养质量。2020年9月，教育部颁布的《职业教育提质培优行动计划(2020—2023年)》指出，"深化职业教育供给侧结构性改革，建立产业人才数据平台，发布产业人才需求报告，促进职业教育和产业人才需求精准对接。研制职业教育产教对接谱系图，指导优化职业学校和专业布局，重点服务现代制造业、现代服务业和现代农业"。2021年3月，教育部印发

《职业教育专业目录(2021年)》，提出全面落实"十四五"规划和2035年远景目标战略部署，重点服务制造业强国建设、破解"卡脖子"关键技术问题，以目录为引领推进职业教育供给侧结构性改革；强化现代职业教育类型教育的特征，全面覆盖联合国产业分类中所列全部41个工业大类以及国家发布的新职业，对接岗位群需求；① 充分体现专业升级和数字化改造理念，增强产业人才有效供给，推动国家战略性新兴产业发展。特别需要强调的是，职业教育政策呼应了工业互联网推动下产业变革对传统产业人才能力提出的新要求。工业互联网是新一代信息通信技术与工业经济深度融合的新兴产物，是制造强国和网络强国建设的重要支撑，是赋能经济高质量发展的重要抓手。②

第四，开展职业技能提升行动与职业培训，用政策激发培训主体积极性，进一步提高职业技能培训质量和规模，增强职业教育服务制造业强国建设的适应性。2019年2月，国务院颁布《国家职业教育改革实施方案》，提出要开展高质量职业培训，"自2019年开始，围绕现代农业、先进制造业、现代服务业、战略性新兴产业，推动职业院校在10个左右技术技能人才紧缺领域大力开展职业培训"。③ 2019年5月，国务院办公厅印发了《职业技能提升行动方案(2019—2021年)》，提出持续开展职业技能提升行动，具体包括"对职工等重点群体开展有针对性的职业技能培训"，"支持企业兴办职业技能培训"，"推动职业院校扩大培训规模"，"完善职业培训补贴政策，加强政府引导激励"。用3年时间，统筹使用1000亿元失业保险基金结余，补贴培训5000万人次以上。④ 围绕经济社会发展开展先进制造业、战略性新兴产业、现代服务业等新产业培训；加大人工智能、云计

①　教育部印发《职业教育专业目录(2021年)》[EB/OL]. [2022-05-25]. http://www.moe.gov.cn/jyb_xwfb/gzdt_gzdt/s5987/202103/t20210322_521664.html.

②　王宝友. 适应制造业强国建设新需求[N]. 中国教育报, 2021-03-30(5).

③　国家职业教育改革实施方案[EB/OL]. [2022-05-25]. http://www.gov.cn/zhengce/content/2019-02/13/content_5365341.htm.

④　职业技能提升行动方案(2019—2021年)[EB/OL]. [2022-05-25]. http://www.moe.gov.cn/jyb_xxgk/moe_1777/moe_1778/201905/t20190527_383321.html.

算、大数据等新职业新技能培训力度。2019 年 5 月，教育部《关于教育支持社会服务产业发展提高紧缺人才培养培训质量的意见》指出，"重点扩大技术技能人才培养规模"，"加快培养适应新业态、新模式需要的复合型创新人才"，"积极培养高层次管理和研发人才"，"支持从业人员学历提升"，"鼓励院校广泛开展职业培训"等。2019 年 11 月，教育部《职业院校全面开展职业培训促进就业创业行动计划》指出，"到 2022 年职业院校面向社会广泛开展职业培训"，"政府引导、行业参与、校企合作的多方协同培训机制基本建立，培训能力和服务就业创业能力显著增强"，"职业院校成为开展职业培训的重要阵地，学历教育与培训并举并重的职业教育办学格局基本形成"。2020 年 5 月 22 日，李克强总理在《政府工作报告》中强调"千方百计稳定和扩大就业"，并提出"资助以训稳岗"，"今明两年职业技能培训 3500 万人次以上"的具体目标和措施。① 2021 年 6 月，国务院《全民科学素质行动规划纲要（2021—2035 年）》提出："实施职业技能提升行动。在职前教育和职业培训中进一步突出科学素质、安全生产等相关内容，构建职业教育、就业培训、技能提升相统一的产业工人终身技能形成体系。"

职业教育是现代国民教育体系的重要组成部分，是实体经济和制造业发展的重要引擎，在实施制造强国战略中具有特殊地位。有效的政府支撑和政策供给是职业教育服务制造强国战略的重要保障，因此必须紧紧牵住"政策"这个牛鼻子，以提高政策的质量为抓手、以增强政策的有效性为突破口，大力推进政策支持力度和改革举措。② 一方面，政府加强顶层设计，大力发展职业教育，完善职业教育制度体系，对于制造业产业转方式、调结构、促就业，打造中国经济升级版具有重要意义。工业强国的产业发展历程表明，充裕的技能供给是保证产业顺利转型升级的关键。制造业作为

---

① 政府工作报告——2020 年 5 月 22 日在第十三届全国人民代表大会第三次会议上［EB/OL］.［2022-05-25］. http://www.gov.cn/zhuanti/2020lhzfgzbg/.

② 增强政策供给有效性的基本途径［EB/OL］.［2022-05-25］. http://news.cnr.cn/native/gd/20160727/t20160727_522798796.shtml.

我国在全球价值链中话语权的基本盘，当前正面临着转型升级的迫切需求，迫切需要通过科技赋能，将制造业优势转化为智能制造优势、将制造立国转变为智能制造立国、将"世界工厂"升级为"世界智能制造工厂"，对接"十四五"期间国家战略需求，服务制造强国战略建设。另一方面，经济越发展，社会越进步，越需要高素质的技能型人才和高质量的职业教育作支撑。在职业教育改革进程中，应采取制定、实施、调整并重的政策发展思路，密切跟踪政策实施的实际情况，及时发现并掌握趋势性、方向性问题并进行调整，提升政策的系统性、协调性和延续性。特别是在我国经济结构转型时期，要以提升职业教育适应性为政策出发点，深化产教融合、校企合作，大力开展技能提升行动与职业培训，汇聚职教优势资源，打造大众创业、万众创新和增加公共产品、公共服务"双引擎"，培养一大批拔尖创新人才和数以亿计的技术技能人才，这是实现创新驱动发展，推动"中国制造"走向"优质制造""精品制造""智能制造"的必然选择。

二、职业教育服务制造强国战略的政策实施成效

政策是推动我国职业教育发展的重要动力，对职业教育改革与发展产生重要影响。分析职业教育服务制造强国相关政策及其实施成效，可洞察国家推动职业教育改革发展的逻辑思路，更好地理解政策内涵，助推政策落实，提高施策效率，促进职业教育事业健康发展。梳理职业教育服务制造强国战略相关政策及其执行情况，归纳为以下五个方面的政策实施成效。

（一）积极推进制造强国战略，弥补高层次技能人才不足的短板

2014年，国务院《关于加快发展现代职业教育的决定》明确提出："到2020年，形成适应发展需求、产教深度融合、中职高职衔接、职业教育与普通教育相互沟通，体现终身教育理念，具有中国特色、世界水平的现代职业教育体系。"举办中国特色、世界先进水平的职业教育是21世纪我国职业教育改革发展的方向。进入21世纪第二个十年，中国逐步成为世界制

造中心。2015 年，我国出台《中国制造 2025》，正式开启全面推进实施制造强国战略的国家行动计划。《中国制造 2025》是一个从工业 3.0 向工业 4.0 发展转型的总体战略，是一个未来工业技术发展的新方向和新蓝图，其将智能制造作为工业化与信息化深度融合的主攻方向，旨在加快推动新一代信息技术与制造技术融合发展。随着我国进入新发展阶段，产业升级和经济结构调整加快，各行各业对技术技能人才的需求越来越紧迫，职业教育的重要性日渐凸显。目前，全国职业院校共开设 1200 多个专业和 10 万个专业点，基本覆盖了国民经济各领域。① 我国各级各类职业院校每年向现代制造业、战略性新兴产业和现代服务业等领域输送大批量一线从业人员。但是，我国在高技能人力资源开发方面与发达国家相比尚存在一定差距，高技能劳动者大大低于发达国家平均水平。高层次技能人才不足已经成为我国制造业强国建设的一大短板，更是制约人力资源强国和制造强国战略目标实现的关键瓶颈。

（二）推进产学研合作深化升级，提升校企合作质量和水平

近年来，我国职业教育改革高度重视深化产教融合、校企合作，积极引导行业企业、科研机构参与职业教育，实践中形成了多样化的产学研合作育人模式。2017 年底国务院办公厅印发的《关于深化产教融合的若干意见》，与 2018 年 2 月教育部等 6 部门印发的《职业学校校企合作促进办法》，共同形成了把产教融合、校企合作引向深入的"组合拳"，通过深化产教融合，职业院校与当地经济社会发展同频共振的格局已经形成。② 一方面，建立职业教育产学研合作的技术平台，整合学界和产业界的科研技术优势，集中攻关解决现实问题，为制造业转型升级提供强大的智力和技术支持。另一方面，建立职业教育产学研合作网络，通过组建职教集团、

---

① 李小球. 推进新时代职业教育高质量发展的三个着力点[J]. 职业技术教育，2021(21)：1.

② 2018 年教育年终盘点：20 项重点政策推进教育改革发展[EB/OL]. [2021-05-13]. http://edu.people.com.cn/n1/2018/1228/c1053-30493710.html.

职教联盟等,吸引更多行业、企业、社会组织等参与职业教育办学,推动职业教育"市场化""混合式"办学尝试,探索形成行之有效、可操作性的产学研合作新样态、新模式、新机制。但毋庸讳言,面对中国制造业转型升级、产学研合作育人的新要求,以及加快推进职业教育现代化新趋势,职业教育产学研合作机制存在的问题不容忽视,如校企合作深度不够、产学研合作模式单一、重研究轻转化、相关主体责权利模糊等。当前,我国职业教育政策提出强化"类型特性","职业教育与普通教育同等重要",而产教融合是职业教育办出类型特色的重要保障。可以预期,随着我国技术技能型人才需求的不断提升,职业教育产教研深度融合有望获得更多的政策支持。

(三)开展职业技能提升行动,缓解制造业产业人才需求困境

2019年2月23日,中共中央、国务院印发的《中国教育现代化2035》明确要求:发展中国特色、世界先进水平的优质教育,形成高水平人才培养体系;职业教育服务能力要显著提升;优化人才培养结构,加大应用型、复合型、技术技能型人才培养比重;为建设一支强大的知识型、技能型、创新型劳动大军作出贡献。2019年5月24日,国务院办公厅印发的《职业技能提升行动方案(2019—2021年)》更加明确提出,"持续开展职业技能提升行动,提高培训针对性、实效性,计划在3年内开展各类补贴性职业技能培训5000万人次以上","高技能人才占技能劳动者的比例达到30%以上",全面提升劳动者职业技能水平和就业创业能力。2019年职业技能提升行动超额完成全年1500万人次培训目标,培训人次和资金支出较上年均有较大幅度增长。① 尤其是2020年以来,各地通过线上培训等方式持续推动提升行动方案的实施。为了扎实推动职业技能提升行动各项工作落实落地,进一步扩大政策覆盖面,人社部以企业职工为重点,面向广大

---

① 人社部:今年职业技能培训将超过1700万人次[EB/OL].[2022-05-20].https://economy.gmw.cn/2020-05/25/content_33855817.htm.

城乡各类劳动者大规模开展职业技能培训，实现全年培训 1700 万人次以上的目标任务。① 需要指出的是，虽然各级政府和各类职业院校逐渐认识到高技能人才对实现制造强国战略目标的重要性，但目前我国高技能人才严重短缺的局面仍未得到根本性改观，需要继续强化技能提升行动缓解高技能人才不足问题，推进职业教育高质量发展，更好地服务制造强国战略目标的实现。

(四)提升技术工人社会待遇，消除职教毕业生就业歧视

从社会发展实际情况来看，我国经济结构以制造业为主，技术工人是制造业的基础支撑和骨干力量。提高技术工人的政治、经济和社会待遇，是坚持以人民为中心的发展理念，立足于高质量发展阶段的新要求，对于保障广大工人群体利益，具有深刻的现实意义、战略意义和时代意义。为落实创新技能导向的激励机制，2018 年 3 月，中央办公厅、国务院办公厅印发了《关于提高技术工人待遇的意见》，提出要"完善技术工人培养、评价、使用、激励、保障等措施，实现技高者多得、多劳者多得"。但实际上蓝领工人地位低、太辛苦，年轻人不愿进工厂、学技术。究其原因，主要是技术工人社会地位低，工资收入不高，学历低受歧视，职业荣誉感不强。② 2021 年 10 月，人社部印发《关于职业院校毕业生参加事业单位公开招聘有关问题的通知》，要求"破除唯名校、唯学历的用人导向"，"不得将毕业院校、国(境)外学习经历、学习方式作为限制性条件，切实维护、保障职业院校毕业生参加事业单位公开招聘的合法权益和平等竞争机会"。该通知一方面为职校毕业生带来公平竞争机会，拓展就业空间；另一方面也为报考职业院校的学生带来好的就业预期，从"出口"解决"入口"问题，扩大技能人才供给规模。

---

① 代表委员为职教谏言献策：建设制造强国需要大量高技能人才[EB/OL]. [2022-05-27]. https://www.tech.net.cn/news/show-91321.html.
② 陈晓燕. 提高技术工人待遇，工会大有可为[N]. 工人日报，2019-10-29(3).

(五)贯彻"终身职业教育"思想，构建职业教育岗位培训体系

职业教育现代化的重要标志是从"层次教育"向"类型教育"的转变，即从初期层次的"中等教育"向有别于普通教育的职业类型教育转变，并进一步向终身职业教育发展。第十二届"全球教育无国界教育"国际会议明确提出职业教育终身化的战略议题，倡导世界各国共同合作，建立面向经济全球化的终身职业教育培训体系。① 2019 年 1 月 24 日，国务院印发的《国家职业教育改革实施方案》明确提出"终身职业教育"的思想。职业院校要立足"面向人人"的定位，发挥学历教育和非学历教育并举的优势，开发形式多样、内容丰富的职业教育课程，满足不同群体的学习需求。积极探索多种学习成果认定办法，促进不同学习成果的认定和转换，为国家制定相关政策提供更丰富的案例样本，为实现"人人皆学、时时能学、处处可学"的学习型社会建设打下基础。② 同时还要通过职业学校积极参与以及企业自身建设，建设更多的学习型企业，使企业发展真正转移到依靠科技进步和劳动者素质提高的轨道上来。从价值取向来看，国家政策对"终身职业教育"的强调，进一步凸显了职业教育在学习型社会建设和经济社会发展中的重要地位，这不仅对职业教育服务能力建设具有重要作用，也对推动我国职业教育改革与发展具有重要意义，但目前我国终身职业教育与培训体系尚不完善，还不能很好地适应建设制造强国战略的需求。

三、职业教育服务制造强国战略政策的实践困境

近年来，为推动职业教育改革与发展，国家先后颁布了《国家职业教育改革实施方案》、新修订《职业教育法》等一系列政策法律文件。这些法律法规和政策文件，紧紧围绕构建中国特色的现代职业教育体系和立

---

① 高书国，张智. 技能强国：职业教育 4.0 时代的中国策略[J]. 高校教育管理，2020(4)：7-14.

② 习近平：建设"人人皆学、处处能学、时时可学"的学习型社会[EB/OL].[2022-05-16]. https://mp.weixin.qq.com/s/DISMDJrYf0jjtrhW7chFJQ.

德树人根本任务，聚焦我国职业教育发展的体制机制改革难题，形成了政策"组合拳"，推动了我国职业教育快速发展。但由于固有的体制机制、社会环境等因素的影响，职业教育仍然面临诸多制度性约束和发展难题，具体表现为：政策有冲突、地方缺配套，国家政策落地有困难；体制机制有壁垒，职业教育改革发展存在瓶颈制约；社会认识有偏差，技术技能人才发展渠道窄等。① 实践中，存在"重政策，轻落实"的倾向，在不同程度上制约着高素质技术技能人才培养以及职业教育服务制造强国战略的实施。

（一）高技能人才结构性失衡，政策调整面临诸多困境

目前，我国已经进入产业转型升级的关键期。随着人工智能、大数据、互联网等新技术与经济加速融合，劳动密集型、低技能工作正快速被高附加值、高技能含量的工作所取代，客户期望的提高和管理去分层化不断提升对高技能人才的需求，技能短缺日益成为产业转型升级的重要阻碍。"技工荒"现象长期存在，中国制造面临较严峻的"人才瓶颈"与"技能短板"，严重阻碍了中国制造业产业结构升级。尤其是产教研结合流于形式，缺乏政策激励以及体制机制的顶层设计，没有形成规范与持久动力，致使职业教育人才培养供给侧和制造业产业需求侧融合发展的格局还远没有形成。传统产业人才素质提高和转岗转业任务艰巨，领军人才和大国工匠紧缺，基础制造、先进制造技术领域人才不足，支撑制造业转型升级能力不强。具体表现在：制造产业分布不均衡，传统机械加工类工种多，先进制造业和战略性新兴产业少；国企民企分布不均衡，国有大中型企业多，民企和中小企业少；技师、高级技师年龄偏高，青年高技能人才严重短缺；初级工多，高级工少；传统型技工多，现代型技工少；单一型技工多、复合型技工少；短训速成的技工多，系统培养的技工少等"多少并存"

① 职业教育面临"政策落实难"，该怎么办？［EB/OL］.［2022-04-28］. https://www.sohu.com/a/302585560_387120.

120

以及"绝活绝技"出现断档等现象。① 按照《职业技能提升行动方案》中规定的技能劳动者的占比达到 25% 的要求进行估算，我国仍需新增至少 3000 万左右的新技能劳动者。实际上，制造产业大而不强、高级技术技能人才供不应求等问题，已经成为我国制造业强国建设的主要瓶颈。

(二)社会尚缺乏崇尚技能的良好氛围，政策环境还有待加强

良好的社会氛围是技能人才成长成才的环境和基础，关系到技能人才队伍的长远发展。但各级各类政策主体出台的政策间存在价值冲突，影响了政策及其执行的有效性。国家政策将职业教育视为一种不同于普通教育的类型，但各地政策却有意或无意地将职业教育视为低层次教育，不论是人力、物力投入还是财力投入均没有体现"职普比大体相当"，对普通高中教育的投入和重视程度远高于职业教育，致使职业教育培养的技术技能型人才在社会上受不到应有的重视。另外，受传统"官本位"思想及职业教育与普通教育差别化身份待遇的影响，"重学历轻技能"的观念根深蒂固，技能人才社会地位不高、整体待遇水平较低、技能人才上升渠道不畅，职业培训投入不足，不利于技能型社会氛围的形成，人才发展的社会环境有待改善。据有关调查结果显示，超过 90% 的受访者认为，社会对于技术工人存在程度不同的职业歧视或偏见现象。"劳心者治人，劳力者治于人"，"万般皆下品，惟有读书高"这些陈旧的思想观念依旧在影响着人才择业观。近 70% 的受访者认同"学习不好的人才会去读职高技校"，技术行业相较其他行业准入门槛低；超过一半的受访者认为"动手"的工作将来终会被机器取代，相对于"动脑"的工作而言，技术工人的工作前景并不乐观；随着越来越多的人开始追求生活的安全感和舒适度，超过 60% 的受访者认为技术行业"又累又苦"，生活缺乏保障。② 可见，全社会尚缺乏崇尚技能的

---

① 中国制造 2025 来了 教育体系应如何培养制造业人才？[EB/OL].[2021-05-13]. http://edu.people.com.cn/n1/2017/0227/c1053-29109674.html.

② 高技能人才短缺，究竟为何？[EB/OL].[2021-05-13]. https://www.163.com/dy/article/E30M446T0514AE01.html.

良好环境，急需建设国家和地方层面上下贯通的政策支持环境，形成一个尊重技术创造、尊重技能人才，"崇尚一技之长、不唯学历凭能力"的良好社会氛围。

(三)现有职业教育培训体系还不完善，缺少法规制度保驾护航

党的十八大以来，我国职业教育和培训事业的改革发展实现了历史性的新跨越，取得了举世瞩目的成就，其中一个带有标志性的成就就是基本形成了世界上规模最大的职业教育和培训体系，初步构建了人才成长的"立交桥"。[①] 但是，目前基本上还只是一个政策性框架，尚未形成现代职业教育体系。究其原因，社会组织对职业教育参与度不够，既缺乏参与能力，又缺乏参与机制。一方面，社会组织发展滞后，尚未建立成熟的、有社会担当、能参与指导职业教育改革发展的社会组织体系；另一方面，社会组织参与职业教育改革发展的机制不畅，独立性不足，对政策影响有限。[②] 具体来说，各级政府部门针对职业教育培训出台的法律法规还不健全，职业教育培训还缺少法制保驾护航；职业培训与学历教育的学分累计和互认制度急需建立和完善；行业在职业教育中的作用还没有得到充分发挥，实践中还缺乏制度机制和政策保障；校企合作、产教融合体制机制尚未健全，部分职业院校人才培养还存在"闭门造车"现象，制造业人才培养与企业实际需求脱节，产教融合不够深入、教育实践环节薄弱；制造业企业在人才培养中的主体作用尚未充分发挥，参与人才培养的主动性和积极性不高，职工培训缺少统筹规划，培训参与率有待提高；职业教育学历证书与职业资格证书相分离，制约了职业教育和培训体系构建以及产教深度融合；师资队伍素质不高、结构不合理，"双师型"教师数量偏少；高职教育与普通高等教育之间存在壁垒，横向融通还存在体制性障碍。这些问题

---

① 于志晶，刘海，岳金凤，等. 中国制造 2025 与技术技能人才培养[J]. 职业技术教育，2015(21)：10-24.
② 查吉德. 治理现代化视角下的职业教育政策供给分析[J]. 河北师范大学学报(教育科学版)，2017(1)：67-73.

导致职业教育供给侧与制造业转型升级需求侧严重失衡，必须通过深化职业教育改革、创新产教合作机制予以纾解。

（四）职业培训功能尚未契合社会需求，政策创新和深化力度不够

对职业教育问题的精准把握是政策有效性的重要前提，政策制定时针对教育中出现的问题，需要对出台相关政策的必要性和可能性进行研讨。在政策制定前必须充分吸纳各个层面的人员对问题进行研判，包括职业教育理论工作者、职业院校实践工作者、行政人员、行业企业的专家、学生以及社会人员等。当前，"机器换人"是培育和发展先进制造业，促进发展方式转变、推动产业结构调整的战略性举措，加剧了劳动力市场就业数量和结构的变化，迫切需要通过政策供给强化职业教育培训功能。但事实上，决策者有时过于信任行政判断，在进行问题研判时，参与主体的民主化程度不足，政策导向尚未契合社会需求。首先，职业教育技能补偿培训需求激增。传统行业对低端劳动力吸纳力降低，使得大量失业和下岗职工的技能补偿教育与培训成为当下职业教育迫在眉睫的责任和义务。其次，新增职业和岗位人员的培训需求增加。"机器换人"作为"人"直接扩充了劳动人口，同时又增加了生产的迂回性，衍生出众多与机器人行业相关的新增职业和就业岗位，比如机器人程序员、机器人工程师等。再者，从业人员继续教育培训需求增加。一方面，随着就业市场对劳动力综合能力、学历等要求的提升，从业人员继续教育培训的需求也水涨船高，众多从业人员纷纷选择远程教育等方式提高自身的可持续发展能力。另一方面，随着人口结构老龄化趋势加剧，劳动力相对短缺，从业人员的继续教育培训也受到社会和企业的关注和重视。最后，从业人员职业资格鉴定培训增加。从业人员职业资格鉴定培训是各级各类职业院校必须重视的领域，也是当前构建现代职业教育体系、实现职业教育与职业资格证书融通的应有之义。①

---

① 刘晓，徐珍珍."机器换人"与职业教育发展：挑战与应对[J]. 教育发展研究，2015(21)：13-17.

（五）职业教育的社会适应性有待增强，政策体系尚不完善

近年来，职业教育作为中国经济快速发展与信息技术高速发展叠加环境下成长起来的教育新类型，走出了一条不同于普通教育的类型之路。由于产业升级和经济结构调整不断加快，各行各业对技术技能人才的需求越来越紧迫，职业教育的重要地位和作用越来越凸显。但总体上看，我国职业教育发展仍然不能有效适应外部环境的变化，经济转型、产业发展、技术革新、规模增长，使得我国劳动力供求不匹配的矛盾日益突出。与发达国家相比，与建设现代化经济体系、建设制造强国的要求相比，我国职业教育还存在着体系建设不够完善，尚不能满足社会对其高质量、多样性的需求。实践中，教育行政人员虽然对政策意图、政策目标以及政策技术层面的问题（如政策颁布实施的流程、条件）比较熟悉，但缺乏充裕的时间开展调查研究，对教育实践了解不够，对政策理性思考有限，行政思维过强，导致政策缺乏问题针对性、系统性。政策体系及其实践局限性具体表现在：职业教育顶层设计有待完善，法律法规体系、制度体系不健全；技术技能人才成长的配套政策尚需完善，办学和人才培养质量参差不齐，人才培养与社会需求不匹配，技术技能人才的规模、结构不合理，职业院校主动服务产业发展的能力不足；职业院校的区域、城乡、专业间及校际发展存在不均衡，包括硬件资源、师资水平以及办学理念、校企合作水平等，职业技能实训基地建设还有待加强；社会参与力度不大，行业参与职业教育的机制建设和制度标准不健全；原有校企融合仅停留于政策引导层面，但并没有给企业带来明显的"好处"，尚未形成以市场机制为基础的利益共同体，致使企业办学和参与职业教育人才培养动力不足，等等。

四、职业教育服务制造强国战略的政策优化

《中国制造 2025》第一次从国家战略层面描绘建设制造强国的宏伟蓝图，并把人才作为建设制造强国的根本，对人才培养提出了更高要求。面对新形势和新挑战，我国职业教育政策制定要紧扣服务制造强国战略、促

进经济社会发展的主线，把制造业人才发展摆在更加突出的战略位置，充分发挥人才在制造强国建设中的主体作用，以建设和完善现代职业教育体系为核心，以深化产教融合、校企合作为着力点，通过标准体系构建和规则文件制定，不断完善顶层制度设计、健全政策体系，引导我国职业教育标准化、规范化和高质量发展。实践中，一是要系统开展政策"废""改""立"，优化职教政策体系。建议各级行政部门系统梳理职业教育相关文件，对于与现行支持政策有冲突和重叠的，进行沟通协调，明确政策边界，适时进行废除、修改或重新制定。加强各部门沟通协调，推动职教政策落地。二是加强各部门之间、部门与地方之间的政策沟通和协调，研讨相关政策的落实和实现措施，督促地方出台具体政策、提供经费等支持措施。① 三是以项目实施为主要手段，强调问题导向和绩效评估，通过示范引领和辐射带动，加快推动职业教育治理体系和治理能力现代化。基于上述思路，笔者主要从以下几个方面提出优化和调整职业教育服务制造强国战略政策。

（一）发挥政策导向作用，推进职业教育智能化发展

智能制造是工业 4.0 的典型特征，能够催生一批新的工作岗位，制造业产业智能化升级必然带来人才需求结构的变化，而职业院校是制造业产业人力资源的主要供给者。因此，要更好地推动我国制造强国建设，必须要推动职业教育智能化发展。随着职业教育改革与发展的不断深入，面临的问题越来越复杂，这就需要提高政策的系统性，不能顾此失彼，"头痛医头、脚痛医脚"，应针对综合性、全局性问题，加强跨部门的综合性、系统性政策的研制。为此，实现我国职业教育现代化要全面落实《中国教育现代化 2035》政策精神，对接教育整体现代化目标要求，主动适应新一代信息技术与制造业深度融合的趋势，适应数字化、网络化、智能化对于

---

① 职业教育面临"政策落实难"，该怎么办？[EB/OL].[2021-05-15].https://www.sohu.com/a/302585560_387120.

职业人才素质的新需要，积极推进"互联网+职业教育"发展，加快智慧校园建设，推动深度学习、人机交互学习，形成与工业 4.0 相适应的智能化现代职业教育体系。十九大报告提出，创新是引领发展的第一动力，是建设现代化经济体系的战略支撑，制造业是实体经济的主体，是技术创新的主战场，是供给侧结构性改革的重要领域。① 贯彻落实十九大精神，就是要以更大力度实施创新驱动发展战略，按照系统创新链思想，发挥政策的引领和导向性作用，完善职业教育普惠性支持政策，加快建立以企业为主体、需求为导向、职业教育产学研深度融合的技术创新体系。政策重点加强对中小企业创新的支持，以促进科技成果转化，支持职业教育智能化创新发展。

(二)加快构建现代职业教育体系，推进育人和管理模式创新

完善的职业教育体系是我国建设制造强国的重要保障。政府通过推行一系列以资源要素分配为主的政策措施，在很大程度上促进了我国职业教育的快速发展，但仍然存在职业教育发展内生性不足、学校办学活力不足，创新性不足等问题。因此，无论是国家层面还是学校层面，均要制定相关政策推进育人模式和管理模式创新，构建现代化职业教育体系。一方面，国家应以立德树人为根本，以高素质技能人才培养为目标，构建现代化学校体系、现代化专业体系、现代化培养体系、现代化资源体系和现代化质量体系等诸方面紧密结合、相互融合的 21 世纪中国特色、世界水平的现代化职业教育培养体系。另一方面，各类职业院校应主动将职业教育发展融入区域经济社会和产业发展规划，以提高人才培养质量和服务质量为核心，把现代职业教育的办学理念、技能标准和综合素质要求融入教育教学全过程，推进职业教育人才培养结构性改革，形成面向所有社会成员的开放、融合、终身化的职业教育体系。同时，为满足制造强国战略对高技

---

① 让创新成为走向未来的不竭动力 [EB/OL]. [2021-05-17]. http://theory.people.com.cn/n1/2018/0309/c40531-29857212.html.

能人才的需要，我国必须加快推进课程体系和育人模式改革。具体而言，一是要面向未来职业教育发展趋势，打造产教融合新高地，构建产教融合的"学习工厂"；二是要采取行业、企业与职业院校紧密结合的方式，按照智能制造的能力图谱设计课程、编制教材，推进教育教学方式改革；三是要搭建产教融合校企合作平台、创新创业平台和实践实训平台，加强校企合作、资源融合。重视综合知识传授、综合技能培养，有效提升职业院校办学活力，服务区域经济发展和制造业转型升级。[①]

（三）优化专业布局和人才培养机制，强化政策支持的适应性

制造强国战略为职业教育带来了新的发展机遇，职业教育人才培养必须树立产教协同的办学理念，围绕"中国制造2025"中的十大重点发展领域，打造专业建设、人才培养与制造业产业融合新优势，强化政策支持的适应性。具体来说，在专业内涵建设上，要建立更加及时有效的产教互动机制，保障全产业链人才持续、有效供给；在教学资源上，要突出同步性，加快教学内容和配套资源的更新，避免与企业需求脱节；在培养质量上，要体现全面性和系统性培养，重素质、强基础、宜发展，强化企业文化认同；在培养模式上，要注重协同性，遵循人才培养规律以及生产技术发展规律，职前教育要与职后培养相统筹；在发展方式上，要体现开放性，将行业企业要素渗透专业教学全过程，产学研用紧密结合，注重实效。在人才培养运行机制方面，发挥政府主导作用，为技能人才培养提供全方位综合性保障。加快立法工作，尽快完善或落实职业教育培训、技能人才权益保护、技能人才职称评定等相关法律法规，依法规范职业教育发展。加大政府投入力度，将职业教育培训经费、高技能人才队伍建设经费纳入财政预算，并保持合理增长幅度；同时，以财政资金为杠杆，吸引社会资本投入，形成多元化投入机制。加强技能人才发展规划，做好技能人

---

① 中国教育科学研究院课题组，等. 完善先进制造业重点领域人才培养体系研究[J]. 教育研究，2016(1)：4-16.

才市场需求调查和预测工作，科学编制各地区和重大产业的技能人才发展规划，使人才发展更好地适应产业发展需求。做好技能人才权益保护工作，畅通技能人才上升通道，创造有利于技能人才成长的开发培养、选拔使用、引进聚集的体制机制，从而更好地支撑我国制造强国人才队伍建设。

（四）提高技术人才社会地位，构建技能人才制度保障体系

为更好地提高技能人才的社会地位和工资待遇，国家需要出台高技能人才配套政策，既增加技能人才职业荣誉感，又能发挥政策杠杆效应，撬动各方重视技能人才的培养和发展工作，营造全社会崇尚技能的氛围，形成尊重技能的环境，促使更多人争学技术，争当工匠。构建保障技能人才成长的制度体系，从政策与制度层面消除束缚与歧视。一是政府要提供多方位的政策保障。着力破除制约技能人才发展的体制机制障碍，完善技能人才培养、评价、使用、激励、保障等政策措施，推进职业技能培训市场化、社会化改革，提高技能人才待遇水平，创设有利于技能人才成长成才的政策环境。二是通过立法保障技能人才成长发展。加快落实《职业教育法》，牢固确立职业教育在国家人才培养体系中的重要位置，依法构建现代职业教育体系基本架构，明确各级政府的职责，规范职业院校、行业、企业等主体的权利、责任和义务。[1] 要健全相关法律法规，用法律、制度等形式最大限度地保护工匠的合法权益不受侵害。[2] 三是推进技能人才相关制度改革。对应产业结构升级和社会用人需求，创新技能型人才培育和考核制度体系；围绕"中国制造2025"等国家创新驱动发展战略，坚持推动政策创新，培养适应科技创新能力提升的技术技能人才；通过社会用人制度改革，提升职业技能人才社会地位，引导更多青年读技校、学技能、长

① 政协委员谈如何更好发挥职业教育特殊作用 加快修订完善《职业教育法》[EB/OL].［2021-05-20］. https://www.takefoto.cn/viewnews-1422155.html.

② 深度：营造技能成才的良好社会氛围[EB/OL].［2021-05-20］. https://ishare.ifeng.com/c/s/7sjo20h6cIc.

本领，实现技能成才、技能就业。

（五）推进职业教育和培训一体化，完善育训结合功能体系

党的十九大报告提出要"完善职业教育和培训体系，深化产教融合、校企合作"。完善职业教育和培训体系，不是分职业教育和培训两条轨道实施，而是一体化推进和落实，在此基础上应重视职业教育政策的价值分析，尽量保证各级各类职业教育政策价值取向的一致性，从而提高政策的价值认同和合法性基础。推进职业教育和培训一体化发展，相关政策制定和完善应体现在以下五个方面。一是推行产教融合、校企合作办学模式。产教融合、校企合作是职业教育和培训体系的精髓。新时代要以办学主体多元化、治理结构法人化、机构设置标准化、政策支持平等化为导向，构建政府、企业和其他社会力量合作办学的新格局。二是构建德技并修、知行合一育人机制。德技并修、知行合一是职业教育和培训的灵魂。职业教育和培训肩负着培养大批高素质创新人才和技术技能人才的社会责任。要立足人的全面发展，形成德技并修、知行合一的育人机制，构建以社会主义核心价值观为引领的德育体系。三是打造学中做、做中学人才培养平台。工学结合，学中做、做中学是职业教育和培训的特色。要将工学结合贯穿教育教学全过程，突出教育教学的实践性和职业性，推行项目教学、案例教学、情景教学、工作过程导向等教学模式，着重培养支撑终身发展、适应时代要求的核心职业能力。四是推行各类教育相互通融的"立交桥"。各类教育相互融通是教育改革和发展的基本趋势。完善职业教育和培训体系要适应学习型社会发展要求，适应终身学习需要，建立新的国家资格资历认证制度，实现普通教育和职业教育互认，构建从中职、专科、本科到专业学位研究生的现代职业教育体系。五是缔结职业教育国际化的纽带。职业教育和培训新体系建设必须具有国际视野，既能"引进来"，又能"走出去"。"引进来"就是要引资源、引智力、引伙伴、引项目、引模式、引资金。"走出去"就是要与世界各国职业教育进行对话、对接，使中国经验"走出去"、中国方

案"走出去"。①

(六)提升职业院校治理现代化水平，构建国际合作新机制

在构建以国内大循环为主体、国内国际双循环的新经济发展格局的背景下，职业教育政策的制定不仅要担负推动国内大循环的使命，还要主动提升对外开放和国际化合作水平，积极构建国际职业技术教育合作新机制。我国要实现制造强国建设目标，就要从整体上提升职业院校治理体系和治理能力现代化，建立政府、企业、职业院校、社区共同参与的协同治理新机制；与此同时，还要在职业学校之间实行差异化发展，建设一批在国际上有影响力的世界一流职业院校。一流职业院校在发展过程中要坚持特色发展，培养优势专业，及时吸纳最新产业技术成果，更新专业教学标准和人才培养方案，接轨国际职业教育先进标准，打造高水平的"百年老店"，从而形成不同层次、不同类型的高水平职业院校，实现特色化、多样化办学，进而更好更快地培养大国工匠和各类技术技能大师。② 要全面提升中国特色职业教育的竞争力和影响力，还要将中国特色职业教育与世界优秀职业文化相结合，对标国际标准的证书体系，面向"一带一路"建设和发展培养国际化高技能人才；要整体适应经济全球化和产业全球化要求，探索形成产教融合、校企合作新机制，培养一大批能够直接对接国际企业的现代化职业技术技能人才；完善"鲁班工坊"建设标准，拓展办学内涵、推进实体化运行，不断提高我国在世界职教领域的话语权；鼓励学生积极参与各项国际技能大赛，通过多种途径不断扩大我国职业教育的国际影响力和国际竞争力。

我国经济社会和制造业转型发展急需职业教育培养一大批高素质技术技能人才。当前，我国职业教育正朝着系统、多样、实用型方向发展，发

---

① 一体化推进：完善职业教育和培训体系的基本遵循[EB/OL]. [2021-05-18]. https://www.sohu.com/a/233918562_100886.

② 高书国，张智. 技能强国：职业教育4.0时代的中国策略[J]. 高校教育管理，2020，14(4)：7-14.

展高水平现代职业教育，对我国经济社会良性发展有着举足轻重的作用。职业无贵贱，分工有不同，技术工人队伍在国家发展中具有战略地位，因此要在社会上形成尊重职业人才，尊重劳动，尊重创造的氛围；弘扬大国工匠精神，让职业人才在事业上有成就感，在社会上有荣誉感，在生活上有幸福感，真正为实现"中国制造2025"，建设制造强国贡献力量。未来三十年是中国制造业实现由大到强的关键时期，也是制造业发展质量变革、效率提升的关键时期，职业教育改革必须要紧紧抓住新一轮科技革命和产业变革所带来的千载难逢的战略机遇，以技术技能人才服务制造强国为战略引领，以深化供给侧结构性改革为主线，以智能制造为主攻方向，推进中国制造业智能升级和跨越式发展。①

第二节　职业教育服务高端制造业发展需求

发展高端制造业是我国从制造大国向制造强国转变、实现"中国制造2025"战略目标的重要举措。职业教育是人力资本积累的重要途径，是培养高级技术技能人才进而推进高端制造业发展的主要途径，因此，推进职业教育高质量发展以服务高端制造业快速发展势在必行。

一、职业教育人才培养是高端制造业发展的战略引擎

人才是第一资源，人才强则中国制造强。职业教育是技术技能人才的重要供给侧，应加快培养胜任高端制造业岗位需求、具有工匠精神的高技术技能人才，强力支撑起制造强国战略赋予职业教育的重要使命。

（一）高端制造业发展是实现制造强国的重中之重

制造业是国民经济的主体与支柱，是立国之本、兴国之器、强国之基。21世纪以来，美国的"再工业化"，德国的"工业4.0"，英国的"工业

---

①　周济. 走向新一代智能制造［J］. 中国科技产业，2018（6）：20-23.

2050"以及"新工业法国"等国家战略的实施,① 掀起了全球制造业革命性的大变革。随着我国综合国力及国际影响力的提升,一些发达国家如美国、德国、日本等出于地缘政治考虑,开始封锁我国高端制造领域的核心技术。面对严峻的国际形势和复杂的国内经济形势,我国积极寻求解决对策,2015 年颁布"中国制造 2025"战略。该战略计划的实施,旨在改善我国制造业大而不强的现状,缩小我国在自主创新能力、资源利用效率、产业结构水平、信息化程度、质量效益等方面与制造业先进国家的差距。通过制造业转型升级,依托信息技术与制造业深度融合,不断促进低端制造业向高端制造业转变,不断提升高科技制造水平、附加值和核心竞争力,推动制造业转型升级、产业结构调整。可以说,高端制造业是我国制造业转型以及高质量发展的"助推器"。

高端制造业是工业化后期和后工业化的产物,相对于传统制造业,其显著特征是高技术含量、高附加值、低污染、低排放,具有较强的竞争优势。高端制造业主要包括五个领域:一是航空装备行业;二是卫星制造以及应用行业;三是轨道交通设备制造行业;四是海洋工程装备制造行业;五是智能制造业。近年来,国家出台并实施一系列支持高端制造业发展的战略、政策及规划,高端制造业迎来了前所未有的发展机遇,呈现出强劲的发展势头。据有关统计数据显示,2020 年我国高端制造业产值突破了 10万亿元,占工业增加值的比重不断攀升,行业连续多年保持较快增速,可以说我国高端制造业已经步入了快速成长阶段。② 然而,在发展的过程中,也面临着诸如创新能力差、核心技术缺失、关键零部件和材料仍无法自主生产等问题。因此,推动高端制造业企业持续提升核心竞争力,是我国经济转型升级的重中之重,也是实现制造强国的核心任务。

---

① 陈鹏,薛寒."中国制造 2025"与职业教育人才培养的新使命[J].西南大学学报(社会科学版),2018(1):77-83,190.

② 邱浦添翼.高端制造业企业核心竞争力培育策略思考[J].商业文化,2021(32):21-22.

（二）高端制造业发展对职业教育提出新诉求

职业教育作为一种教育类型，侧重于人才实践技能和实际工作能力的培养。国内外很多学者对职业教育与产业发展的关系做了深入研究。人力资本理论认为，想要实现经济的发展就必须先扩大职业教育。① 有学者认为，一个国家要想在全球竞争中生存，就必须重视职教，缩小职教与普教之间的差距，拓宽职教向更高教育的途径，并加强职业教育与产业界的合作。② 也有学者指出，为促进"中国制造 2025"这一规划的有效实施，我国必须遵循制造业发展的基本规律，从高端制造业发展驱动因素的源头——高素质人才入手，加强教育改革和人才培养规划设计，努力培养适应并促进未来制造业发展的人才。③ 叶立生认为，高等职业教育需要紧跟时代潮流，加快培养胜任现代制造业岗位，身怀绝技的高素质技术技能人才，用"扛鼎之腕"支撑起"中国制造 2025"的宏伟目标。④ 可见，职业教育作为国民教育体系和人力资源培养的重要组成部分，与制造业发展是双向同行、互相支撑的。制造业发展对职业教育提出人才要求，职业教育人才培养要与制造业发展需求相适应；与此同时，职业教育的人才供给又直接影响着制造业的进步和发展。

人才是制造业发展的核心，高技术技能人才是高端制造业发展的核心。《中华人民共和国职业分类大典》将高技术技能人才定义为：熟练掌握专门知识和技术，具备精湛的操作技能，并在工作实践中能够解决关键技术和工艺的操作性难题的人员。从高端制造业的发展需求来看，高技术技

---

① 廖炼忠，晏月平. 职业教育与产业发展对接理论模型分析[J]. 现代教育论丛，2014(2)：68-75.

② G. Tabbron, J. Yang. The Interaction between Technical and Vocational Education and Training (TVET) and Economic Development in Advanced Countries [J]. International Journal of Educational Development，1997(3)：323-334.

③ 李玉静. 中国制造 2025 与职业教育发展[J]. 职业技术教育，2015(16)：1.

④ 叶立生，吴加恩. 高等职业教育服务"中国制造 2025"对策[J]. 职教论坛，2017(32)：83-86.

能人才具有以下特征:从人才结构上看,伴随生产装备的高端化及产品质量高要求的发展趋势,对人才的知识结构、技能水平要求越来越高;从人才能力结构看,依靠单一技能和人数取胜的流水线生产模式已不能满足高端制造业的需求,人才除了具备岗位基本能力,还必须具备钻研和合作精神,能力结构呈现复合型及多元化特点;从人才素质要求看,高端制造业的转型升级需要生产技术升级和创新,人才需具备自主研发、科技攻关的创新素养。当前,我国技能人才短缺是一个不争的事实,尤其是高技术技能人才缺乏已成为高端制造业发展的"瓶颈"。相关调查显示,整个产业工人队伍中,日本高级技工占比40%,德国为50%,而中国仅为6%;① 人社部在2021年8月的调查显示,制造业的高级技师求人倍率达到3.11。② 总之,高端制造业人才需求特征及人才需求缺口都对职业教育人才供给提出了更为迫切的诉求,只有制造业人才队伍的质量和数量平衡协调发展,制造强国目标才有可能实现。

二、职业教育服务高端制造业发展的现状及问题

职业教育是技术技能人才培养的主渠道和主阵地,为制造业等实体经济发展提供了重要人才资源支撑。近年来,无论是人才质量还是数量,制造业人才队伍均得到了明显改观。然而,伴随高端制造业发展对高技能人才的旺盛需求,以及创新发展战略的实施,需要重新审视职业教育与高端制造业的人才供给匹配及其存在的问题。

(一)层次体系与高端制造业发展需求不匹配

纵向看,我国现行职业教育主要包括初等、中等、高等(含专科层次

---

① 人民政协网.日本高级技工占比40%,德国50%,而我国仅为6%.[EB/OL].(2019-06-19)[2022-10-24].https://baijiahao.baidu.com/s? id=1636735995178270099&wfr=spider&for=pc.
② 潇湘晨报.制造业重点领域人才缺口率将达48%!这类本科生成香饽饽[EB/OL].(2021-12-24)[2022-10-24].https://baijiahao.baidu.com/s? id=1720016622723578073&wfr=spider&for=pc.

职业教育、本科层次职业教育、研究生层次职业教育）三个层次。目前，初等职业教育体量非常少，故在此不对其做阐述。从学校数量看，2019 年中等职业学校、高职高专院校、职教本科院校分别为 1.01 万所、1423 所和 21 所。在校生数分别为 1576.47 万、1280.7 万和 19.05 万。[①] 此外，2019 年专硕招生规模 47.4 万，专业学位博士招生约 1.04 万。从在校生规模看，中等职业学校规模最大，其在校生人数大于所有高等职业教育院校人数之和，而在高等职业教育层次中，专科层次主体地位十分明显，本科及以上层次人才与专科层次相比相形见绌，其中职业教育的博士人才更是凤毛麟角。可见，当前我国职业教育层次体系中，中高职业教育院校占据绝大多数，且各层次人才培养通道尚未打通，中职—高职高专—职业教育本科—专业研究生培养"立交桥"还不够畅通。

横向看，主要表现为职业教育与普通教育、职业教育与继续教育之间还没有实现融通和有效衔接。由于传统观念的桎梏与"普教化"招生制度的影响，无论是中等职业教育还是高等职业教育都不能很好地与其相对应的普通教育相互融通。同时，我国职业教育一体化程度仍然较低，职前职后教育严重脱节，一线劳动者进入职业院校继续学习的机会相对较少。当前，职业教育与普通教育的学生身份上没有实现自由互换，职业教育与继续教育还没有实现有效衔接，职业教育体系与国民终身学习体系仍然呈现为相对封闭的办学格局。

近年来，我国职业教育基本具备了大规模培养技术技能人才的能力，但职业教育层次体系与高端制造业发展需求匹配度较低，高水平技能人才有效供给不足。从培养目标来看，职业教育培养的是应用型人才，而应用型人才又分为技能型应用人才、技术型应用人才、知识型应用人才和研究型应用人才四类。[②] 随着高端制造业的发展，需要更多高层次的应用型人

① 现代高等职业技术教育网. 2020 中国职业教育质量年度报告［EB/OL］.（2019-12-30）［2022-10-24］. https://www.tech.net.cn/column_rcpy/index.aspx.

② 高羽. 新产业体系构建背景下职业教育存在的问题与对策［J］. 职业技术教育，2018（24）：45-50.

才，要求他们不仅拥有扎实职业理论素养，还需具备过硬技术技能。目前我国职业教育培养的大多数是技能型应用人才，而技术型应用人才的数量还远不能满足高端制造业发展的需求，知识型应用人才和研究型应用人才培养没有形成系统的人才培养体系。技术型应用人才供给短缺、知识型应用人才和研究型应用人才匮乏是制约高端制造业发展的主要瓶颈。由于现有职业教育层次体系与高端制造业的需求出现错位，导致技术技能人才培养出现"两多两少"现象：一是学历教育培养的低端、低技能人才较多，高端、高技能人才较少。如，2019 年李克强总理表示中国的技能型人才缺口高达 2000 万。① 二是系统化培养的技术技能型人才少、短训速成的技术技能型人才较多。根据智联招聘发布最新的《中国就业人口技能提升白皮书》显示，在岗职业人员整体获得的培训平均时长仅为 8.25 天，且人才培训成效不够理想。② 面向未来，学历层次较高、熟悉新技术应用、技术研发与科研创新的高层次技术技能型人才是未来制造业发展的中坚力量，这就要求职业教育人才培养层次结构上移，建立层次结构完备的现代职业教育体系。③

（二）专业结构体系与高端制造业发展需求不适应

专业是职业教育人才培养的基本单元，截至 2020 年，全国职业学校共开设专业 1300 余个、设置专业点 10 余万个，基本覆盖了国民经济各个领域。2019 年 2 月，国务院印发《国家职业教育改革实施方案》提出产教深度融合，实现"专业设置与产业需求对接、课程内容与职业标准对接、教学过程与生产过程对接"。在此背景下，职业院校逐步建立和完善学校专业

---

① 中国政府网. 技能型人才缺口高达 2000 万，总理强调技工院校要发挥作用 [EB/OL]. [2022-10-24]. http://www.gov.cn/xinwen/2019-08/21/content_5423078.htm.

② 程铭劼. 职场全年培训时长不足 半数职场人培训时长难超 5 天[N]. 北京商报，2019-12-31.

③ 李玉静. 中国制造 2025 与职业教育发展[J]. 职业技术教育，2015，36(16)：1.

动态调整机制，推动专业链与产业链深度对接。如，浙江2019年全省中职学校共设置主体专业布点820个，其中现代农业32个，先进制造业268个，现代服务业520个，分别占主体专业布点总数的3.90%、32.68%和63.41%；① 江西省2020年新增服务"2+6+N"产业的相关专业布点223个，其中新增"智能制造"相关专业布点41个，新增"物联网"专业21个，新增"大数据"相关专业布点18个，新增"云计算"相关专业布点9个，新增"虚拟现实"相关专业布点13个，专业设置与产业结构匹配度持续提升；上海加紧布局与人工智能、生物医药、养老、护理等新兴产业以及现代服务业相关专业，致力于打造精品化职业教育；湖南长沙航空职业技术学院取消与市场对接不紧密的专业，构建具有较强市场适应性的航空特色专业群。

虽然我国职业教育专业基本覆盖了国民经济各领域，但专业结构体系与高端制造业需求还没有实现深度嵌接和融合。大部分职业院校专业设置趋同，一味追逐热门专业，没有补齐高端制造业专业结构短板。一方面与高端制造业相对应的专业人才培养规模相对不足。从社会需求来看，高端制造业主要布局在航空装备、卫星制造以及应用、海洋工程装备制造、轨道交通设备制造和智能制造业等行业，而在职业院校中其对应的专业布局却相对较少。以轨道交通设备制造为例，根据《职业教育专业目录（2021年）》，轨道装备类专业包括铁道机车车辆制造与维护、高速铁路动车组制造与维护、城市轨道交通车辆制造与维护、轨道交通通信信号设备制造与维护、轨道交通工程机械制造与维护5个专业。根据（2021年）中国教育在线高考志愿填报服务平台最新数据显示，全国高职高专院校开设铁道机车车辆制造与维护专业和城市轨道交通车辆制造与维护专业为12所，而开设高速铁路动车组制造与维护专业、轨道交通通信信号设备制造与维护专业及轨道交通工程机械制造与维护专业的职业院校仅为4所。另一方面，职业院校专业设置雷同、专业间体制性隔离根深蒂固，在专业建设上追求

---

① 浙江省教育厅. 浙江省中等职业教育2019年度质量报告 [EB/OL]. http://jyt.zj.gov.cn/art/2020/3/26/art_1659827_42397372.html.

"大而全"，与区域高端制造业相匹配的专业结构体系尚未形成。虽然在2021年教育部印发的《职业教育专业目录（2021年）》中，提出要对职业教育的专业设置进行重大调整，但目前高端制造业的航空航天、电子及通信、智能制造、新材料、新能源、生物技术等领域的专业设置数量仍旧偏少。如，据广东省2021年统计年鉴和全国职业院校专业管理信息平台公布的相关信息和数据显示，2020年底，广东省有中等职业技术院校396所，高等职业技术院校87所，均涵盖了19个专业大类，在中等职业技术院校和高等职业技术院校中，财经商贸类、信息技术类、教育类专业占据主导地位，而服务高端制造业所需的智能制造、卫星制造、航空制造等专业设置明显偏少。显然，我国职业教育现行的专业结构布局滞后于高端制造业发展需求，由此导致服务于高端制造业的技术技能人才数量明显不足。

（三）区域分布体系与高端制造业发展需求不适应

根据教育部公布的2020年数据显示，全国高职高专院校共计1468所，其中公办、民办、中外合作办学分别为1128所、337所和3所。从区域分布看，各大区域都有高职高专院校分布，从东部到西北地区，各区域高职院校数均超过了100所；从省份分布看，31个省级行政区（图4.1）都有类型多样的高职院校，呈现出区域覆盖面广的特点。同时，职业教育布局结构呈现出区域间"聚集与零星"分化现象。从区域布局看，华东地区有317所，占全国的21.59%，而西北地区只有113所，即华东是西北的近3倍（图4.2）；从省份布局看，河南省（94所）是西藏的30多倍，河南、江苏、广东、山东等数量排名靠前的省份与西藏、青海、宁夏等省份的差距十分显著。对比2017年、2020年我国高职高专院校区域布局的变化可以看出，排名前十和排名后三的省份变化不大，排名前十位的省份虽有变动但仅仅是排位先后次序的变化，排在后三位的省份五年来没有任何变化。可见，我国职业教育区域分布呈现出区域覆盖面广、区域分布不均衡、发展相对稳定的特点。

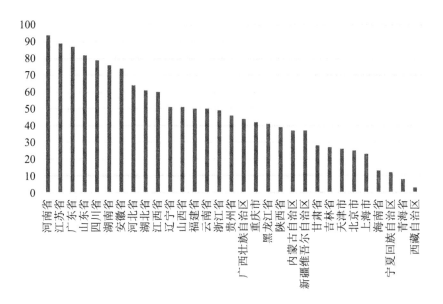

图4.1　各省(自治区、直辖市)高职高专院校分布图

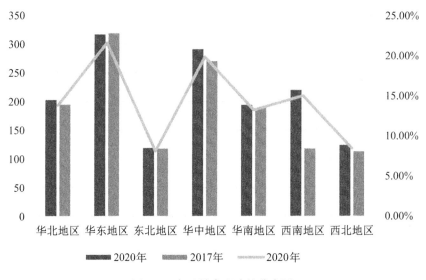

图4.2　各地域高职院校分布图

综合高端制造业以及职业院校布局状况，职业院校布局结构没有紧跟高端制造业发展进行适应性调整，区域不均衡、发展水平不平衡问题依然突出。随着高端制造业快速发展，高端制造业也呈现区域性迁移的特点。例如，从高端制造业之航空装备行业看，我国航空装备制造业大多分布在中西部地区，如西安通用航空装备产业园、四川通用航空装备专业基地、贵州安顺通用航空装备产业基地等。① 伴随我国航空装备主导产业的演变，北京、西安、成都、沈阳、上海、哈尔滨、南昌、长沙等城市逐步取代中西部地区成为航空装备产业的主要承载区，这就需要高职院校区域调整与发展适应这一趋势。但实际上，以航空航天专业为特色的高职院校仍集中在中西部地区，由于传统的办学惯性，难以及时在这些区域设立航空装备产业相关高职院校和专业，这在一定程度上导致航空装备产业与职业教育区域分布不匹配。又如，从高端制造业之智能制造产业来看，我国智能制造产业园区数量超过 10 家的城市达到 15 个，但多集中在一线二线城市；从分布上来看，我国智能制造园区布局较为集中，但相关职业院校和专业设置相对分散，没有形成区域之间的融合互动，职业院校设置与智能制造行业发展不相适应，职业院校和专业设置还远没有形成区域特色。

（四）人才培养模式与高端制造业发展需求不相适应

我国产业队伍中的大部分劳动力来自职业院校，各级各类职业院校培养毕业生累计达 2 亿多人，目前，各级各类职业院校每年培养毕业生约 1000 万人，② 为产业发展提供了充足、持续的人力资源支撑。近年来，我国高度重视职业教育人才培养质量，以高职院校建设为例，2006 年，教育部与财政部正式启动了"国家示范性高等职业院校建设计划"，并于 2006—2008 年立项建设 100 所国家示范性高等职业院校。2010 年，教育部与财政

---

① 市场调查网. 中国高端装备制造业发展及细分产业分布研究[EB/OL]. [2022-10-24]. http://www.cnscdc.com/touziredian/181243.html.

② 周睿. 每年向社会输送约 1000 万技术技能人才 职教为高质量发展提供人才支撑[N]. 人民日报，2020-10-29.

部联合下发《关于进一步推进"国家示范性高等职业院校建设计划"实施工作的通知》，规定在原有已建设 100 所国家示范性高等职业院校的基础上，新增 100 所左右国家骨干高职院校，至此，国家示范性(骨干)高等职业院校共计 200 所。① 2019 年 3 月，教育部、财政部联合下发《关于实施中国特色高水平高职学校和专业建设计划的意见》(简称"双高计划")，提出"重点支持一批优质高职学校和专业群率先发展，引领职业教育服务国家战略、融入区域发展、促进产业升级，为建设教育强国、人才强国作出重要贡献"；10 月公布 197 所单位入选"双高计划"。从省份(自治区、直辖市)布局看，分布在 29 个省份(自治区、直辖市)；从专业布局看，涵盖 18 个高职专业大类，其中布点最多的专业大类分别是装备制造大类、交通运输大类、电子信息大类、财经商贸大类、农林牧渔大类；从产业布局看，面向战略性新兴产业的专业群有 113 个，面向先进制造业的 100 个。② 从战略层面来看，"双高计划"是高职院校落实《国家职业教育改革实施方案》的"先手棋"，旨在打造技术技能人才培养高地和技术技能创新服务平台。

虽然国家积极引导职业院校不断改革人才培养模式，实现与制造业需求无缝衔接，但实践中职业院校人才培养模式与高端制造业发展需求之间仍然存在结构性错位。在制造强国战略背景下，高端制造业对劳动者的知识、技术、智力等要求更高，对高技术技能人才的依赖性更强。这类人才特征可以概括为三个方面：一是高超的动手能力，二是突出的创造能力，三是极强的适应能力。③ 这就要求职业教育人才培养模式不仅要强化专业知识学习，还要突出对学生的实践能力、创新能力以及终身学习能力的培养。目前，我国职业教育人才培养模式存在以下主要问题。第一，办学模

① 杨钛，孙冰玉.创新的制度化与中国高水平职业院校建设[J].高等工程教育研究，2019(6)：118-124.

② 河南日报报业集团.197 所！"双高计划"来了！河南这些高校入围！[EB/OL].(2019-10-28)[2022-10-24].https://baijiahao.baidu.com/s?id=1648612546021684833&wfr=spider&for=pc.

③ 荣长海，任凯，王凤慧，等.关于京津冀高端制造业与高技术技能人才培养问题[J].理论与现代化，2016(1)：42-46.

式未能充分彰显职业院校与高端制造业行业相互合作的积极性和主动性。职业院校办学没有充分考虑到区域产业结构对人才的需求，致使人才培养和产业、企业脱节，教学、专业与市场脱节，对高端制造业行业以及人才市场需求的敏感性不强。第二，缺乏与高端制造业发展相关的课程设计，当前的职业教育课程设计与高端制造业需求缺乏有效衔接。以陕西某职业院校高端制造类专业开设的信息技术类课程为例，课程体系与教学内容显性落后于信息技术发展，难以适应高端制造业和信息技术深度融合发展趋势，"3D打印技术""虚拟现实技术"等新型信息化技术没有及时地融入课程教学内容。第三，专业教学与高端制造业生产实践缺乏有效衔接。高职院校大多采用"2+1"或"3+1"模式，校企合作仅表现为最后一年安排学生生产实习。高端制造企业并未深度参与专业教学标准的制定、教学资源的开发以及人才培养全过程，导致教学与生产实践脱节，学生不能围绕高端制造业实际生产过程进行持续的经验和知识积累。第四，尚未形成与高端制造业衔接的"双师型"教师发展机制。由于高端制造业与职业教育融合机制不健全，高端制造业行业企业很难切入"双师型"教师培养和培训过程，教师企业"顶岗"、合作研发机制还不完善，没有真正实现企业与职业院校人员之间的深度交流与融通。

（五）制度保障体系与高端制造业发展需求的匹配度亟待提升

职业教育制度是促进职业教育发展的重要保障。为满足经济社会发展需求，我国出台了一系列职业教育政策。《中华人民共和国职业教育法》为职业教育的发展提供了强有力的法律保障；《国家中长期教育改革和发展规划纲要（2010—2020年）》提出职业教育应重点扩大应用型、复合型、技能型人才培养规模；《现代职业教育体系建设规划（2014—2020年）》提出，到2020年基本建成中国特色现代职业教育体系；《国家职业教育改革实施方案》提出，经过5~10年时间，大幅提升新时代职业教育现代化水平，为推动经济社会快速发展与增强国家竞争力提供优质人才资源支撑等；《关于推动现代职业教育高质量发展的意见》提出，深入推进育人方式、办学模式、管理体制、保障机制改革，切实增强职业教育适应性。实践中，在相关重大利好政策引导下，教育部和广东、浙江两省探索建立"部长+省长"机制，支持职业教育精准服务产业发展。广东省结合贯彻落实国家产教融合相关政策文件精神，出台《广东省产教融合建设试点实施方案》专项配套政策，完善了产教融合的激励政策，明确了行动路线，提升了企业办学的积极性与校企合作成效。① 政策红利不断集聚和释放，为职业教育发展注入了强劲动力，职业教育服务高端制造业高质量发展的"四梁八柱"基本成型。

值得关注的是，虽然我国职业教育政策体系日趋完善，但当前职业教育制度保障体系与高端制造业发展需求尚不完全匹配。首先，在宏观制度设计上，缺乏高端制造业技术技能人才培养与发展保障制度体系。由于高端制造业人才技术技能要求较高，人才需求层次结构也要相应调整。同时，职业技术技能人才专业化发展离不开职后培训。然而，当前专、本、研职业教育衔接机制还不健全，职业教育与继续教育、职业教育与职业培训一体化还缺乏顶层设计。其次，尽管职业教育相关政策日趋完善，但缺乏细化的职业院校、企业、行业等多元主体的执行政策及其协同政策体系，宏观性政策难以有效落实与具体实施，政策红利难以转化为具体的实践成效。最后，人才培养制度体系尚不完善。产教融合、校企合作多元主体权责分配不清晰，专业与课程建设、质量管理、过程管理、师资建设等环节缺乏行业、学校以及专业等不同层次和特色化的质量标准，这将在很大程度上影响职业教育人才培养质量，阻碍高端制造业健康发展。

三、职业教育服务高端制造业发展的实践策略

人才是企业发展的核心竞争力，是一个国家经济社会发展的重要战略资源，完善我国职业教育体系，全面提高职业教育质量，是推进高端制造

---

① 广东省发展和改革委员会. 关于印发广东省产教融合建设试点实施方案的通知［EB/OL］.（2020-12-15）［2022-10-24］. http://drc. gd. cn/ywtz/content/post_3156117.html.

业快速发展、实现制造强国战略目标的关键所在。从职业教育的层次体系、专业结构体系、区域分布体系、人才培养模式体系、制度保障体系等五方面，探索职业教育人才供给与高端制造业人才需求协调发展的路径。

(一)纵横融通,层次体系立体化

技术技能型人才培养层次高移,是全球职业教育的发展趋势。以高端制造业为主体的产业形态对职业教育要求越高,越需要高水平职业教育的支撑。[①] 因此,调整和优化职业教育层次体系,契合高端制造业的发展需求,是有效服务由制造大国向制造强国转变的实践要求。

1. 搭建"中职—高职高专—应用技术本科—专业硕士—专业博士"的职业教育人才培养"立交桥"。构建有利于高端制造业人才培养的直通道,满足对各层次应用型人才需求:一是推进中职与高等职业教育一体化培养,不断拓展高职院校招收中职毕业生、应用技术本科招收职业院校优秀生的通道,完善高端制造业与学校对口合作、集团化发展等多种形式的衔接机制。二是加强并完善以初中起点的五年制高等职业院校建设,加大以重点培养高端制造领域急需人才的五年制高等职业院校建设力度。三是遴选并鼓励办学质量高的应用技术本科和普通工程院校,就高端制造业设置面向职业教育的专业硕士,积极推进工程博士试点工作,探索人才培养与技术创新、技术改造相结合的育人模式。

2. 大力发展专科和本科职业教育,巩固高等职业教育主体地位。随着高端制造业对技术技能人才的层次高移,高等职业教育必然成为高端制造业人才培养的主力。满足高端制造业的发展需求,引导办学条件成熟办学质量好的高职高专院校升级为本科职业院校,扩大本科职业教育的培养规模;支持地方本科院校向应用型技术高校转型,发展更多办学特色鲜明、人才应用特征显著的本科层次职业院校;加大地方本科院校与职业院校的

---

① 徐国庆. 我国二元经济政策与职业教育发展的二元困境——经济社会学的视角[J]. 教育研究, 2019(1):102-110.

联合办学力度，在合作、交流过程中发挥各自优势和所长，实现优势互补、资源共享，提升职业技能型人才培养层次和质量。

3. 打通人才培养体系横向联系，促进普职融通。从义务教育阶段职业生涯教育入手，生产实践课程贯通课堂内外，帮助学生树立劳动意识，引导学生逐渐了解高端制造业生产实践知识。加快构建国家教育资格证书体系，打破职业教育与普通教育间的壁垒，拓宽职业教育与普通教育间的转换通道，通过课程互换、学分互认等方式，打通普职之间的转换和升学通道，促进职业教育人才培养体系更加开放、更加融合，为高端制造业人才职业发展提供制度性保障。

（二）对应需求，专业设置动态化

当前我国许多职业院校专业设置滞后于产业发展需求，不能很好地满足高端制造业对技术技能人才的需求。优化专业设置，强化专业建设，是助推我国高端制造业发展的关键环节。

1. 建立专业设置预警机制。坚持"控制总量"的原则，引导职业院校设置制造业相关专业。首先，鼓励职业院校专业设置与高端制造业紧密结合，突出专业应用性特征，主动设置契合高端制造业领域发展的新专业，提高专业设置和市场需求的匹配度。其次，高端制造企业、行业与学校共同参与制造业相关专业设置，规范人才培养要求与标准，确保专业建设与高端制造业人才需求标准无缝对接。最后，成立职业教育专业设置指导委员会，通过定期对专业设置情况进行评估，监测区域产业发展与高端制造业产业结构的发展趋势，撤销与区域经济发展不相适应以及不具有竞争优势的专业，增强职业教育专业设置和建设的适应性。

2. 完善专业动态调整机制。坚持"盘活存量"的原则，引导职业院校动态调整专业设置。首先，优化现有专业结构布局，促进专业结构迭代升级。鼓励职业院校集中力量重点建设、打造一批行业内或区域内具有较大影响力的品牌和特色专业，驱动制造业转型升级和高端制造业发展，形成区域布局合理、产业契合度高、总体规模适合的专业体系。其次，强化专业预警机制、退出机制，预警不适应人才市场需求、不具有市场竞争优势或缺乏特色的专业，形成紧密对接产业链、创新链、人才链的专业结构体系。

3. 形成专业特色发展机制。坚持"提高质量"的原则，引导各大职业教育院校强化专业内涵建设。首先，围绕制造业转型升级发展方向，做好专业建设的加法和减法，加法就是引领专业错位发展，下苦功、练内功，抓好特色专业和精品专业的建设力度，尤其是要加大高端制造业所需专业的比重；减法就是逐渐减少那些技术含量较低、不适应市场需求的专业设置比例。其次，充分挖掘职业院校自身潜力和区域制造业资源优势，从专业点建设走向专业群建设，整合职业院校办学资源，激发新的专业建设生长点。根据区域高端制造业竞争优势，结合职业院校自身办学特点及人才培养特色，打造具有区域发展特点的优势或特色专业群，培养区域高端制造业发展所需要的高素质职业技能人才。

（三）扬长避短，空间布局协同化

职业教育为区域发展提供了重要的人才支撑。优化职业教育的空间布局结构有利于提升与高端制造业区域发展的适配度，增强职业教育服务区域发展的效能。

1. 统筹区域职业教育发展布局，兼顾区域发展短板。优化职业教育空间布局结构应立足全国，着眼大局，从国情与国家战略出发，对全国职业教育分布进行全面统筹与合理规划。各省、各地区应依国家产业发展政策和发展趋势，结合区域制造业发展定位与发展需求，对本省本地区的职业教育分布进行合理规划。在全面统筹与规划的基础上，要补齐当前职业教育空间布局的短板，逐步优化中西部地区、中小城市的职业院校分布。①通过全面统筹规划布局，补齐中西部地区的职业教育的短板，全面规划我

---

① 宋亚峰，王世斌，潘海生. 我国高职院校空间布局：形态、动因与优化[J].中国职业技术教育，2018（36）：16-23.

国职业教育布局调整，建立各具特色的职业教育区域发展优势。

2. 结合区域特点，强化特色发展。我国各区域发展基础不同，以区域实情为切入点优化职业教育的空间布局，才能更好地为高端制造业服务，促进区域经济的发展。对中西部地区来说，具有更大的上升空间，职业教育体系可以依据中西部地区丰富的自然资源以及潜在资源开设针对性的专业。例如，贵州的职业教育体系可以考虑本省的高端装备制造、信息技术等发展来适配区域化高端制造业。① 针对东部地区，要发展区域特色、提高技术技能水平，对接区域高端制造业发展需求。例如，苏州地区是我国电子信息、软件服务外包、生物技术、电子商务与物流发达地区，职业教育体系应与这些优势产业相结合，进行区域特色定位，使区域发展与高端制造业相吻合。②

3. 打破壁垒，加强区域合作。从办学水平和整体实力来说，不同区域职业教育还存在明显差异，中西部地区职业教育为高端制造业服务能力较弱。因此，要着力打破区域壁垒，加强东西部地域、省际、校际之间的合作，提升中西部地区为高端制造业服务能力，促进区域间职业教育"双赢"发展。实践中，高端制造业布局不是主次不分、盲目无序的，而是有方向、有重点的，相应地职业教育发展应当有所侧重，建立东部与中西区域职业教育院校联盟或合作组织，建设政府主导、行业指导、企业参与、校企合作、区域间相互支持的高级技术技能人才一体化培养机制，通过对口支援、跨区域合作等形式，切实推进现代职业教育协同发展战略。

（四）对标需求，人才培养模式多元化

高端制造业对技术技能人才能力的需求决定了职业教育人才培养模式改革方向，同时也对人才培养特色与质量提出了挑战。职业教育要落实好立德树人根本任务，完善教育教学质量标准，不断创新人才培养模式，不断提升

---

① 吴寅. 对区域化职业教育体系的思考[J]. 艺术科技，2019(13)：243，245.
② 朱翠苗，郑广成. 现代职业教育体系区域化构建的探索[J]. 河北软件职业技术学院学报，2015(3)：55-57.

人才培养质量，为高端制造业培养"下得去、留得住、用得好"的人才。

1. 形成多元主体育人模式。企业是人才的需求方，对于什么样的人才企业最有发言权。因此，瞄准高端制造业人才需求，充分发挥企业对人才培养的主体作用，强化校企间深层次合作。实践中，要全力推进校企合作、产教融合，引导行业、企业与职业院校深度融合，扩大校企联合招生、联合培养的"现代学徒制"和"企业新型学徒制"试点，联合制定人才培养方案、开发课程、建设实践实训基地、搭建教师队伍、研发技术攻关平台，探索人才共育、共培、共融的职业教育模式。同时，充分发挥行业协会、社会教育资源优势，多措并举，形成多元主体协同的职业教育人才培养体系。

2. 构建职前职后一体化人才培养模式。长期以来，高端制造业职业技能人才培养主要是职业院校的任务，也就是集中在职前教育阶段，职后培养培训体系还有待完善。因此，要切实加强对岗位职工开展新知识、新技能培训，通过校企合作，建构职前职后一体化人才培养体系。以终身教育理念为指导思想，系统制定高端制造业人才发展战略规划，完善从劳动预备开始，到实现就业创业，并贯穿职业生涯全过程的人才培养模式；建立更加灵活的教学制度，为高端制造业员工的终身学习和多样化学习提供更加人性化的制度保障。这不仅是适应经济高质量发展、培育经济发展新动能、推进供给侧改革的内在要求，同时也是全面提高技术技能人才岗位适应能力、解决结构性就业矛盾、提高就业质量的重要举措。

(五)助力发展，保障制度体系化

与其他类型教育相比，职业教育外部依赖性更大，与人才市场联系密切。因此，推进职业教育高质量发展，服务高端制造业转型升级和制造强国战略，需要政府、企业、社会形成合力，健全职业教育质量保障制度体系。

1. 健全职业教育体系制度。一是健全职业教育层级衔接制度。明确不同层级职业教育人才培养规格，完善层级衔接机制，促进层级职业教育良性互动，提升职业教育整体发展水平，为高端制造业提供高水平技术技能人才。二是健全普通教育与职业教育相互融通、相互衔接机制，使学生能在普通教育与职业教育间自由流转，给予学生更多的发展可能性。三是健全职前教育与继续教育之间的衔接制度。随着新经济、新产业、新技术的不断涌现，职前教育很难满足企业发展需求。实践中，需要切实完善继续教育制度以及职前教育与继续教育衔接机制，如学分制、学习成果认证制度等，使职业教育适应技术技能人才的终身发展需求。①

2. 健全校企合作法律法规制度。一是健全校企合作相关的法律法规制度。政府要在职业教育发展战略上做好规划与引导，以立法形式构建适合制造业技术技能人才成长与发展的职业教育制度，明确政府、职业院校、学生、企业等各相关主体的权利、义务。二是细化法律法规条文，增强可操作性。政府、职业院校、企业等要根据具体情况细化相关制度，提高政策执行力，如细化职业教育财政资金保障条例，明确企业享有的财政补助、税收减免、人才倾斜等政策。三是健全校企合作监管制度。实践中，为保障校企合作有效运行，需对校企合作过程进行监管，定期进行总结与评价。

第三节　德国双元制职业教育如何应对工业 4.0

双元制职业教育是德国职教体系的核心组成部分，是保持和增强德国经济竞争力和创新力的支柱。伴随信息化技术促进产业变革为标志的工业 4.0 时代的来临，制造业面临行业格局的变迁、技术进步的挑战以及高学历化的压力，尤其是面对突如其来的新冠肺炎疫情等，双元制如何实现转型并蓬勃发展？对此，德国加紧战略布局，针对工业 4.0 时代产业发展的新特点和新需求，推动双元制职业教育体系变革，引导职业教育适应形势变化，满足未来社会发展需求。这些举措巩固了德国双元制职业教育的优势，保持和增强了双元制职业教育的吸引力，其实践经验值得我们借鉴。

---

① 郭文富，马树超. 现代职业教育体系建设的制度配置思考[J]. 中国高教研究，2017(10)：83-87.

一、工业4.0：机遇与挑战并存的大变革

（一）工业4.0的基本特征

工业4.0被认为是第四次工业革命的标志，于2013年4月在汉诺威博览会上由德国正式提出，是德国《国家高技术战略2020》十大重点项目之一，也是德国振兴工业的国家级战略。德国引入工业4.0是基于综合考虑的主动选择，是振兴德国经济、保持工业竞争力的必由之路。迄今为止，德国工业竞争力主要集中在机械制造、汽车和化工等行业，随着产业分工的精细化和复杂化，生产过程优化就成为保持竞争优势的关键因素。相关数据表明，与常态化发展模式相比，如果引入工业4.0，2030年德国国内生产总值会增加4%，失业率会降低20%，人均收入将提高4%；此外，工业4.0还可以通过提高生产率的方式解决德国劳动力数量不足的问题。①

工业4.0既是一个内涵丰富、动态变化的概念，又是一个演化、渐进式创新的过程，② 是整个工业生产过程的根本性变革，也是前所未有的一个大变革时期。经济与科学研究协会将工业4.0定义为将CPS（Cyber-Physical Systems）技术广泛运用到工业生产过程和物流领域，同时通过网络将物品或者服务进行全方位连接的智能化的新型工业生产模式。此外，它涵盖了对生产环节和商业模式所带来的影响，以及对配套的服务措施和工作组织的要求。③因此，工业4.0的核心有两点：一是技术的革新，包括仿真技术、自主机器人、大数据分析、增材制造、云计算、虚拟现实、水平和垂

---

① Vogler-Ludwig K, Duell N, Kriechel B. Arbeitsmarkt 2030-Wir tscha ft und Arbeitsmark tim digitalen Zeitalter[M]. Bielefeld：W. BertelsmannVerlag, 2016：24.

② 国务院发展研究中心课题组. 借鉴德国工业4.0推动中国制造业转型升级[M]. 北京：机械工业出版社, 2017：30.

③ Kagermann H, Wahlster W, Helbig J. Deutschlands Zukunft als Produktionsstandort sichern；Umsetzungsempfehlungen fuer das Zukunftsprojekt Industrie 4.0. -Abschlussbericht des Arbeitskreises Industrie 4.0. [R/OL]. [2021-12-21]. http：//www. innovation4.cn/library/r794.

直的系统融合、工业物联网、网络安全等核心技术是工业 4.0 的重要支柱；二是人对于设备、工件以及智能网络组成的复杂系统的动态管理。①

在整个工业生产过程变革的基础上，工业 4.0 呈现出数字化、网络化、以人为中心、模块化和大生态等体现时代气息的特征，不仅使得生产更加持续且富有效率，满足个性化需求的服务导向也使得工作世界变得更加人性化。一是数字化，数据成为重要的生产要素，实现了机器的智能化、网络化，生产的自动化、实时化和监控的虚拟化。二是网络化，将设备、技术、产品、服务紧密地以数字化的形式连接成一个网络。三是以人为中心，数字化互联以及特定技术的协同与集成都是以人（用户、生产者、管理者、员工）为中心决策者来实现，以服务为导向，满足个性化的需求。四是模块化，为适应不断变化的需求，模块化的系统可以灵活地替换不同的模块或扩展单个模块的功能。五是大生态，以人为中心构建起数据化的互联互通的生产网络，工业 4.0 利用新的工业平台构建起比原先更为广泛和宏大的生态系统。

（二）工业 4.0 对德国双元制的影响

1. 岗位需求的变化

工业 4.0 带来的经济社会和产业结构的转型升级，引起了德国劳动世界的职业结构、工作任务的根本性变化。劳动过程的数字化、智能化一方面使得机器/技术越来越能够执行标准化、流程化、规律性的常规任务，使人得以从重复性、机械性任务中解放出来；另一方面使得新职业大量涌现，人在职业活动中的工作任务及其比重发生变化，转而从事知识密集型及技能技术专精型任务。②作为在德国职教体系中占有重要份额的双元制，劳动力市场中职业结构的变化对劳动力提出了新的技能要求，引发岗位结构和数量的变化。

一是体现在国家颁布的职业教育专业目录中，以机电行业为例，"教

①　陈莹. "工业 4.0"时代德国职业教育与高等教育融通研究[J]. 比较教育研究，2018，40(4)：94-100.

②　唐慧，谢莉花. 德国教育体系中融通机制的构建：政策、举措与经验[J]. 德国研究，2021(2)：54-71，133-134.

育职业"数量总共有 19 个，其中 12 个受到工业 4.0 的直接影响，尤其是自动化技术电工、机电工、工业机械师和驱动技术电工等领域发生极大变化。① 二是表现在生产实践中，知识与技术密集型相关职业规模增长较快。根据德国联邦政府官方统计，德国在由 54 个职业领域和 63 个经济部门组成的单位中，原有的 49 万个就业岗位将不复存在，机器和设备控制及维护行业的人才需求将会下降，而服务行业、IT 行业等领域人才需求将会显著增加，预计未来 10 年就业人数将增加 6%。②

2. 培养目标的变化

以往双元制职业教育的总目标是提供广域的、基本的职业训练和所需要的资格和能力。工业 4.0 背景下双元制职业教育的培养目标需要从以往的简单操作工转型为具有极高分析问题、解决问题能力的高级专业人才，更加强调高级技术、数字化以及非数字化等一些关键能力培养。第一，工业 4.0 背景下的工作会更多地与机器人、智能设备等相关，因此掌握软硬件开发、机器人开发、IT 架构、数据分析与人工智能等高级技术成为未来工作不可或缺的专业能力。第二，强调数字分析、数字技术应用和数字化学习能力。由于机械电子部件和系统的大规模应用、信息物理系统的互联使得实际进行生产计划和管理的员工将面临大量的信息和数据，他们必须具备解释、分析数据并作出决策的能力。因此，具备基本的数字素养、能够进行数字化与学习、掌握数据伦理等基本的数字技能也成为重要的职业能力。第三，除了从行为主义的角度重新考量工业 4.0 背景下新的生产方式对学徒专业技能层面的要求，还需要根据工业 4.0 所带来的企业组织性质、形态和管理方式的变化，从组织和个人的双重维度去提炼员工所需要的综合能力要求，包括跨领域复杂环境下的工作能力和协调能力、适应性、终身学习能力、解决能力、跨文化交流能力、创造力等实现自身职业

---

① Bayerischer Unternehmensverband Metall und Elektro e. V. &Verband der Bayerischen Metall- und Elektro-Industrie e. V.. Industrie 4. 0-Auswirkungen auf Aus- und Weiterbildung in der M+E Industrie[R/OL]. [2021-12-21]. http://www.baymevbm.de.

② Weber, Enzo. Industry 4. 0-job-producer or Employment-destroyer? [J]. Mpra Paper, 2016: 1-6.

可持续发展的关键能力。第四，工业 4.0 背景下，强调组织内个体影响力和自我效能的发挥，员工在生产制造过程中的角色将由服务者、操作者转变为规划者、协调者、评估者，因此需要企业员工能够在组织机构中成为更积极主动的动能主体，充分发挥其在组织中的自我效能。①

3. 学徒门槛的变化

工业 4.0 的一个突出特征是工作将变得更加复杂，需要更多的知识，这一变化趋势要求从业者具备更高的资质水平，学历变得更加重要。一般来说，德国双元制职业教育申请者按照资质不同分为高、中、低三等，高等资质对应文理中学毕业生（此类申请者同时具备就读大学的资格），中等资质对应实科中学毕业生，低等资质对应主要中学毕业生（职业预科）。②从 2009—2019 年 10 年间每年新签订职业教育培训合同的学员资质来看（见图 4.3），实科中学毕业生和具有高等教育入学资格者成为双元制职业教育

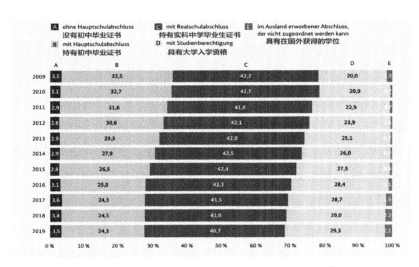

图 4.3　新签订培训合同的学员以前的学校教育③

①　李一. 德国面向工业 4.0 需求的职业能力体系构建与启示[J]. 职业技术教育，2017(34)：69-73.

②　陈莹. "工业 4.0"时代德国职业教育与高等教育融通研究[J]. 比较教育研究，2018(4)：95.

③　BMBF. Berufsbildungsbericht 2021[R]. Bonn：BMBF，2021：57.

的两个最大学生群体，占 60%～70%。而主要中学作为传统双元制职业教育中的最大人群，持有主要中学毕业证书的学生从 2009 年的 32.5%，下降到 2019 年的 24.3%。总体来看，随着工业 4.0 发展对学生基础教育水平要求的提高，德国普通中等教育结构已发生明显变化，只接受 9 年义务教育的主要中学规模显著缩小。由此可见，工业 4.0 背景下双元制职业教育对学习者基础教育水平要求不断提高。

(三)工业 4.0 背景下德国双元制发展的掣肘因素

双元制(Dual System)是一种企业相对主导，企业与学校共同为企业培养人才的职业教育制度和教学方式。①根据《联邦职业教育法》，德国政府以"国家承认的教育职业"(Anerkannte Ausbildungsberufe)形式颁布职业教育专业目录(德国将职业教育的"专业"称为"教育职业"，其意指能覆盖多种社会职业而用于职业教育的职业)，②学生则依据此目录选择自己感兴趣的职业后在就业市场上应聘相应的企业岗位，并与企业签订《职业教育合同》，企业根据相应的教育职业进行企业教学。因此，学生、岗位和合同构成了双元制职业教育体系的基础三角结构。申请实习岗位的学生人数、企业提供的实习岗位数和每年新签订的合同数反映着双元制职业教育发展的主要态势。如图 4.4 所示，这三组数据在 2010—2020 年总体均呈平行、缓慢下降趋势，德国双元制职业教育市场呈现出明显"萎缩"之势，尤其是在 2019—2020 年受新冠肺炎疫情的影响，下降更为剧烈。

1. 生源数量危险性下降

由图 4.4 可知，申请实习岗位的学生人数在 2010—2020 年减少了94695 人，约 14.8%。虽然 2020 年的培训市场受突发的新冠肺炎疫情影响较大，但总体而言，对培训名额需求的下降并不完全是由于新冠肺炎的影

---

① 陈东. 德国职业教育《"培训职业"目录》特点及启示[J]. 中国职业技术教育，2021(29)：48-53.

② 姜大源. 德国"双元制"职业教育再解读[J]. 中国职业技术教育，2013(33)：5-14.

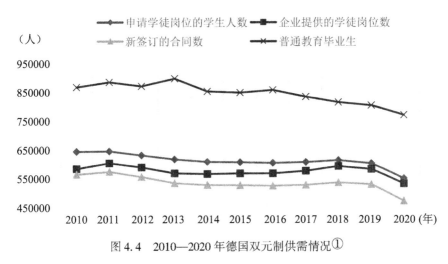

图 4.4　2010—2020 年德国双元制供需情况①

注：1. 2020 年的普通教育毕业生人数为预计人数；
　　2. 在联邦职业教育研究所（BIBB）出版的《职业教育发展报告》中通常将申请
　　　双元制学生视为市场需求量，将企业提供的学徒岗位数视为市场供应量。

响，而是与德国的人口结构以及接受更高学历教育的趋势有关。一方面，
人口问题是德国社会经济发展面临的巨大挑战之一，根据德国《第 14 次协
调性人口预测的假设与结果》，即使采用最利好的数据模型和期待较多的
移民数量，德国人口结构还是偏离了经典的人口金字塔结构。人口数量持
续下降、人口老龄化进一步加剧等问题直接影响劳动力市场人才的供需关
系。近年来德国普通教育学校的毕业生人数大幅下降，2020 年普通教育毕
业生比十年前减少了约 97913 人，约 11%（2010 年：865316 人；2020 年：
767403 人），如图 4.5 所示。另一方面，从德国离校生人数的结构来看，
可以观察到更高学历的趋势。在所有离校生中，持有初中毕业证书的学生人
数（作为传统双元制教育的最大生源群体）在 2005 年之后大幅下降，而具有
大学入学资格的人数则显著上升，说明越来越多的年轻人更倾向于大学

　　① BIBB. Datenreport zum Berufsbilungsbericht 2021［R］. Bonn：BIBB，2021：16，
17，38.

学习。

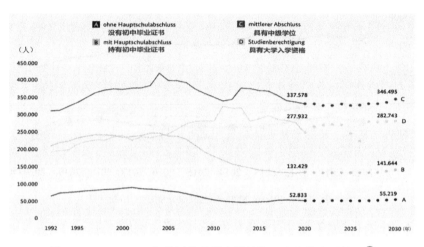

图4.5　1992—2030年德国普通教育学校毕业生人数发展情况①

2. 双元制培训市场供需结合困难

一部分企业招不到学徒，还有一部分学生找不到学徒岗位，这导致了新签订合同数量的下降，2020年相较于2010年减少了约92475份，约16.5%。一方面，企业提供的培训名额空缺越来越多。由图4.6可知，截至2020年9月有59948个职位空缺，与2009年（17766个）相比，数量增加了两倍多。根据2020年BIBB资格认证小组的调查结果，46%的受访公司无法填补他们提供的部分或全部培训名额，小企业在填补培训岗位方面则更加困难。②另一方面，申请者无法匹配到合适的培训岗位，其职业需求无法被满足。由图4.7可知，在双元制申请人数连年下降的背景下，申请者中未成功匹配岗位的比例却上升了约2%（2010年，12.6%；2020年，14.3%）。造成上述现象的原因主要有两个③：一是区域经济发展不均衡。

①　BMBF. Berufsbildungsbericht 2021[R]. Bonn：BMBF，2021：25.
②　BMBF. Berufsbildungsbericht 2021[R]. Bonn：BMBF，2021：62.
③　郭赫男. 德国双元制新观察：我们到底应该向它学什么？[J]. 中国职业技术教育，2020(15)：57-62.

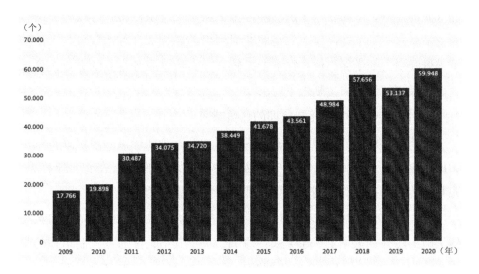

图 4.6 2009—2020 年德国双元制职业教育中的职业培训职位空缺①

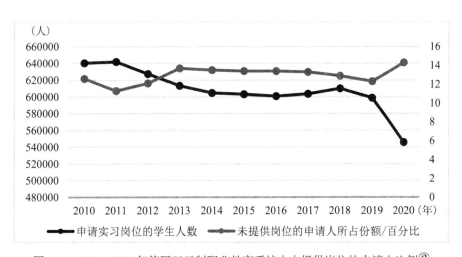

图 4.7 2010—2020 年德国双元制职业教育系统中未提供岗位的申请人比例②

① BMBF. Berufsbildungsbericht 2021[R]. Bonn：BMBF, 2021：63.

② BIBB. Datenreport zum Berufsbildungsbericht 2021[R]. Bonn：BIBB, 2021：22.

具体来说，大部分德国东部的学生更偏向于去经济发展相对较好的德国西部或北部学习，因此导致德国东部大量学徒岗位空余，而西部或北部则有大量学生找不到学徒岗位。二是职业吸引力差距较大，餐馆服务员、清洁员等低吸引力的学徒岗位往往空置率较高，而信息服务行业的专业人员等吸引力较高的学徒岗位则供不应求。

3. 中小企业参与双元制培训的热情减退

由图4.4可知，2020年，参与德国双元制的企业提供的岗位数相较于2010年减少了52425个，约9%，这与参与双元制的企业数量下降有关，尤其是传统上参与双元制的主体企业——中小企业的数量下降有关。如表4.1所示，2009年到2019年的10年中，参与职业教育培训的企业数量总体呈减少趋势，减少了55354家，约11.5%。其中，参与双元制培训的中小企业(1~249名员工)在10年间减少了约12.3%，为57585家，而大型公司(250名及以上员工)参与双元制培训的数量在10年间却增加了19.1%，为2231家。这是因为相较于大公司，由于供需矛盾等因素导致中小企业招聘学徒困难，近些年培训成本不断上涨，吸引力较低且资金有限的中小型企业参与职业教育的积极性降低，退出培训市场的现象更为普遍。

4. 德国双元制与工业4.0需求契合不够

工业4.0时代新生产模式背景下新工作范式对劳动者提出新的资格要求，要求职业教育必须围绕新的人才培养目标更新职业教育专业教学标准体系。然而，目前德国"教育职业"标准调整速度与工业4.0时代生产模式的变革速度不适应。德国"教育职业"标准调整必须经过雇主、工会和政府反复协商，到新标准的出台通常需要3~4年，再加上4年职业教育，需要约8年时间才能将第一批毕业生送到劳动力市场上。相对于工业4.0生产技术更新速度，8年时间显然太过漫长。[1]另外，职业教育专业标准更新方

---

① Bayerischer Unternehmensverband Metall und Elektro e. V. & Verband der Bayerischen Metall- und Elektro-Industrie e. V.. Industrie 4.0-Auswirkungen auf Aus- und Weiterbildung in der M+E Industrie[R/OL]. Erstellt von der Universitaet Bremen, 2016：111-112. http://www.baymevbm.de.

表 4.1 2009—2019 年德国各类型企业参与职业教育培训配额情况①

机构	2009	…	2014	2015	2016	2017	2018	2019
小型企业（1~9 名员工）								
机构总数	1653446		1671587	1675301	1675052	1674337	1669463	1667221
▲培训公司	263294		207160	200340	195789	192157	187759	182981
▲培训公司所占比例	15.9		12.4	12.0	11.7	11.5	11.2	11.0
小型企业（10~49 名员工）								
机构总数	320398		352052	362321	371081	379505	386673	393112
▲培训公司	153366		155199	157099	159011	161952	164742	166926
▲培训公司所占比例	47.9		44.1	43.4	42.9	42.7	42.6	42.5
中型公司（50~249 名员工）								
机构总数	76141		84015	86560	88896	91162	93009	94113
▲培训公司	52799		56300	57440	58625	59880	61164	61967
▲培训公司所占比例	69.3		67.0	66.4	65.9	65.7	65.8	65.8

① BMBF.Berufsbildungsbericht 2021［R］.BMBF,2021:34.

续表

机构	2009	…	2014	2015	2016	2017	2018	2019
中小企业总数（1~249名员工）								
机构总数	2049985		2107654	2124182	2135029	2145004	2149145	2154446
▲培训公司	469459		418659	414879	413425	413989	413665	411874
▲培训公司所占比例	22.9		19.9	19.5	19.4	19.3	19.2	19.1
大型公司（250名及以上员工）								
机构总数	13723		15148	15524	15987	16403	16759	16988
▲培训公司	11676		12462	12617	12950	13238	13622	13907
▲培训公司所占比例	85.1		82.3	81.3	81.0	80.7	81.3	81.9
所有机构（总数）								
机构总数	2063708		2122802	2139706	2151016	2161407	2165904	2171434
▲培训公司	481135		431121	427496	426375	427227	427287	425781
▲培训公司所占比例	23.3		20.3	20.0	19.8	19.8	19.7	19.6

式也难以满足工业 4.0 的需求。合并现有的职业教育专业并非理想选择，譬如将机械、电子和信息技术专业进行合并，虽然扩大了专业的适应范围，但由于专业覆盖面太广，中小企业很难开展相关培训，是否能达到足够专业深度也存在很大疑问；实行附加资质模块的方案又过于保守，特别是在现有培训框架和内容基本不变的情况下，所培养的人才很难满足工业 4.0 时代生产模式变革的要求。①

二、工业 4.0 背景下德国双元制的主要发展维度

（一）秉轴持钧：推进数字化转型

数字化建设是德国职业教育应对工业 4.0 发展策略的关键所在。为了更好应对未来社会发展的需要，保障和促进工业 4.0 的发展，德国在联邦政府引领下，以对未来工业发展的预测，以及工业人才需求、资质研究为基础，用教育 4.0 推进工业 4.0，以职业教育数字化作为核心主题之一。

2016 年，德国联邦政府颁布《面向数字化知识社会的教育行动》战略，将数字化教育作为德国中长期（至 2030 年）教育改革的重点内容。德国联邦教育部（BMBF）、联邦职教所（BIBB）在 2016 年联合提出"职业教育 4.0"的概念，其核心是推进职业教育数字化建设，通过职业教育结构的快速调整有效对接德国高技术产业发展。②具体来说，主要从三个方面规划核心任务：一是加强数字能力培养，将数字能力作为所有劳动者的核心素养，提高师资队伍和学生的数字媒体能力。二是加强数字基础设施建设投入，德国着眼于数字化，加强职业院校、企业、跨企业培训中心的基础设施建

---

① 陈莹. 德国职业教育对工业 4.0 的回应：提升劳动者数字能力[J]. 比较教育研究，2019(6)：90-97.

② 胡德鑫. 新世纪以来德国职业教育质量保障的基本路径与支撑机制研究[J]. 中国职业技术教育，2020(15)：63-70.

设。联邦教育与研究部门专门出台项目"提高跨企业培训中心的数字化程度（2016—2019）"用以改善跨企业培训中心的条件。该项目计划在三年内投入 8400 万欧元，用以重新设计培训内容、购买数字化设备以及开发创新型项目。对于职业院校，联邦政府于 2017 年启动"数字化一揽子计划"，在五年当中投入 50 亿欧元，用于进行数字化基础设施建设。三是改革项目资助方式。以企业培训为改革抓手，推进重点项目扶持。联邦政府将中小企业作为重点扶持对象，出台了两个专门项目为中小企业提供专业咨询，针对具体职业的培训内容、教学方法提出建议。一是联邦政府项目"工业4.0 对中小企业职业教育和继续教育的影响（2017—2020 年）"，投入 1340 万欧元。该项目旨在促进中小企业对数字化带来的劳动力资质变化及早作出反应并采取相应措施。二是联邦政府项目"数字化时代的职业教育——针对中小企业的解决方案（2017—2020）"，资助金额高达 109 亿欧元。它包含的 20 个子项目遍布德国各地，覆盖手工业、工业、商业和农业等领域的多个行业；采取一系列策略对现有员工进行培训以及重新设计新的培训模式，调整培训的内容、流程、教学设计以及方法，强调提升数字能力的重要性。①

（二）锚定方向：提升高质量可持续发展能力

进入 21 世纪以来，可持续发展成为国际职业教育的重要议题，联合国教科文组织（UNESCO）倡导各国政府将可持续发展原则纳入其教育战略和行动计划。德国的可持续发展原则之一就是将教育、科学和创新作为推动可持续发展的动力，并将"确保包容和公平的优质教育，让全民终身享有学习机会"列为 39 个可持续发展目标之一（见表 4.2）。德国推动双元制职业教育可持续发展大致包括两条路经。

---

① BMBF. Ausbildung im digitalen Wandel-Strategie fuer kleine und mittlere Unternehmen［R］. Frankfurt：Druckund Verlagshaus Zarbock GmbH & Co. KG，2017：10-41.

表 4.2　德国教育领域衡量可持续发展工作的关键指标①

序号	指标领域可持续发展要求	指标	目标	状况
可持续发展目标 4：确保包容和公平的优质教育，让全民终身享有学习机会				
4.1.a	教育 持续提高教育和资质水平	辍学学生	到 2030 年将比率降至 9.5%	
4.1.b		接受高等教育者和高等职业教育者（30 岁至 34 岁拥有高等教育文凭或中等以上、高等以下教育文凭者）	到 2030 年将其比例提高到 55%	
4.2.a	为家庭提供机会改善家庭与工作的可兼顾性	为儿童提供全日制看护：0 岁至 2 岁的儿童	到 2030 年升至 35%	
4.2.b		为儿童提供全日制看护：3 岁至 5 岁的儿童	到 2020 年升至 60%，到 2030 年升至 70%	

注：《德国可持续发展战略》用气象符号来表示对预计实现目标程度的评估。表示（基本）可以达到目标；表示发展趋势正确，但与目标还有 5% 至 20% 的距离；表示发展趋势正确，但还存在 20% 以上的差距；表示发展趋势错误，形势严峻。

　　一是持续提升双元制职业教育质量，学生辍学比率到 2030 年降至 9.5%，接受高等教育和高等职业教育的学生比例到 2030 年提高到 55%。具体为：第一，构筑严格的职业教育质量保障体系，包括质量标准体系、

条件保障体系、教学管理体系和评价检测体系。①实践中，通过借鉴全面质量管理思想、完善职业教育法律/政策体系、多样与统一兼顾的质量标准体系、内部评价与外部评价有效结合，以及政府宏观调节与企业/行业协助等维度为职业教育质量保障体系有效运行提供支撑机制。② 第二，对学生进行潜力分析和职业规划指导，联邦政府通过开展各种项目，以"潜力分析"和"职业规划指导"的方式对学生职业道路的选择进行科学指导③，促进学生的个性化发展，为工业 4.0 时代产业变革培养符合要求的多层次、多类型人才。第三，建立职业教育多元信息平台，为受教育者提供更多职业教育选择路径。德国教育研究所出资、职教研究所开展"职业培训+"项目(Ausbildung Plus)，建立资格课程及证书信息官方数据库，为企业、应用科技大学等职业教育的提供者发布双证培训信息提供免费服务平台。④

　　二是构建终身职业教育体系，培养终身学习能力。工业 4.0 时代，新知识、新技术不断涌现，从业者需要具备更强的社会适应性，不断提高自身专业知识储备和技术能力，具备终身学习能力。一方面，提升双元制学徒的终身学习能力；另一方面，鼓励继续教育发展，构建职业继续教育多元化模式，拓宽职业教育的受众范围，吸收年轻父母、移民人口、辍学人口等接受职业教育。联邦政府通过出台专项计划、提供财政支持、设立继续教育在线咨询平台和国家信息服务热线等途径，将终身教育提高到国家战略层面，促进受教育者教育机会公平。2005 年，在德国《职业培训法》中明确了兼职完成双元制职业培训的可能性。德国可持续发展战略更是将为

　　① 余亚微，陆明克. 德国双元制职业教育质量保障体系[J]. 职教论坛，2016 (25)：87-91.
　　② 胡德鑫. 新世纪以来德国职业教育质量保障的基本路径与支撑机制研究[J]. 中国职业技术教育，2020(15)：63-70.
　　③ 胡茂波，王运转，朱梦玫. 德国职业教育契合"工业 4.0"发展的策略及启示 [J]. 现代教育管理，2016(10)：92-97.
　　④ 胡茂波，王运转，朱梦玫. 德国职业教育契合"工业 4.0"发展的策略及启示 [J]. 现代教育管理，2016(10)：92-97.

家庭提供继续教育机会列为衡量可持续发展工作的关键指标，通过提升儿童全日制看护的比例改善家庭与工作的可兼顾性。非全日制双元职业培训尤其为年轻父母提供了灵活调整培训时间以及多途径参与职业培养的机会。

（三）更新理念：能力导向型职业教育

能力导向（Kompetenzorientierung）是近些年德国职业教育发展的方向，强调授予学生可以胜任不断变化的工作世界中职业活动所需要的能力。①工业 4.0 背景下，德国双元制职业教育改革特别强调以能力为导向。具体来说，一是注重学习结果，二是强调综合职业能力培养。

标准制定侧重点的转变，导向注重学习结果的应用，过程与结果导向并重。在德国以往的双元制职业教育体系中，过程导向作为贯穿德国职业教育标准制定、教学实施过程以及结果评估的基本原则，是双元制教育能满足工业发展需求并在世界范围内产生广泛影响的重要原因。随着终身教育思潮的发展、教育体制的变革以及德国教育及经济发展的新需求，德国双元制职业教育开始由过程导向转向过程与结果导向并重。德国资格框架（Deutsche Qualifikationsrahmen，DQR）是对德国教育资格进行类型划分和等级归类的工具，覆盖所有教育领域，以及普通教育与职业教育之间的等值对应标准，目前包含了职业教育与培训体系和高等教育体系的资格，普通教育资格也将纳入其中。德国资格框架的核心是对教育资格/能力标准的规定，通过对学习者所具备的知识、能力等作出标准化、规范性的评判，以学习结果（Outcome）作为资格评判的主要标准。德国资格框架的学习结果导向基本思想区别于输入（Input）控制的先定的教学计划与内容、过程（Prozess）控制的学习过程组织、输出（Output）导向的直接学习效力，而是以学习者在实践中和日常生活中对学习结果的运用为直接判断依据。

---

① 谢莉花，余小娟. 能力导向的职业教育条例设计[J]. 外国教育研究，2018（3）：18-34.

实际上，学习结果导向并不意味着对学习过程和教学内容的忽略或舍弃，而是以学分量化的形式将其纳入学习结果，体现了过程与结果导向并重。①

能力标准的转变，从行动导向到能力导向，从职业行动力到综合职业能力。德国以往的职业教育理念是行动导向型（Handlungsorientierung）的，侧重于包含信息、计划、决策、实施、检查和评价等多个环节的完整的职业教育行动过程，即培养学生做事情的能力——职业行动能力。近年来，德国双元制职业教育标准制定超越了仅仅强调职业能力对于职业世界的重要性，而转向了对个体综合素质及行动能力的要求。例如，德国资格框架中除了对个体要求的职业能力，增加了对个体终身学习能力的要求。

（四）职业教育+：推动普职制度同形

工业4.0背景下，人才培养模式与经济发展需求之间的矛盾日益凸显，接受高等教育的人数日增与高素质技能型人才严重短缺并存。为保证实体经济发展不因技能型人才匮乏而受损，同时积极拓展技能型人才的培养途径和职业生涯发展空间，德国政府推出"职业教育+"政策，包括附加职业资格学习、职业进修教育和双元制高等教育三大措施以纾解技能人才困局。② 附加职业资格学习和职业进修教育是在双元制中等职业教育基础上进行的。附加职业资格培训鼓励学生在获得职业教育学历证书的同时，积极取得多类职业技能证书，这与我国的"1+X"证书制度（学历证书+若干职业技能等级证书）高度相似。通过附加职业资格培训的毕业者可以获得技师、经济师等职称，对应德国资格框架的第六级，等同于学士。职业进修

① 谢莉花，余小娟. 德国资格框架实施背景下能力导向的职业教育条例设计[J]. 外国教育研究，2018(3)：18-34.

② Bundesinstitut für Berufsbildung. AusbildungPlus [EB/OL]. [2021-12-01]. http://www.ausbildungsplus.de.

教育指的是在职业继续教育领域实现职业晋升的措施，根据德国《职业教育法》①，完成职业进修教育并通过相应考试后，可获得职业行家、专业学士和专业硕士三级学位，对应德国资格框架中的第五、六、七级。双元制大学是沿袭双元制特征而在高等教育领域进行的学习形式，包含高校理论学习和企业实践学习两个阶段，将学术教育与职业技能紧密结合，是双元制中等职业教育的升华。

如上所述，在德国的"职业教育+"政策中，双元制职业教育出现了学术化的发展态势，而普通高等教育则日益职业化，职业教育和普通高等教育之间的通透性、流动性日益增强，凸显了职业教育与普通高等教育在制度建设上的同形。②"附加职业资格学习"和"职业进修制度"所获得的与高等教育等值的职业教育学位制度，是一种纵向的教育层次和价值的制度同形；双元制高等教育采取"企业+高校"的双元学习地点，则是一种横向的教育形式和内容的制度同形。两条相互模仿的路径以及德国对职业教育与普通教育之间的融通机制的积极构建，推动了教育路径的灵活转换，协调了职业教育与普通教育之间长期以来的严格分野关系。既给予人才成长所需教育和职业发展的广泛可能性，又满足了工业 4.0 背景下现代制造业发展对职业技能人才培养的要求和期望，增强了职业教育的吸引力，促进了职业教育的可持续发展以及德国现代化教育体系的全面形成。

三、德国双元制改革对我国职业教育发展的启示

(一)推动职业教育数字化转型

数字化是工业 4.0 背景下职业教育改革的重点和发展趋势，借鉴德国经验，我国应积极推进职业教育的数字化建设。一是借鉴德国在职业教育

① 刘立新，张凯. 德国《职业教育法(BBiG)》——2019 年修订版[J]. 中国职业技术教育，2020(4)：16-42.

② 姜大源. "教育+"格局构建刍议——从德国"职业教育+"看新制度主义同形理论的映射[J]. 中国高教研究，2022(1)：96-101.

数字化建设中的战略规划以及重点项目建设实践经验，我国应加强职业教育数字化顶层设计，制定长期的职业教育数字化建设战略。二是注重培养劳动者数字能力。德国对劳动者数字能力内涵的理解相当宽泛，涵盖了与专业能力和社会能力相关的广泛职业能力，是职业行动能力的有机组成部分，远远超出了单一职业能力的培养要求。我国职业教育应结合经济社会发展要求制定劳动者数字能力培养指标。三是保障技术创新，通过建设数字研究与创新中心，专注于职业教育数字化建设，打造数字化教学平台、数字化教学资源建设，完善数字化基础设施建设，适应数字化时代职业人才培养的需要。四是探索数字化改革项目，借鉴德国的数字化项目建设经验，积极推进和实施数字媒体融入、数字课程开发等职业教育改革项目。五是重视多主体职业教育协作。借鉴德国职业学校、企业和跨企业培训中心协作参与职业教育人才培养的经验，我国职业教育需要职业学校和行业企业全方位、全过程共同参与人才培养过程以及专业建设、课程教材建设、师资建设、教学改革、评价考核等活动。①

(二)树立能力导向和可持续职业教育发展理念

近年来，德国职业教育人才培养强调以能力为导向，培养学生的适应性、灵活性以及综合能力。这也是我国职业教育未来发展的方向。在劳动密集型就业市场背景下，我国职业教育发展在很大程度上满足了就业市场的人才需求。工业4.0背景下，创新驱动的行业生产模式的变化对职业人才的高素质要求，使得行动导向型职业教育发展理念已不适应我国经济社会发展的需要，应尽快转变职教发展理念，发展能力导向型职业教育。一是完善职业教育资格认证体系，以学习结果评价为核心，建立过程与结果导向并重的质量保障体系。二是从职业行动能力到综合职业能力。既要强调学生"做事情"的能力，又要培养学生创新思维能力。将职业教育标准纳

---

① 李文静，吴全全. 德国"职业教育4.0"数字化建设的背景与举措[J]. 比较教育研究，2021(5)：98-104.

入综合职业能力培养要求，并落实到课程建设、专业建设以及实习实训等人才培养的全过程。三是积极开发未来职业能力体系或框架。职业能力开发是职业教育培养规格和教学内容变革的基础。我国应积极借鉴德国职业能力框架、未来职业技能开发等方面的经验，创新人才培养专业及课程教学标准。

可持续发展理念是全球教育治理的重要议题，强调培养个人可持续发展的能力，如系统思维、预期能力、解决问题能力、学习能力等，从而为推动个人和社会的可持续发展提供必要的支持。①德国将可持续发展作为职业教育变革的核心主题之一，通过持续提升职业教育质量以及倡导终身学习能力的培养，大力发展职业继续教育，保障德国制造业的竞争优势和可持续发展。在我国制造业转型升级以及制造强国战略背景下，要着力强化经济社会发展与职业教育发展的协同效应，并在经济社会可持续发展中提升职业教育品质。要将可持续发展理念转化为职业教育发展新动能，不断提升职业教育质量；增强职业教育的开放性、灵活性，拓宽职业教育进入和分流路径；完善非全日制职业继续教育体系，激励全民终身学习。

(三)构建职业教育的融通机制

德国教育体系的融通机制既维系了传统职业教育的路径，又提供了在不同教育系统之间自由选择的机会，调节了职业教育与学术教育之间的关系，职业教育领域体现出边界柔性化、教育类型合作化等特征，给予学生充分成长所需的教育供给，满足了社会对于复合型人才的社会期望，是提升职业教育吸引力并促进职业教育发展的重要举措之一。②

基于德国经验，我国应建立和完善教育体系融通机制。一方面，市场需求的变化、执业资格制度的新要求以及企业对毕业生聘任标准的新变

---

① UNESCO. Issues and Trends in Education for Sustainable Development[M]. Paris：UNESCO，2018：44.

② 唐慧，谢莉花. 德国教育体系中融通机制的构建：政策、举措与经验[J]. 德国研究，2021(2)：54-71，133-134.

化，都要求对职业教育人才培养模式和质量标准进行适应性变革。另一方面，长期以来，我国职业教育与普通教育之间呈现出明显的割裂状态，职业教育发展长期受到忽视。①构建教育体系的融通机制，促进职业教育体系的纵向向上延伸有利于打破职业教育与高等教育之间的藩篱，既有利于提升职业教育的质量和地位，又为学生的个人发展提供了更为多样化的发展选择。一是做好教育政策的顶层设计，建立国家资历框架，完善现代职业教育体系，统筹职业教育与其他类型教育协调发展。二是探索教育体系融通机制的多种实现模式，构建学术教育与职业教育合作开放机制，为职教学生提供多元开放的发展可能性，以及获取优质教育资源和实现教育公平的制度保障，培养高素质职业应用型人才。三是打造融通机制实现的政策工具，建立体现学历资格与职业资格等值性、可比性和透明性的国家资格框架，以及等值的学分转换体系，使得职业教育体系融通机制具有较强的可操作性。

（四）完善职业教育质量保障体系

质量保障体系建设是职业教育健康发展以及提升职业教育社会声誉的根本。

一是完善职业教育标准。借鉴德国资格框架以及职业教育条例，我国应明确政府及相关部门的职责，通过安排准入专项资金、完善第三方服务机构职能，推动构建职业教育质量标准体系，规范职业教育与职业培训、技能鉴定、资格证书制度。2019年颁布的《国家职业教育改革实施方案》明确提出"构建职业教育国家标准"；"国务院人力资源社会保障行政部门组织制定职业标准，国务院教育行政部门依照职业标准牵头组织开发教学等相关标准"。本质上讲，职业教育是教育体系和劳动体系耦合机制的产物，实践中应注重职业教育教学标准与职业标准的联动机制建设。

二是完善以学生发展为中心，以服务制造业为导向的职业教育质量保

---

① 潘懋元. 建立高等职业教育独立体系刍议[J]. 教育研究，2005(5)：26-29.

障体系。借鉴德国职业教育质量保障模式，建构我国职业教育质量保障标准和质量保障模式，并以法律形式确立职业院校的质量保障制度体系。首先，明确我国职业教育质量保障目标，明确多元主体责任，完善职业教育质量治理框架。其次，构建科学合理、操作性强的职业教育质量指标体系，重视职业教育常规质量检测，统筹检测教师教学质量与学生学习质量，确保职业教育质量保障体系的效度。①最后，建立职业教育质量保障的沟通机制，完善政府、院校、企业、教师、学生等多元主体协同治理体系；建立职业教育质量评价的多元化信息反馈机制，以及政府、职业院校、行业企业、人才市场之间的信息联动机制。

---

①　唐智彬，贺艳芳. 当前国际职业教育发展主题及我国的改革走向[J]. 河北师范大学学报(教育科学版)，2021(3)：82-92.

第五章　现代职业教育体系的现代学徒制建构

第一节　大国工匠培养与现代学徒制建设

当前，全球已进入"工业4.0"时代，以智能机器人、3D打印制造等为代表的现代信息技术迅猛发展，传统制造业正面临颠覆性、革命性挑战。在此背景下，世界经济发展格局正在发生深刻变革。为应对新科技革命和产业变革的挑战，世界各国正加紧实施再工业化战略，以抢占制造业发展制高点。美国提出"先进制造伙伴战略"，日本出台"制造业白皮书"，德国实施"工业4.0战略"，英国发布"英国工业2050战略"，发达国家系列制造业发展战略的实施，旨在将现代信息技术作为抢占高端制造业竞争优势的重要举措，以加强自身传统制造业强国地位。从当前形势看，全球制造业逐渐呈现向西方发达国家"回流"和向新兴国家"分流"的"双向挤压"之态。① 基于全球经济产业发展格局的深刻变革，我国制造业大国地位也面临着严峻挑战。与发达国家相比，不论在数量规模，还是在质量效益层面，我国制造业都还存在较大差距。在此背景下，李克强总理在2015年《政府工作报告》中明确指出，实施"中国制造2025"战略，以应对新工业革命和科技变革所带来的全球性挑战。

---

① 李拓宇，李飞，陆国栋. 面向"中国制造2025"的工程科技人才培养质量提升路径探析[J]. 高等工程教育研究，2015(6)：17-23.

建设制造强国，关键在人才。"中国制造 2025"战略规划明确提出，坚持把人才作为建设制造强国的根本，建立健全科学合理的选人、用人、育人机制，加快培养制造业发展急需的专业技术人才、经营管理人才、技能人才，强化职业教育和技能培训，引导一批普通本科高等学校向应用技术类高等学校转型，建立一批实训基地，开展现代学徒制试点示范，形成一支门类齐全、技艺精湛的技术技能人才队伍；鼓励企业与学校合作，培养制造业急需的科研人员、技术技能人才与复合型人才。[①] 2016 年，教育部等三部委出台《制造业人才发展规划指南》，明确指出要形成与完善现代制造业体系相契合的人力资源发展格局，造就一支结构协调、规模合理、素质优良、富有朝气的制造业人才队伍，为实现制造业转型升级奠定坚实的人才基础。换言之，如果没有一支"高精尖"科学技术人才队伍，科学技术就无法在工业生产中得到有效运用，也就无法支撑制造强国建设。而职业教育作为培养高素质技术技能型人才的主要阵地，必须肩负起为制造强国建设输送高素质、高水平技术技能型人才的使命。发达国家制造业发展的实践经验表明，成熟的现代学徒制可以为制造业发展提供大量具有创新能力的高素质技术技能型人才，支撑国家制造业的长足发展。在我国建设制造强国的背景下，国家将现代学徒制试点工作列为现代职业教育发展的重点内容，并提出要深化产教融合、校企合作，进一步完善校企合作育人机制，创新技术技能人才培养模式，以满足我国经济转型和产业升级对高水平技术技能型人才的需求。一言以蔽之，现代学徒制培养一批"大国工匠"，是推动我国迈向制造业强国的必由之路。鉴于此，通过深入剖析制造强国战略背景下现代学徒制与大国工匠培养的关系、现代学徒制的实施现状及其在改革过程中的现实困境，有助于完善我国现代学徒制建设的实践路径，并为推进制造强国建设提供借鉴。

---

① 国务院关于印发《中国制造 2025》的通知［EB/OL］.（2015-05-08）［2022-10-24］. http://www.gov.cn/gongbao/content/2015/content_2873744.htm.

一、现代学徒制培养大国工匠的价值意蕴

(一)大国工匠培养与现代学徒制建设的相关性分析

从全球来看，新一轮技术革命和产业革命正在重塑国际产业分工格局。在此背景下，促进我国产业结构转型升级，实现制造大国向制造强国转变已然成为新时代国家重要的战略布局和行动策略。而这一政策措施的有效落实不仅有赖于一支创新创造、技艺精湛的高技能人才队伍，还需要一批敬业奉献、精益求精的大国工匠。那么，如何培养高素质技能人才队伍、打造制造强国所需的"大国工匠"？事实上，"职业教育提供了两个公共产品，一个公共产品是在全社会通过职业教育弘扬工匠精神，一个公共产品是提供大量的大国工匠"。① 作为一种特有的职业教育形式，现代学徒制已经成为对接制造强国战略，传承"工匠精神"、推进人才资源向人力资本和技能转化的有效载体。可以说，基于现代学徒制，培养国家战略急需的大国工匠，是促进我国产业转型升级，实现"制造大国"向"制造强国"转变的重要推手。在实践层面，大国工匠培养与现代学徒制建设耦合关联表现在以下三个维度。

首先，大国工匠培养与现代学徒制建设的价值取向相同。大国工匠所具备的"工匠精神"是一种对工作执着、对职业敬畏、对产品和服务追求完美的价值取向，体现了工匠一丝不苟、精益求精以及不断突破自我的优良品质。而现代学徒制的核心价值取向与大国工匠培养的价值取向不谋而合。现代学徒制不仅注重学生专业技能的培养与训练，而且注重学生综合素质和职业素养，以达到"大国工匠"所具备的优良品质和精湛技艺。其次，大国工匠的培养与现代学徒制建设的时代使命相关联。推动中国制造

---

① 中华人民共和国教育部. 十二届全国人大五次会议举行记者会陈宝生就"教育改革发展"答记者问 [EB/OL]. (2017-03-13) [2022-10-24]. https://hfffg354456129df74753h9bpn5wkkk5ff6fkkfgfy.eds.tju.edu.cn/jyb_xwfb/gzdt_gzdt/moe_1485/201703/t20170313_299293.html.

从低端迈向中高端、实现经济高质量发展，大国工匠肩负着不可替代的使命，而现代学徒制建设中的企业师傅和职业院校教师共同承担工匠技能培养和精神品质塑造的职责。可以说，现代学徒制建设是培养大国工匠、传承和延续"工匠精神"的重要载体，想要实现"中国制造"向"中国创造"转变，就需要不断推进现代学徒制建设。最后，大国工匠培养模式与现代学徒制的育人方式耦合关联。大国工匠的培养离不开高端制造企业的积极参与，通过工学交替、立足岗位育人，使工匠的技术技能不断得到锤炼。而现代学徒制是一种校企合作、工学结合，职业院校教师与企业师傅联合传授的"一体化"育人模式，其初衷是培养具有"工匠精神"的高素质技术技能人才，二者在育人方式上具有高度一致性。

（二）现代学徒制培养"大国工匠"的现实意义

现代学徒制是培养高端制造业所需的高素质工匠型技术人才的重要渠道，也是弘扬和培育工匠精神的主要途径。实施现代学徒制对我国职业教育发展和制造强国建设具有重要战略意义，其不仅能够提高技术型人才供给与市场需求的匹配度，而且有助于实现"中国制造2025"战略目标。具体来说，基于现代学徒制培养"大国工匠"是"中国制造2025"的战略需求。制造强国战略的实施需要大量具备追求卓越、精益求精的工匠精神的高素质技能人才作为重要保障，尤其是日渐数字化、智能化的高端制造业，对技术技能人才的整体素质要求逐步提升，不仅要求理论素养高、具备工匠精神，还要求技艺精湛、本领过硬。而现代学徒制建设就是为高端制造业发展培养优质技术人才，培养制造业所需的大国工匠。可以说，现代学徒制培养大国工匠，正是"中国制造2025"的战略需要，是推进创新型国家建设的重要保障，以及适应新一轮科技革命等的重要战略举措。建设创新型国家需要创新型人才的不断供给，只有具备了创新型人才的保障和积累优势，创新型国家建设目标才能得以实现。就当前我国创新型人才培养来说，还存在结构不合理、供给数量不足等问题。因此，基于现代学徒制培养一批具有全球战略眼光、工匠精神和创新能力的高素质大国工匠，为创新型国家建设提供智力支持和人才保障，无疑具有重要的现实意义。

二、制造强国背景下职业教育现代学徒制实践现状

当前，我国制造业正处于从"传统"走向"现代"、由"大"变"强"的变革过程之中，实施现代学徒制是推进制造强国建设和产业转型升级的重要战略举措。2014 年，国务院颁布的《关于加快发展现代职业教育的决定》明确提出，"开展校企联合招生、联合培养的现代学徒制试点，完善支持政策，推进校企一体化育人"。同年，教育部出台《关于开展现代学徒制试点工作的意见》，明确提出要充分认识现代学徒制试点工作的重要意义，把握现代学徒制试点工作的基本内涵和总体要求，强调积极推进招生与招工一体化、深化工学结合人才培养模式改革、形成与现代学徒制相适应的教学管理与运行机制、加强专兼结合师资队伍建设等。这标志着我国现代学徒制建设进入实质性发展阶段。

截至 2021 年，教育部公布了三批现代学徒制试点，共布局了 562 个现代学徒制试点单位，完成了三批现代学徒制试点的验收工作。现代学徒制试点工作由点到面逐步展开，形成了具有中国特色的现代学徒制基本框架。2019 年，国务院颁布了《国家职业教育改革实施方案》，进一步为现代学徒制的建设与发展指明了方向。同年，教育部颁布《关于全面推进现代学徒制工作的通知》，提出总结现代学徒制试点经验，全面推广现代学徒制，要求各省、市，以及各校试点单位要明确全面推广现代学徒制的目标任务和工作举措，引导行业、企业和高校积极开展现代学徒制建设，并落实好招生招工一体化、标准体系建设、双导师团队建设、教学资源建设、培养模式改革和管理机制建设等重点任务。近年来，现代学徒制相关政策相继出台，充分显示了在加快实施制造强国战略背景下国家对开展现代学徒制的高度重视。实践中，我们要全面了解和把握现代学徒制的实施现

状，找出实践中存在的问题症结，推进现代学徒制健康发展。

（一）现代学徒制试点单位省域、区域及专业类别分布情况

1. 现代学徒制试点单位的省域分布情况

2015 年，教育部确定了第一批现代学徒制试点单位 165 所，其中，高职院校为 100 所（港澳台除外，下同），试点中职院校 27 所，试点企业 8 所。2017 年教育部公布了第二批现代学徒制试点单位 203 所，高职院校 154 所，试点企业 5 所，试点中职院校 38 所。2018 年，教育部发布了第三批 194 所现代学徒制试点单位，高职院校 156 所，试点中职院校 29 所，试点企业 4 所。总体而言，562 个现代学徒制试点单位中，高职院校 410 所，占比 72.95%；试点中职院校 94 所，占比 16.73%，位居其次；行业单位 21 家、试点地区 20 个，试点企业 17 个，三者试点单位总数占现代学徒制试点单位总数的 10.32%（见表 5.1）。

表 5.1　现代学徒制不同类型试点单位及整体布局情况

试点单位类型	高职院校	中职院校	企业	行业	地区	总数
第一批试点数	100	27	8	13	17	165
第二批试点数	154	38	5	4	2	203
第三批试点数	156	29	4	4	1	194
总数	410	94	17	21	20	562
占比（%）	72.95	16.73	3.02	3.74	3.56	100

资料来源：根据教育部公布的三批现代学徒制试点单位整理而成。

就现代学徒制试点单位的省域分布情况来看，参与现代学徒制试点的行业企业所属省份仅涉及全国 11 个省（或直辖市），且主要集中在东部（包括北京、天津、山东、河北、上海、浙江、江苏、广东等）和中部省份（包

括河南、湖南、江西等），尚未有西部省份的现代学徒制行业企业试点单位。此外，全国 410 所高职院校设置现代学徒制试点单位分布在 30 个省（自治区、直辖市）。经过三批布点，山东和广东两个省份的现代学徒制试点单位最多，以 27 个位居全国第一。湖北和四川紧随其后，均拥有现代学徒制试点院校 20 所。湖北、河南、辽宁等 17 个省（市）的试点单位数在 10~20 个，云南、北京、内蒙古、上海、吉林、甘肃、海南、青海、宁夏等 9 个省（自治区、直辖市）的现代学徒制试点单位数量在 10 个以下；只有西藏自治区未设置试点单位（见图 5.1）。可以看出，现代学徒制试点单位多数设置在工业较为发达的省份，如广东、山东、湖北、河南、辽宁等一些工业发展较快、增加值较为稳定的省份。此外，根据三批试点单位的动态调整情况看，第二批名单中青海未新增试点单位，而在第三批中，青海增设 3 所现代学徒制试点院校，宁夏和海南未增设试点单位；大多数省份的第二批现代学徒制试点院校数量均比第一批的设置数量多；第三批设置的试点单位中，山西、江西、山东、河南、湖北、湖南、广东、重庆、四川等省份试点院校设置数量超过第一批和第二批的设置数量。可见，我国现代学徒制试点正在由点及面展开，且正在形成规模优势。

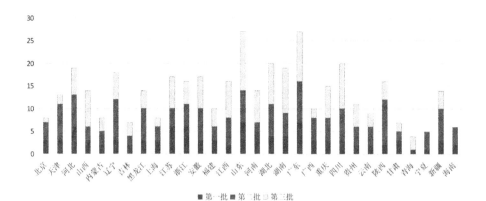

图 5.1　三批现代学徒制试点院校省域分布图

2. 现代学徒制试点院校的区域分布情况

由前文可知，现代学徒制试点单位多数设置在工业较为发达的省份，与区域经济发展的关联性并不十分紧密。为此，按照地理区域划分，将现代学徒制试点高校所在地区划分为东北、华东、华北、华中、华南、西南和西北七大区域。从现代学徒制试点院校区域分布情况来看，华东地区现代学徒制试点单位 85 所，占比 46%，居首位；华中地区布点 69 所，占比 37%，位居其次；华北地区的现代学徒制试点院校共 62 所，占比 33%，位居第三；其余地区的布点比例均在 30% 及以下，且布点数量相差无几。华东、华中和华北三个区域设置的现代学徒制试点院校数量较多，主要是与这三个地区所涉及的省份数量有关，而且在一定程度上和所在地区经济发展水平相关。譬如，华北和西北两个地区都涉及五个省份，但华北地区现代学徒制试点院校比西北地区多 16 所；东北地区与华中地区均涉及三个省份，但是二者之间的现代学徒制试点数量相差 14 所。从某种程度上来说，区域经济发展水平决定着现代学徒制布点数量。总体而言，我国现代学徒制试点院校的区域分布呈现中间多，南北少，且由西至东逐渐增多的态势。

3. 现代学徒制专业类别分布情况

我国高职院校的现代学徒制实践是以专业为单位开展的。当前，我国普通高等学校高等职业教育（专科）专业目录共分设 19 个专业大类，99 个专业类，770 个专业。目前，我国三批现代学徒制试点专业共涉及 18 个专业大类（除公安与司法大类），试点专业共 1181 个（除新增 9 个专业外）。其中，装备制造大类共有试点专业 315 个，占高职院校现代学徒制试点立项总数的 26.67%，财经商贸大类共有试点专业 129 个，占高职院校现代学徒制试点立项总数的 10.92%，电子信息大类试点专业共 127 个，占高职院校现代学徒制试点立项总数的 10.75%；这三个专业大类的现代学徒制试点专业几乎占现代学徒制试点专业总数的 50%（见表 5.2）。

表5.2 试点高职院校专业分布情况

专业大类	试点数量	占比(%)	专业大类	试点数量	占比(%)
装备制造大类	315	26.67	文化艺术大类	51	4.32
财经商贸大类	129	10.92	生物与化工大类	30	2.54
电子信息大类	127	10.75	食品药品与粮食大类	26	2.20
交通运输大类	98	8.30	能源动力与材料大类	26	2.20
土木建筑大类	81	6.86	轻工纺织大类	22	1.86
旅游大类	68	5.76	公共管理与服务大类	13	1.10
农林牧渔大类	58	4.91	教育与体育大类	9	0.76
资源环境与安全大类	56	4.74	新闻传播大类	3	0.25
医药卫生大类	54	4.57	水利大类	7	0.59

资料来源：根据现代学徒制试点高职院校专业分布情况整理统计而得。

现代学徒制试点专业的建设与布局为制造强国建设提供了有力支撑，对促进我国产业转型升级、实现经济平稳健康发展具有重要意义。当前，以高端技术为基础的新兴产业已经成为新时期强国之利器。我国要成为制造强国，就必须走工业化与信息化深度融合、科技含量高的新型工业化道路。这在客观上对我国现代学徒制试点专业提出了新要求，需要对相关学科专业进行建设与布局，为我国产业转型升级和制造强国建设提供重要支撑。从试点高职院校专业分布情况看，当前现代学徒制试点专业布局主要集中在装备制造大类、财经商贸大类和电子信息大类。这三大类是我国制造业转型升级，实现制造强国建设的重要专业类别，对我国未来产业发展具有重要意义。为此，有必要对这三大专业类别进行具体分析。

根据我国现代学徒制试点院校在装备制造大类、财经商贸大类和电子信息大类的专业分布情况，机电一体化技术、汽车检测与维修技术、物流管理、电气自动化技术、机械制造与自动化、数控技术、模具设计与制造、电子商务、计算机网络技术、应用电子技术、焊接技术与自动化等专业是当前我国现代学徒制试点专业布局数量最多的专业(见表5.3)。可以

表 5.3　我国现代学徒制三大专业类别试点专业布局情况

装备制造大类	数量	占比(%)	财经商贸大类	数量	占比(%)	电子信息大类	数量	占比(%)
机电一体化技术	78	24.8	物流管理	41	31.8	计算机网络技术	16	12.6
汽车检测与维修技术	42	13.3	电子商务	17	13.2	应用电子技术	15	11.8
电气自动化技术	25	7.9	会计	14	10.9	软件技术	12	9.4
机械制造与自动化	23	7.3	连锁经营管理	12	9.3	计算机应用技术	11	8.7
数控技术	23	7.3	市场营销	12	9.3	动漫制作技术	9	7.1
模具涉及与制造	19	6.0	工商企业管理	6	4.7	物联网应用技术	9	7.1
工业机器人技术	15	4.8	汽车营销与服务	4	3.1	大数据技术与应用	8	6.3
焊接技术与自动化	14	4.4	保险	3	2.3	电子信息工程技术	7	5.5
汽车制造与装配技术	13	4.1	国际贸易实务	3	2.3	通信技术	6	4.7
新能源汽车技术	9	2.9	金融管理	3	2.3	数字媒体应用技术	5	3.9
机电设备维修与管理	8	2.5	投资与理财	3	2.3	移动通信技术	5	3.9
机械设计与制造	8	2.5	报关与国际货运	2	1.6	电子商务技术	4	3.1
电梯工程技术	6	1.9	财务管理	1	0.8	光电技术应用	4	3.1
船舶工程技术	5	1.6	国际经济与贸易	1	0.8	计算机信息管理	3	2.4
制冷与空调技术	5	1.6	国际商务	1	0.8	信息安全与管理	3	2.4
数控设备应用与维护	4	1.3	农村金融	1	0.8	光电应用技术	2	1.6
材料成型与控制技术	3	1.0	商务管理	1	0.8	移动应用开发	2	1.6
飞行器制造技术	2	0.6	统计与会计核算	1	0.8	电子电路设计与工艺	1	0.8
汽车电子技术	2	0.6	物流工程技术	1	0.8	电子制造技术与设备	1	0.8
无人机应用技术	2	0.6	证券与期货	1	0.8	光电显示技术	1	0.8
飞行器维修技术	1	0.3	资产评估与管理	1	0.8	数字展示技术	1	0.8

注：1. 资料来源：根据现代学徒制试点高职院校专业设置整理统计而得。

　　2. 表格为现代学徒制试点三大专业类别布局数量排名前 21 的试点专业情况。

看出,当前我国现代学徒制试点专业布局主要以制造业和服务业为主,专业布局主要以机电一体化技术、汽车检测与维修技术、电气自动化、机械制造与自动化等涉及高端制造业的专业为主,还涉及计算机网络技术、计算机应用技术、大数据技术与应用、电子信息工程技术等未来信息科学与技术领域。但不论是服务高端制造业,还是涉及未来信息科技领域,这些专业具有非常强的实践性特点,无法用机器人代替,掌握相关企业技能需要一定的时间周期。由此得知,我国现代学徒制试点主要是服务于现代制造业和服务业,为制造业行业培养所需高素质技能人才。此外,从现代学徒制试点专业布局看,所涉及的专业与第二产业和第三产业紧密相关,尚未有专业涉及第一产业和新兴产业。

(二)现代学徒制建设成效初显

现代学徒制试点是职业教育人才培养模式改革的主要途径,也是我国实现从制造大国迈向制造强国的战略选择。经过多年探索与实践,我国现代学徒制建设取得了丰硕成果和积极成效。

1. 加强政府顶层设计,为制造强国建设提供高技能人才支撑

现代学徒制试点工作,国家重视顶层设计,鼓励地方政府、企业、职业院校等多元主体参与现代学徒制试点工作,充分发挥各主体自身优势,在体制机制建设、制度保障,以及现代学徒制模式优化等方面形成突破。

总体上看,现代学徒制试点工作分三批次遴选试点单位,除了高职院校以外,第一批现代学徒制试点还涉及 8 家试点企业①、13 家试点行业协会②、27 所试点中职院校;共计参与现代学徒制试点工作的企业 1878 家、

① 8家试点企业包括:天津海鸥表业集团有限公司、天津渤海化工集团有限责任公司、招商局物流集团上海有限公司、海澜集团有限公司、江西省建材集团公司、济南二机床集团有限公司、郑州宇通客车股份有限公司、博世汽车部件(长沙)有限公司。

② 13个试点行业协会包括:机械工业教育发展中心、有色金属工业人才中心、中国煤炭教育协会、中国建筑材料联合会、中国汽车工程学会、中国物流与采购联合会、国家康复辅具研究中心、中民民政职业能力建设中心、中国艺术科技研究所、山西省煤炭工业厅、山西省旅游局、广东省旅游协会、南宁市焊接协会。

院校 370 所、试点专业 535 个，涉及学生 36228 人。政府、企业、高校等建设主体合计承诺投入现代学徒制建设资金 5.9 亿元①，共建以现代学徒制培养为主的特色学院 650 多个②。经过近八年的探索与实践，截至 2021 年，按地市级政府、行业、企业、职业学校四种类型，布局了 562 个现代学徒制试点单位，覆盖 2100 多个专业点，惠及学生超过 13 万人，参与企业 4700 多家。③ 可以看出，不论是政策支持体系，还是技术技能人才培养的经费保障机制，国家对职业教育现代学徒制建设给予了大力支持，在为制造强国建设、为缓解制造业领域存在的结构性就业问题提供了人才培养的制度保障。

从地方政府层面看，地方政府积极统筹布局，协调地方财政、教育、行业等部门设置现代学徒制试点工作专项资金，搭建现代学徒制沟通交流平台，提供人才经费支持，以扎实有效推进现代学徒制改革试点工作。具体来说，按照《高等职业教育创新发展行动计划（2015—2018 年）》中关于"支持地方和行业引导、扶持企业与高等职业院校联合开展'现代学徒制'培养试点"的要求，全国 28 个省（自治区、直辖市）在 2016 年启动 427 个现代学徒制试点，地方政府财政投入 5834 万元；2017 年，全国 29 个省份共布点建设 460 个试点院校，地方政府财政投入 14906.60 万元。④ 地方政府相关部门积极行动，具体落实现代学徒制试点工作。其中，山东省在落实并扩大现代学徒制试点工作过程中，每年为现代学徒制合作企业提供

① 关于政协十二届全国委员会第五次会议第 0042 号（教育类 016 号）提案答复的函［EB/OL］.（2017-08-31）. http://www.moe.gov.cn/jyb_xxgk/xxgk_jyta/jyta_zcs/201803/t20180302_328492.html.

② 中华人民共和国教育部. 对十三届全国人大四次会议第 4122 号建议的答复［EB/OL］.（2021-08-24）. http://www.moe.gov.cn/jyb_xxgk/xxgk_jyta/jyta_gaojiaosi/202109/t20210907_560077.html.

③ 中华人民共和国教育部. 对十三届全国人大三次会议第 4180 号建议的答复［EB/OL］. http://www.moe.gov.cn/jyb_xxgk/xxgk_jyta/jyta_gaojiaosi/202011/t20201110_499201.html.

④ 关于政协十三届全国委员会第一次会议第 0361 号（教育类 043 号）提案答复的函［EB/OL］. http://www.moe.gov.cn/jyb_xxgk/xxgk_jyta/jyta_zcs/201901/t20190129_368508.html.

1000 万元资助经费。安徽省采取试点院校联盟形式，为现代学徒制的跨行业跨地区合作搭建良好平台。辽宁省地方政府及相关部门对现代学徒制试点给予了多方面支持，截至目前，辽宁省共有 68 所学校 99 个试点专业，对每个试点专业给予 50 万元资金支持，极大地推动了职业教育校企合作进程。辽宁省人社厅打造以"辽宁工匠"为代表的优秀高技能人才群体。2017 年和 2019 年，共评选出两批 195 名"辽宁工匠"，分别给予每人 10 万元一次性奖励。2019 年开展"省优秀高技能人才"评选，评出 5 名功勋高技能人才、50 名有突出贡献高技能人才、100 名省技术能手。对功勋技能人才和有突出贡献高技能人才，将连续 3 年给每月 1000 元津贴。值得说明的是，2018 年广东省第十三届人民代表大会常务委员会第三次会议通过《广东省职业教育条例》，以地方法律的形式明确支持开展现代学徒制培养，开启了现代学徒制工作的地方法律政策支持先河。① 可以说，通过现代学徒制培养一批高素质技术技能人才是实现"中国制造 2025"的战略目标，也是"制造大国"迈向"制造强国"的关键。

2. 试点企业以与高职院校密切合作，推进现代学徒制体制机制建设

人才是建设制造强国的根本，建立健全科学合理的育人机制是加快培养制造业转型升级急需的高技术技能人才的重要保证。从现代学徒制试点实践来看，试点企业以与高职院校合作为主，且大多数试点企业与多所高职院校合作，占所有现代学徒制试点企业总数的 64.7%。譬如，廊坊精雕数控机床制造有限公司与宁波职业技术学院、廊坊职业技术学院等院校合作试点；海澜集团有限公司与江阴职业技术学院、江苏工程职业技术学院、无锡商业职业技术学院、江苏建筑职业技术学院等四所高职院校合作试点；郑州宇通客车股份有限公司与郑州商业技师学院、河南职业技术学院等合作试点。此外，大约有 30% 的试点企业选择和一所高职院校合作，譬如，现代学徒制试点企业中的济南二机床集团有限公司和济南职业学

---

① 关于政协十三届全国委员会第一次会议 第 0686 号（教育类 087 号）提案答复的函［EB/OL］. http://www.moe.gov.cn/jyb_xxgk/xxgk_jyta/jyta_zcs/201901/t20190129_368509.html.

院、天津海鸥表业集团和天津现代职业技术学院合作试点。

　　就现代学徒制试点工作运行情况看，试点企业注重体制机制建设，尤为重视对现代学徒制试点工作方案设计，包括招生与招工一体化、人才培养制度设计、现代学徒管理制度建设等。在招生与招工一体化建设方面，天津渤海化工集团有限公司搭建高职院校和企业双主体办学平台，实现招生—招工—就业一体化。此外，部分现代学徒制试点企业出台了系列招生招工实施方案，譬如，九江明阳电路科技有限公司制定《数控技术专业与九江明阳电路科技有限公司开展现代学徒制试点校企联合招生招工一体化方案》，在探索校企联合培养现代学徒方面取得一定的成效。在人才培养制度建设方面，部分现代学徒试点企业完善了现代学徒制人才培养制度体系。例如，吉林大药房药业股份有限公司出台了《现代学徒制专业课程体系》《现代学徒制企业课程标准》等制度，这些制度的制定为试点企业培养制造业企业所需的人才提供了重要保障。在现代学徒管理制度建设方面，多数现代学徒制试点企业主要对现代学徒实行弹性学制和学分制，详细制定了现代学徒教学管理办法。例如，吉林大药房药业股份有限公司印发了《现代学徒制学生奖学金颁发方案》《现代学徒制学生培养企业的责任与义务》《现代学徒制学生实习就业期间津贴制度》等规章制度，从学生管理、企业管理、学生就业等方面进行了先试先行。此外，现代学徒制人才培养更加重视校企共育机制，各省市在现代学徒制的试点工作中，探索形成了校企共育机制实践模式。譬如，山东省青岛市形成了"共联、共商、共容、共建、共享、共赢"的校企共育"6T"教育理念，建立了 1 个实施方案，组织和资金 2 个保障，招生招工、项目管理和项目考核 3 项规范，教学、双导师、学徒和课程 4 项标准①，即"1+2+3+4"现代学徒制制度体系；建立了"五三一"现代学徒制实践模式。博世汽车部件(长沙)有限公司通过搭建人才培养与员工培训共同体协同创新平台，形成了校企联合从招生、培养

---

①　我市现代学徒制区域性研究获山东省职业教育教学成果奖一等奖[EB/OL].
(2018-04-04). https://www.sohu.com/a/227306167_349521.

到就业一体化育人的长效机制。

3. 强调校企共建双导师团队，企业师傅队伍建设初具规模

在制造强国战略背景下，大国工匠的培养需要"工匠之师"。企业师傅队伍建设是培养高素质技术技能人才，推动制造强国建设的关键。2019年，国务院印发《国家职业教育改革实施方案》，强调"推动企业工程技术人员、高技能人才和职业院校教师双向流动"，明确提出"从2019年起，职业院校、应用本科高校相关专业教师原则上从具有3年以上企业工作经历并具有高职以上学历的人员中公开招聘"①，这为企业师傅引进高职院校，以及企业师傅队伍建设指明了方向。

随着现代学徒制试点工作的不断推进，作为知识和技能经验传授者的企业师傅被大量引入高职院校，使得参与职业教育的企业师傅开始具有技术能力和教育能力的双重属性，其身份也从传统的仅限于传授技术技能的"带徒者"逐步向"双导师"角色演变，即企业导师和学校导师。企业导师通过与学徒建立师徒关系，传授技术技能；学校导师则以集中教授的方式，将基础理论知识传授给学徒。可以说，企业师傅和院校教师联合培养高技能人才已经成为现代学徒制建设的基本特征之一。实践中，企业导师和学校导师共同承担课程设计、专业教学与指导实训等内容，注重学徒职业素养的培育，旨在全面提高现代学徒的培养质量。当前，在我国实施现代学徒制试点工作中，完善"双导师制"，推动学校和企业共同组建双导师团队是现代学徒制试点中的一项重要任务。譬如，博世汽车部件（长沙）有限公司制定了双导师选拔制度、双导师考核办法，以及双导师培训与管理办法等，进一步明确了在现代学徒制培养过程中的导师职责和待遇；九江明阳电路科技有限公司制定了《现代学徒制"双导师"教师管理办法》《现代学徒制企业师傅管理办法》和《现代学徒制"双导师"双向挂职管理办法》等，这些制度条款基于现代学徒制建设，从师资的选拔、互聘、培养、培训、考

---

① 国务院关于印发国家职业教育改革实施方案的通知[EB/OL].（2019-01-24）. http://www.gov.cn/zhengce/content/2019/02/13/content_5365341.htm.

核等方面做出了具体规定。但由于目前实施的现代学徒制还处于试点阶段，相关试点单位对企业师傅的遴选还没有形成统一标准，更多局限于企业师傅的学历、职称、资格证书和工作经验等内容，对其教学能力、团队协作能力等方面的考核标准还有待完善。总体而言，在现代学徒制试点过程中，企业师傅队伍建设已经初显成效，校企双方对双导师制团队的遴选、组建与培养也给予了大力支持，但我国现行的现代学徒制双导师团队还存在诸多问题，还不足以支撑和培养制造强国建设所需的技术技能人才。

三、职业教育现代学徒制建设的现实困境

现代学徒制建设已经成为我国建设制造强国的重要途径。从当前现代学徒制试点工作看，虽然已经取得阶段性成效，但面对制造业企业转型升级，以及制造强国战略新要求，现代学徒制在具体实践中依然存在一些深层次矛盾和问题。

1. 多元利益主体价值难以彰显，现代学徒制运行机制僵化

利益机制是推动多元主体协同共建现代学徒制的根本动力，也是维系校企合作的重要纽带。从实践层面看，对现代学徒制建设与发展能够产生影响的利益主体包括政府、企业、学校、师傅等。从政府层面看，不论是制造强国战略顶层设计还是实施现代学徒制培养高技术技能人才，都需要政府积极参与和主动引导。当前，尽管政府尤为重视现代学徒制校企合作关系，但受短期利益最大化的政绩观驱使，将有限的资源配置于其他层面以迎合社会对普通教育的需求，而在校企合作的资源投入上呈现出规避矛盾、政策摇摆等问题，导致现代学徒制建设资源不足。换言之，作为培养高技能人才、推动制造强国建设的引导者，政府还尚未充分发挥其宏观调控职能，在一定程度上制约了高技术技能人才队伍的结构优化和质量提升。对校企而言，无论是学校还是企业，面对制造业转型升级的冲击和人口红利的消失，倒逼着校企合作向技术红利转变，传统人才培养模式已不能满足新兴制造业的需求，具备跨专业能力的复合型人才成为企业争相哄

抢的焦点。同时，伴随大规模工业机器人"入驻"制造业，单一的、机械的、重复的工作已被机器人接手，在这种背景下，就要求现代学徒制培养出一批一专多能的高技术技能人才。但从实践情况看，目前现代学徒制采取"订单班"的点对点校企合作方式，合作范围较窄，限制了企业和院校的发展空间，且培养出的人才无法满足一专多能的企业岗位需求。可以说，当前的现代学徒制是传统校企合作的升级版，校企合作的效能并未充分发挥。对企业师傅来说，其在现代学徒制建设过程中既要顾虑自己在企业内部的地位问题，而且还要担心所培养的学徒有可能和自己竞争就业；因此，企业师傅既不会认真给学徒传授技术绝活，也不会与徒弟共同进行技术创新，最多只会向学徒传授一些基本技能。① 而且当前的政策话语也尚未对企业师傅给予应有的关注，在实践中现代学徒很难从内心认同"企业师傅"这一身份。在此环境中，现代学徒制运行效率较低，导致发展现代学徒制、培养高技能人才的核心目标难以达成。

2. 企业参与现代学徒制建设动力不足，削弱了现代学徒制实施效果

我国人才培养经历了从工学结合改革到订单式培养，再到当前的现代学徒制试点建设。在改革过程中，尤其在"中国制造2025"战略规划实施之后，政府主导推进现代学徒制，不断探索和优化职业教育校企合作模式，为制造业转型升级提供了重要的技能技术人才支撑。从前文现代学徒制试点单位数据显示，我国现代学徒制高职院校试点数量410所，占现代学徒制试点单位总数的72.95%；而企业试点数量仅17家，占现代学徒制试点单位总数的3.02%。可以看出，试点企业的数量远远少于高职院校数量，企业对现代学徒制试点动力不足。此外，在现代学徒制试点工作中，普遍存在"校热企冷"现象，即企业参与校企协同育人方面较为被动，对专业教学内容改革、课程体系建设，以及教材开发等方面的积极性不高，导致在高技术技能人才培养上难以建立起稳定的校企合作机制。究其原因，一方

---

① 徐国庆. 我国职业教育现代学徒制构建中的关键问题[J]. 华东师范大学学报（教育科学版），2017(1)：30-38，117.

面，现代学徒制建设与经济和社会治理结构不相匹配。我国从计划经济向市场经济转型过程中，劳动用工制度形成了先招生后招工和先培训后就业的两种模式，在现代学徒制试点工作中，多数试点单位沿袭了先招生后招工模式，招生招工一体化尚未形成，这在一定程度上剥离了企业的非生产功能，使得企业更倾向于从外部劳动力市场招聘高技术技能人才。而且当前相关部门尚未制定对行业内劳动力流动的规约制度，使得企业重资培养的高技术技能人才存在"被挖走"的风险，导致企业参与现代学徒制的积极性低下。另一方面，对于企业来说，招收更多技能出众、稳定性高的员工，以提高企业制造水平和公司竞争力，是企业关注的重点问题。但就当前现代学徒制试点现状来看，政府为激发企业参与现代学徒制的内生动力，在校企合作制度建设中，常常基于社会价值和经济利益的考虑，过于重视校企合作的本体价值。从某种程度上来说，现代学徒制校企合作背离了育人的本位价值，极大削弱了现代学徒制的实施效果。

3. 现代学徒制人才培养层次偏低，高端制造业专业人才培养供给不足

在制造强国战略背景下，制造业企业的转型升级，大量低端制造业面临被淘汰，制造业企业对单一操作性人才需求转向大批高端技术技能人才需要，带动了产业岗位向价值链高端提升，使得相关职业岗位的内容、方式、工具发生质的变化。具体表现为，制造业企业由原先普通机械设备的生产、操作、安装、调试、维修等岗位逐步向高端制造业生产设备的相关岗位升级。为支撑制造强国战略，就需要培养与高端制造业岗位相适应的高素质技术技能型人才。但从现实情况看，作为培养高技术技能型人才的重要渠道，现代学徒制试点还远不足以支撑我国制造强国战略。一方面，当前现代学徒制建设主要集中在中职院校和高职院校等职业教育体系低端，相关应用型本科院校探索实践较为缓慢、成效不显著；而且当前校企合作的重点在于解决职业院校毕业生就业而非解决制造业企业技术改造和技术升级问题。另一方面，"中国制造2025"战略规划明确规定，重点实现十大领域的发展突破，包括新一代信息技术产业、高端数控机床和机器人、电力机械装备、航空航天装备、高端轨道交通装备、新型节能汽车制

造、海洋工程及船舶装备、农业机械装备、新材料、生物医药及高性能医疗器械等十大领域。从当前现代学徒制试点专业的布局看，虽然在职业教育19个专业大类中的18个专业类别都开展了专业试点工作，但电子信息大类、能源动力与材料大类、生物与化工大类等与制造强国重点建设领域相关的专业布点数量较少，并且相关专业领域的毕业生数量呈现出下降趋势，高端技术技能型人才培养的规模存在很大不足，难以支撑我国制造业重点领域发展的要求。

四、制造强国背景下现代学徒制建设的优化路径

现代学徒制是培养制造强国所需的高素质工匠型人才的重要途径。基于制造强国战略的需要，实施现代学徒制不仅能够提升技术技能型人才供给与制造业转型升级对人才需求的匹配度，而且对推进职业教育高质量发展具有重要意义。当前，如何有效破解现代学徒制人才培养过程中企业动力不足、主体性不强等问题，补齐高端制造业高技能职业人才短板，是我国现代学徒制建设的重要命题。

1. 促进多元主体协同共治，提升校企合作治理效能

推进现代学徒制多元利益主体的协同共治是完善职业教育体系的必然要求，也是培养制造强国所需的高技术技能人才的基本前提。针对当前现代学徒制多元利益主体价值冲突问题，需要明确政、校、企等多元利益主体地位和权责边界，充分发挥多元主体在现代学徒制建设中的价值作用，推进多元主体协同共治，为现代学徒制建设和校企合作创设良好的环境。首先，政府应主动承担顶层设计工作，围绕制造强国战略目标，以市场需求为导向，以高技术技能人才培养为目标，对现代学徒制实践予以政策和资金支持，完善现代学徒制相关政策体系，明确不同利益相关主体在现代学徒制建设中的角色定位，以保障现代学徒制的有效运行。在此基础上，搭建校企合作平台，充分发挥政府在现代学徒制高技术技能人才培养中的协调作用，尤其要协调好利益诉求和价值取向各异的校企合作问题。其次，围绕制造强国战略目标，政府、学校和制造业企业共同制定并确立现

代学徒制人才培养目标，合作建构现代学徒制课程体系、企业培养框架等，以保证政府、学校和制造业企业等多方主体在现代学徒制建设实践中的话语权，增进校企双方的利益关系，提高现代学徒制人才培养的企业适应性，为深化校企合作奠定良好的制度基础。

2. 确立企业在现代学徒制中的主体地位，激发企业内生活力

企业参与现代学徒制建设对高技术技能人才培养至关重要。"中国制造2025"明确指出，要完善以企业为主体、政产学研用相结合的制造业创新体系，全面提升制造业企业的创新能力和水平。这就需要企业积极参与现代学徒制建设与实践，通过校企合作共同培养制造业发展所需的高技术技能人才。面对当前现代学徒制运行中的"校热企冷"的壁垒现象，首要的是确立企业的主体地位、主体责任，加强企业在现代学徒制建设过程中的主体意识，提高企业主动承担现代学徒制建设项目的积极性。在此基础上，要适当补偿企业在现代学徒制建设过程中的投入成本，以激发企业内生活力。一方面，政府应制定相关补偿机制，根据企业参与特定现代学徒制项目的投入资金，按一定比例直接对相关企业进行资金补助；同时，可以设立专项资金作为制造业重点领域的现代学徒制建设扶植经费，加强政府、企业、高校等多元主体协同共建现代学徒制试点单位，扩大职业院校在制造业重点领域的招生规模，推进制造业企业与高职院校有效合作，协助企业建立智能制造人力资源库，以鼓励制造业企业积极参与现代学徒制建设。另一方面，可以间接激励企业参与现代学徒制建设。譬如，对参与现代学徒制建设并取得一定培养规模和成效的企业授予相关社会荣誉称号，并通过新闻媒体进行宣传报道，让社会大众及相关行业充分认识和了解参与现代学徒制建设的制造业企业文化、产品服务，以及高技术技能人才培养的实践经验；同时，政府应对参与现代学徒制建设的制造业企业在相关领域内进行项目申报给予政策优先权，提高企业承担现代学徒制建设项目的主动性。

3. 建立企业师傅制度，提高企业师傅对教师身份的认同度

作为现代学徒制建设的重要主体，企业师傅参与的积极性及其能力素质能否达到培养高技术技能人才的要求，是现代学徒制人才培养成效以及

能否支撑制造强国建设的关键。换言之，企业师傅在现代学徒技能培养方面承担着主要责任，其品德修养和能力水平直接决定着现代学徒制人才培养质量。要提高制造强国人才供给能力，首先，要建立企业师傅制度，明确企业师傅在现代学徒制实施过程中的权力、责任、待遇、培训资格等，组建稳定的企业师傅队伍。全球制造业强国尤其重视企业师傅资格认证制度建设，尤其是德国从法规制度层面对企业师傅的资格认证标准做出了具体的规定，保障了德国企业师傅资格认证工作的开展。就目前我国现代学徒制试点情况看，在企业师傅资格认证上主要由企业自主决定，随意性较强，尚未建立企业师傅资格认证的规章制度。为此，应在借鉴德国经验基础上，推进企业师傅资格认证制度建设，对企业师傅资格申请、资格审查、考试考核等方面作出明确规定，通过制度化建设提高企业师傅队伍建设水平。其次，要建立企业师傅培养过程监管制度，防止现代学徒培养过程流于形式。由于高技术技能人才培养具有较强的专业性，可通过设立现代学徒制管理委员会，对企业师傅培养人才过程进行动态化监督，制定相应的教学质量评价标准，提高现代学徒制高素质人才培养质量。最后，应建立企业师傅激励奖励制度，提高其参与现代学徒制建设的积极性。可以借助政府设立的现代学徒制专项资金，对企业师傅予以绩效奖励，并将其作为职务晋升的考核指标之一；同时加强相关媒体、官方网站表彰宣传工作，提高现代学徒制在企业中的影响力，以及企业师傅对教师身份的认同度。

4. 完善现代学徒制试点专业结构布局，加强实训基地建设

在制造强国战略背景下，高端制造业正朝着智能化和标准化的方向发展。在高端智能制造发展趋势下，制造业企业需要什么样的技术技能型人才，需要具备哪些职业素养和能力，都将直接决定着现代学徒制建设与发展的方向。为推进制造业转型升级，培养一批符合制造强国战略目标的新型技术技能人才，必须对现代学徒制试点专业布局进行顶层设计和规划。首先，要紧扣制造强国战略重点领域亟需的人才要求和现代制造业的发展方向，对我国现代学徒制建设的相关领域进行专业结构调整，同时，及时跟进制造业发展动态，根据急需高技术技能人才需求情况动态调整学科专

业结构和课程设置。在现代学徒制专业试点之前，相关院校应深入相关制造业企业进行调研，了解企业亟需的人才现状，以及制造业企业技术升级改造与项目建设相关情况，在专业设置上要注重与人才市场、产业发展需求相结合。其次，政府、企业和职业院校在现代学徒制建设过程中要对制造业领域亟需的相关专业进行重点扶持，对制造业重点领域相关专业的学徒给予一定的薪资补贴。此外，要加强现代学徒制试点院校制造类专业实训基地建设。高端制造类专业的建设与发展对实训基地具有较强的依赖性，实训基地建设条件决定着高技术技能人才的培养成效。目前，我国现代学徒制试点高职院校的实训基地设备多为制造业 2.0 或 3.0 设备，较少有制造业 4.0 的实验设备。面向"中国制造 2025"发展战略，首先，要建设工业 4.0 实训基地。按照工业 4.0 要求，实训基地内的加工设备、机器视听系统、控制软件等高端制造业的硬件设备和软件支撑，构建形成智能生产线。① 其次，要加强现代学徒制试点高职院校实验室现有实训设备的数字化、智能化改造，提高设备利用率。最后，提高试点院校高端制造类专业实训条件。现代学徒制试点院校可以与高端制造业企业合作，共同推进工业自动化实验室建设，推动实训基地设备的自动化改造，提升现代学徒实训实习条件，为高端制造业高技术技能人才培养创设优越的基础性保障。

第二节　加拿大职业教育学徒制：体系、运作与趋势

加拿大各级各类教育的管理和运作由各省和地区负责。② 由于没有教

---

① 蔡泽寰，肖兆武，蔡保. 高职制造类专业人才培养要素优化探析——基于"中国制造 2025"视域[J]. 中国高教研究，2017(2)：106-110.

② 加拿大的行政区划由十个省和三个地区构成。十个省是：阿尔伯塔省（Alberta）、不列颠哥伦比亚省（British Columbia）、马尼托巴省（Manitoba）、新不伦瑞克省（New Brunswick）、纽芬兰—拉布拉多省（Newfoundland and Labrador）、新斯科舍省（Nova Scotia）、安大略省（Ontario）、爱德华王子岛省（Prince Edward Island）、魁北克省（Quebec）、萨斯喀彻温省（Saskatchewan）。三个地区是：西北地区（Northwest Territories）、育空地区（Yukon）和努纳武特地区（Nunavut）。

育部和国家统一教育标准，其教育体系呈现出因省而异的多样性。目前加拿大的学历职业教育主要为高等职业教育，由社区/技术学院的职业教育体系和学徒制教育体系两个部分构成。学徒制教育体系在培养加拿大工业界所需要的技能人才方面具有重要作用，社区学院在学徒制教育体系中主要为注册学徒提供课堂技术培训。本节内容首先以学徒制教育体系为主线，以阿尔伯塔省的学徒制教育体系的管理和运作为范例，对加拿大高等职业教育体系与企业人才培养进行了分析和讨论，详细阐明了一个以工业界为主导、产教高度融合的学徒制教育体系是如何形成和运作的。其次，对加拿大学徒制教育的发展趋势进行了总结和分析：一方面，学徒制教育对加拿大本地年轻人越来越有吸引力；另一方面，学徒制教育与本科学位教育开始衔接贯通，使大专层次的学徒制教育不再是技能教育的终点。最后，就职业技能教育如何在加拿大这个有着崇尚精英教育传统的国家得到长足发展这一问题指出了进一步研究的意义，以期为有着类似教育传统的国家改善和提高职业技术教育与技能人才的社会地位提供借鉴。

一、加拿大职业教育学徒制的起源与发展

加拿大的学徒制教育可以追溯至 1668 年由教会在圣约阿希姆（Saint-Joachim）和魁北克城（Québec City）开办的两所技工学校。在其早期发展的 200 多年间，学徒制教育并没有得到较大的发展，主要有三个方面的原因：首先，学徒制受到全社会的普遍歧视，被认为是为孤儿、有犯罪记录的年轻人以及跟不上正常学习的人等社会边缘群体提供的一种社会福利和政策保障；其次，雇主仅视学徒为廉价劳动力而不为其提供真正的培训；最后，彼时加拿大工业化程度较低，学徒制没有足够的社会需求动力。因此，到 20 世纪初期时学徒制教育几乎处于停滞状态。第二次世界大战后，随着各级政府介入学徒制的管理与运作，加拿大学徒制教育才开始有了真正意义上的发展。① 然而，由于其早期的被污名化及加拿大人崇尚精英教

---

① Weiermair, K. Apprenticeship Training in Canada: A Theoretical and Empirical A-nalysis [EB/OL]. [2022-01-18]. https://publications.gc.ca/collections/collection_2018/ecc/EC22-3-1984-250-eng.pdf

育传统的影响，学徒制教育长期以来对人们的吸引力并不大，①② 直到 20 世纪 90 年代全国学徒总数才有少许上升。在 21 世纪的第一个 10 年间，加拿大学徒制教育规模实现了扩增，全国注册学徒人数翻了一番。③

经过几个世纪的变迁，加拿大学徒制教育发展到目前的带薪在职培训和课堂学习的组织形式。通过这种教育培训方式，学生在真实工作环境中跟熟练技工学习工作经验以及通过课堂的应用理论学习和实践培训来学习相关工业界技能行业工作所需的技能，最终成为一名熟练技工。在加拿大，工业界技能行业的工作是一种社会急需且收入较高的职业。随着 21 世纪以来经济的强劲增长及因老龄化带来的劳动力短缺，加拿大对熟练技工人才的需求巨大。近年来注册学徒人数比 20 世纪 90 年代增长了将近 200%。④ 2015 年全加注册的学徒一共约有 45.59 万人。⑤ 根据 2015 年加拿大学徒调查，80.8% 完成学徒制教育项目的学徒可以很容易地找到福利良好的永久工作职位，平均年收入约为 6.95 万加元(人民币 34.75 万元)，每小时收入为 33 加元(人民币 165 元)。即使是未能完成学徒制教育项目的学徒，其大多数(77%)也能找到类似的工作，但薪水会比前者少，平均年薪约为 5.98 万加元(人民币 29.9 万元)，时薪为 28 加元 (人民币 140 元)。⑥

①　Dennison, J. D., Gallagher, P. Canada's community colleges: A critical analysis [M]. Vancouver, BC: University of British Columbia Press, 1986.

②　Lyons, J. E., Randhawa, B. S. & Paulson, N. A. The Development of Vocational Education in Canada[J]. Canadian Journal of Education, 1991, 16(2): 137-150.

③　Cowin, B. Apprenticeship and Pre-Apprenticeship Training. Made in BC: A History of Postsecondary Education in British Columbia [EB/OL]. [2022-01-18]. https://www. douglascollege. ca/sites/default/files/docs/institutional-research-and-planning/Apprenticeship_History78776.pdf.

④　Frank, K. & Jovic, E. National Apprenticeship Survey: Canada Overview Report 2015[R] [EB/OL]. (2017-03-29) [2022-01-18]. https://www150. statcan. gc.ca/n1/pub/81-598-x/81-598-x2017001-eng.htm.

⑤　Statistics Canada. Number of registered apprentices Table 37-10-0118-01 [EB/OL]. (2020-09-29) [2022-01-02]. https://www150. statcan. gc. ca/t1/tbl1/en/tv. action? pid = 3710011801.

⑥　Frank, K. & Jovic, E. National Apprenticeship Survey: Canada Overview Report 2015[R] [EB/OL]. (2017-03-29) [2022-01-18]. https://www150. statcan. gc.ca/n1/pub/81-598-x/81-598-x2017001-eng.htm.

加拿大统计局数据显示，2015 年加拿大全职工作者年收入的中位数是 5.12 万加元（人民币 25.6 万元）。①

加拿大联邦和各省/地区政府有一个共识，即熟练技工对于加拿大经济的增长和长期繁荣至关重要。学徒制教育就是为培养熟练技工所定制的教育培训项目。各省/地区的学徒制教育体系的具体运作虽然各异，但除魁北克省外，总体上有很多相似之处。如申请人的学徒之旅始于被雇主正式雇用且雇主同意申请人成为一个指定技能职业的学徒并愿意为其提供带薪在职培训。然后申请人和雇主向省/地区政府相关管理部门递交学徒培训申请，获批后三方签署学徒培训合同，申请人正式成为注册学徒。通常情况下，学徒申请人可以直接向雇主、工会或地方学徒委员会申请学徒机会。但是，如今的雇主更倾向于雇用有经验的学徒。那些没有任何培训经历的学徒申请者可以通过各种学徒预备课程和培训来获得学徒入门经验。各省/地区政府鼓励高中生注册学徒预备课程。如此，在毕业之际获得高中毕业证的同时，这些学生可以直接进入本省学徒制教育体系继续学习。学徒制教育在加拿大属于高中后教育，由两部分构成：一是由雇主提供的在职培训，占整个学徒培训的 80%~90%；二是由政府批准并指定的学徒培训机构提供的技术培训，也称为课堂技术培训部分，占整个学徒培训的 10%~20%。提供课堂技术培训的学徒培训机构因省而异，主要有社区学院（包括技术学院）、私立学院、工会和行业协会等。在职培训期间，雇主需为学徒付工资。而在课堂技术培训部分，学徒需自行支付全日制学生的学习费用并承担学习期间的生活费用。② 为了避免出现学徒因为支付不起

---

① Statistics Canada. Canadian Income Survey 2015 [EB/OL]. (2017-05-26) [2022-01-02]. https://www150.statcan.gc.ca/n1/daily-quotidien/170526/dq170526a-eng.htm.

② Government of Canada. How to Become An Apprentice [EB/OL]. (2021-12-01) [2021-12-09]. https://www.canada.ca/en/employment-social-development/services/apprentices/become-apprentice.html.

Government of Alberta. Apprenticeship and Industry Training Act [EB/OL]. (2020-06-26) [2022-01-05]. https://www.qp.alberta.ca/1266.cfm?page=A42.cfm&leg_type=Acts&isbncln=9780779752232.

Conestoga College. School of Trades and Apprenticeship: Pathway [EB/OL]. [2021-12-29]. https://www.conestogac.on.ca/trades-and-apprenticeship/pathway.

学习费用和生活费用而中断培训学习的情况，各省/地区政府、联邦政府和课堂技术培训单位都为注册学徒提供各种财政资助以帮助他/她们能顺利完成学徒培训。这些资助在很大程度上缓解了学徒在培训中的经济压力。调查表明，大多数的学徒表示在培训中没有遇到经济上的困难。①

80%~90%的学徒制教育项目主要集中在建筑业、制造业以及资源产业等传统领域。余下的大多数集中在服务业，尤其是汽车零售业、个人服务业（如理发师）以及餐饮业。② 尽管各省/地区用于描述学徒培训进度的单位不尽相同，例如有的省/地区用"年"（year）、有的用"区块/批"（block）、有的用"层级"（level）、有的用"阶段"（period），但这些不同的术语基本意思相同，都是指学徒完成了一定量的在职培训与课堂技术培训相结合的职业教育培训内容。③ 学徒制教育项目长度因职业而异，一般为一到四年。④

各省/地区有自己的学徒制教育体系管理机构，通常是该省在学徒制教育、规章制度及证书等方面具有管理权限的部委。那些成功完成学徒制课程或达到所有的行业技能要求及在证书考试中获得合格成绩的技工，由此机构颁发熟练技工证书或资格证书。对于无证书的熟练技工，其在工业界的工作实践经历经此机构认证后，亦可以获得熟练技工同等资格，在工作中与持证熟练技工享有同等待遇。此外，还有一类是红章证书学徒培训

① Frank, K. & Jovic, E. National Apprenticeship Survey: Canada Overview Report 2015[EB/OL]. (2017-03-29)[2022-01-18]. https://www150. statcan. gc. ca/n1/pub/81-598-x/81-598-x2017001-eng.htm.

② Cowin, B. Apprenticeship and Pre-Apprenticeship Training. Made in BC: A History of Postsecondary Education in British Columbia [EB/OL]. [2022-01-18]. https://www. douglascollege. ca/sites/default/files/docs/institutional-research-and-planning/Apprenticeship_History78776.pdf.

③ Government of Canada. How to Become An Apprentice [EB/OL]. (2021-12-01)[2021-12-09]. https://www.canada.ca/en/employment-social-development/services/apprentices/become-apprentice.html.

④ Alberta Apprenticeship and Industry Training. What is Apprenticeship? [EB/OL]. [2021-12-23]. https://tradesecrets.alberta.ca/learn-on-the-job/what-is-apprenticeship/.

课程。红章技能职业是由加拿大学徒制指导委员会指定的技能职业。这些职业技能涵盖于跨省红章课程标准之中。凡是参与红章技能职业培训课程的省/地区都被允许在符合红章学徒制教育标准的候选人的证书上加盖一个红色图章。红章学徒课程的培训与证书是建立在全国职业标准之上的。因此，获得红章证书的学徒可以跨省工作。① 除加拿大学徒制指导委员会以外，还有两个跨省机构为达成全国职业标准作出了贡献：一个是各省学徒制董事会主席省际联盟，另一个是加拿大学徒制论坛。这些非政府组织通过提供平台让各省/地区学徒制教育体系的代表发声，来平衡各省之间学徒培训的差异，为取得证书的学徒在各省之间流动提供便利条件。

　　加拿大学徒制教育体系的最大特点就是以工业界为主导且产教高度融合，具体体现在学徒制教育体系日常管理和运作的方方面面。下面以阿尔伯塔省(文中简称"阿省")的学徒制教育体系为例，深入阐述该省是如何通过学徒教育培训为加拿大工业界培养急需的高技能人才的。

二、工业界主导、产教融合的加拿大学徒制教育体系

　　阿省是加拿大开展学徒制教育的大省之一。目前阿省有 47 个指定技能职业开展学徒制教育②，占加拿大全国学徒制教育项目(300 多个)的 16%③。在阿省，指定的技能职业主要分为两大类，即必修证书技能职业和选修证书技能职业。必修证书职业的工作要求个人必须有被认可的技能职业证书或是本人为此技能职业的注册学徒。雇主若想雇人在此技能职业

---

① Government of Canada. How to Become An Apprentice [EB/OL]. (2021-12-01) [2021-12-09]. https://www.canada.ca/en/employment-social-development/services/apprentices/become-apprentice.html.

② Alberta Apprenticeship and Industry Training. List of Compulsory and Optional Certification Trades [EB/OL]. (2020-05-01) [2022-01-15]. https://tradesecrets.alberta.ca/SOURCES/PDFS/designated_trades_certification.pdf.

③ Canadian Apprenticeship Forum. Apprentice Demand: A 2021 Labour Market Information Report-Alberta [EB/OL]. [2022-01-18]. https://caf-fca.org/wp-content/uploads/2021/05/CAF_Report_LMI-2021_EN_Alberta_FINAL.pdf.

工作，必须雇用该职业的持证熟练技工，或者是雇用该职业的注册学徒在持证熟练技工的指导下工作。必修证书职业通常包括那些需要对工作场所和操作工人的安全性进行密切监督的工作。经批准从事选修证书职业工作的个人是指那些在雇主看来具有与该职业持证熟练技工相当的技能和知识的人。雇主可以用没有证的熟练技工指导学徒的在职培训。从事或学习选修证书职业的雇员在从事该技能职业工作前必须是一名注册学徒。在阿省的 47 个指定技能职业中，有 18 个为必修证书职业，29 个为选修证书职业。①

据统计数据显示，阿省 2015 年有 9.13 万注册学徒，占当年全加学徒总数的 20%。② 以工业界为主导的学徒制教育体系不仅反映在阿省学徒制教育体系的名称——"学徒制与工业培训体系"之中，还反映在该体系的日常管理和运作之中，主要包括学徒制与工业培训体系的管理机构和运作及学徒教育培训课程的内容和安排等。阿省的学徒制与工业培训体系的日常运作离不开工业界与政府及培训机构的密切合作。学徒、雇主、培训机构与政府共同组成了一个以工业界为主导的、产教高度融合的学徒制教育体系。这个体系的运作受到一系列政策法规的保障和支持。

（一）管理及运作

工业界在阿省学徒制与工业培训体系中的主导地位集中体现于阿省工业委员会联络网的日常运作及其与阿省学徒制与工业培训董事会的协作中。除了引导本省学徒制教育体系的发展方向，这种协作亦使阿省的学徒制教育标准与证书标准得以确立。

在阿省，学徒制教育作为高等教育的一部分，其直接主管单位是高等

---

① Alberta Apprenticeship and Industry Training. List of Compulsory and Optional Certification Trades ［EB/OL］. （2020-05-01）［2022-01-15］. https://tradesecrets. alberta. ca/SOURCES/PDFS/designated_trades_certification.pdf.

② Statistics Canada. Number of registered apprentices Table 37-10-0118-01 ［EB/OL］. （2020-09-29）［2022-01-02］. https://www150. statcan. gc. ca/t1/tbl1/en/tv. action? pid = 3710011801.

教育部下设的学徒制与工业培训董事会。该董事会向高等教育部部长负责，就阿省劳动力市场对熟练技工的需求及相关技能职业的培训和证书标准向部长提出建议。董事会对学徒制的管理和运作遵守五项基本原则：(1)开放原则，即所有想从事指定技能职业的个人都有参加学徒制与工业培训的机会；(2)众筹原则，即学徒、受训人、雇主及政府都为学徒制教育出资；(3)工业界驱动原则，即工业界负责为学徒教育培训和工业培训及证书设置标准，为学徒和受训人提供在职培训与工作的机会以积累其工作经验；(4)合作原则，即所有的利益相关者(董事会、工业界雇主与雇员、阿省政府、初中与高中及技术培训单位)共同合作帮助每一个愿意通过培训获得工作技能的人达成所愿，最终使其能胜任指定技能职业的工作；(5)融合原则，即学徒制教育既是高等教育的重要组成部分，又是终身学习体系的一部分。董事会的日常运作依照《学徒制与工业培训法案》《公共机构管理框架》的规定来进行。①

董事会人员的构成及任命由《学徒制与工业培训法案》明确规定。董事会成员一共13人。董事会设主席1名。作为阿省学徒制与工业培训体系的代表，学徒制与工业培训董事会主席是加拿大学徒制董事会主席跨省联盟的一员，该联盟是加拿大学徒制论坛的成员。成员中有4名是工业界的雇主，4名为雇员，其他成员则来自高等教育部下设的学徒制与工业培训办公室。该办公室主任及所有职员都是政府在董事会的成员，主任兼职董事会秘书。不难看出，在最高管理机构中，来自工业界的雇主和熟练技工占绝大多数。这种构成确保了董事会职责的履行建立在工业界的需求之上。②见表5.4所列董事会主要职责。

① Alberta Apprenticeship and Industry Training. Alberta Apprenticeship and Industry Training Board (AIT BOARD)[EB/OL].[2021-12-28]. https://tradesecrets.alberta.ca/about-us/alberta-apprenticeship-and-industry-training-board/.

② Alberta Apprenticeship and Industry Training. Alberta Apprenticeship and Industry Training Board (AIT BOARD)[EB/OL].[2021-12-28]. https://tradesecrets.alberta.ca/about-us/alberta-apprenticeship-and-industry-training-board/.

表5.4　阿省学徒制与工业培训董事会具体职责

阿省学徒制与工业培训董事会具体职责
——向部长推荐新指定的技能职业；
——成立或认可特定技能职业的委员会并任命成员；
——推广与各技能职业相关的职业发展，及所需的培训和证书；
——制定培训认可政策；
——为指定技能职业的培训和证书推荐标准与要求，及依法颁发和认可证书的标准和要求
——制定对指定技能职业的描述；
——制定学徒制项目及学徒培训的标准与要求；
——解决雇主和雇员之间与《学徒制与工业培训法案》相关事宜的争议；
——制定免修学徒制证书规定

（内容来源：阿省学徒制与工业培训网，https://tradesecrets.alberta.ca/about-us/alberta-apprenticeship-and-industry-training-board/.）

　　阿省工业委员会联络网由各种特定技能行业的工业委员会构成，主要包括地方学徒制委员会、省学徒制委员会、职业委员会及临时委员会。地方学徒制委员会是本省学徒制与工业培训体系的基层机构；省学徒制委员会是地方学徒制委员会和阿省学徒工业培训董事会之间的联系纽带；职业委员会是本省指定职业学徒制与工业培训体系的基层机构，代表了雇主与雇员的利益；各种临时委员会审阅有关指定技能职业的申请，并针对有关新指定行业和职业的提案及该行业与职业学徒培训的开发和证书标准向阿省学徒制与工业培训董事会提建议。所有委员会成员都由阿省学徒制与工业培训董事会任命，任期最多三年。每个委员会的成员构成都包括同等人数的雇主和雇员。这保证了雇主和雇员能在本省学徒制与工业培训体系中的平等发声。①

----

① Alberta Apprenticeship and Industry Training. Alberta Apprenticeship and Industry Training Board（AIT BOARD）[EB/OL].［2021-12-28］. https://tradesecrets.alberta.ca/about-us/alberta-apprenticeship-and-industry-training-board/.

活跃于这些委员会中的工业界雇主和雇员代表们用自己丰富的经验与技能专业知识为阿省学徒制与工业培训体系的发展出力献策。详见表 5.5 中所列各委员会主要职责。

表 5.5 阿省工业委员会联络网及各委员会主要职责

阿省工业委员会联络网			
地方学徒制委员会	省学徒制委员会	职业委员会	临时委员会
——掌握本地动态，向省学徒制委员会提供最新地方消息； ——监督学徒制教育系统运作及学徒在本地技能职业培训中的进展； ——向所属行业的省学徒制委员会推荐有关学徒制教育培训及证书； ——向董事会推荐省学徒制委员会会员任命，以及帮助学徒和雇主处理与《学徒制与工业培训法案》相关的事宜	——向董事会推荐有关学徒制教育与证书相关事宜； ——监督地方学徒制委员会及与其相关技能职业培训，发现并制定技能职业培训需求与内容； ——辨别学徒制教育体系外的培训项目和课程是否与本省的学徒制教育培训同等； ——帮助解决学徒和雇主之间对《学徒制与工业培训法案》相关事宜的争议	——向董事会推荐与其职业相关的学徒制教育与证书相关事宜； ——监督学徒教育培训项目，学徒在职培训项目及学徒的学习进度	——依照各临时委员会的目的来确定
工业委员会联络网信息平台向所有成员开放： ——阅读新成员指南、下载委员会成员手册； ——阅读工业联网络会议日程； ——学徒制与工业培训董事会会议日程； ——地方法规，政策及指导性文件； ——差旅表格； ——申请工业联络网会议纪要，等等			

（内容来源：阿省工业委员会联络网，https://tradesecrets.alberta.ca/about-us/industry-network/.）

不管是阿省学徒制与工业培训董事会还是工业委员会联络网的各委员会，来自工业界的雇主和雇员构成了阿省学徒制与工业培训管理体系的主体。所有管理机构的运作都依赖这些经验丰富的工业界人士的广泛参与，保证了阿省学徒制与工业培训的课程和证书标准都符合工业界的实际需求。工业界参与制定学徒制教育课程标准是产教融合的核心所在，它能确保学徒制教育的教学内容和人才培养的规格都符合工业界的职业标准和规范。

(二)教育培训安排及内容

阿省的学徒教育培训时间单位为"阶段"，每 12 个月为一个"阶段"。和其他省/地区一样，阿省每阶段的学徒制教育课程由两部分构成：在职培训和课堂技术培训。前者占学徒教育培训约 80%的时间，后者约占 20%的时间。

1. 在职培训

学徒申请人首先要找到一个愿意雇用学徒并在阿省为之提供在职培训的雇主。符合条件的学徒申请人被雇主录用后，要与阿省学徒工业培训处签订学徒培训合同，成为注册学徒后就可以开始在职培训了。在职培训由雇主提供，学徒入职后由雇主安排的熟练技工师傅手把手地指导。熟练技工师傅可以是获得证书的熟练技工，亦可以由没有获得证书但有同等熟练技工工作经验的技工来担任。按照学徒、雇主与政府所签的三方合同，学徒的在职培训和雇员一样是有工作报酬的。[①] 这种通过在真实的工作环境中学习实用工作技能的在职培训体现了高度的产教融合。学徒通过在职培训学到的工作技能与工业界的技能需求不会脱钩。

学徒工作招聘和其他工作招聘一样，可以通过招聘网站来申请，很多招聘网站都发布学徒招聘信息。根据阿省政府的学徒招聘官方网站信息，

---

① Alberta Apprenticeship and Industry Training. What is Apprenticeship? [EB/OL]. [2021-12-23]. https://tradesecrets.alberta.ca/learn-on-the-job/what-is-apprenticeship/.

表 5.6 列出了三个近期学徒职位招聘的信息，可以帮助详细了解学徒申请的基本要求以及学徒在职培训的收入和职位特征。

表 5.6　阿省学徒职位招聘信息

学徒职位 应聘要求	学徒机修技师	焊工学徒	电梯装配与机械学徒
学历	注册学徒证书	高中毕业证	高中毕业证
资格证书	第一阶段学徒 第二阶段学徒 第三阶段学徒 工作场所危险材料 信息系统证书 叉车操作证书	不需要	第一阶段学徒 第二阶段学徒 第三阶段学徒 第四阶段学徒(优先考虑)
工作经验	不必须	不需要	1~2 年工作经验
其他技能	看懂并能解释专业图纸、示意图、草图及规格标准	看懂并能解释专业图纸、草图、规格标准、使用手册以及操作过程	电梯相关设备与机器使用经验及以下特殊技能要求： ——调节阀门、棘轮/齿、密封圈、制动衬里及其他部件； ——故障排查与检修； ——新设备测试； ——安全控制装置的安装； ——测试与调节、拆除受损部件、维修或替换可疑受损部件； ——开展预防性维护项目以确保公众安全； ——维护和更新维修和测试日志； ——组装、安装、修理及维护电梯、移动走道及相关设备； ——电控系统装置的安装与布线

学徒职位 应聘要求	学徒机修技师	焊工学徒	电梯装配与机械学徒
个人品行	无犯罪记录	无犯罪记录 无毒品使用记录	无犯罪记录 有效驾照
小时工资	$22~$32/小时 （110~160 元） （可协商）	$20~$26/小时 （100 ~ 130 元） （可协商）	$30.85~$43.19/小时 （154.25~215.95 元） （可协商）
工作时间	每周 40 小时	每周 30~40 小时	每周 40~70 小时
职位特征	永久全职	永久全职	永久全职

（内容来源：阿尔伯塔省职业、学习与雇佣信息：学徒机修技师

https://alis.alberta.ca/occinfo/alberta-job-postings/apprentice-millwrigh t/35648845/；

阿尔伯塔省职业、学习与雇佣信息. 焊工学徒

https://alis.alberta.ca/occinfo/alberta-job-postings/welder-apprentice/35595682/；

阿尔伯塔省职业、学习与雇佣信息：电梯装配与机械学徒

https://alis. alberta. ca/occinfo/alberta-job-postings/elevator-constructor-and-mechanic-apprentice/35674216/.）

在职培训是学徒制教育的一个独特之处。在职培训不仅使学徒接受了与工作相关的技能培训，而且将学徒与就业直接联系起来。这样避免出现普通教育系统的学生在毕业后找工作难的现象。在职培训的收入亦使学徒制教育相对普通教育更经济。① 和加拿大其他省/地区一样，在阿省，雇用、培训与指导学徒是雇主的主要职责。但也有不少雇主因觉得培训学徒的成本太高而不愿雇用学徒。学徒在职培训的成本主要由三部分构成：一是学徒的工资和福利；二是熟练技工指导学徒的费用；三是其他费用

① Gunderson, M. & Krashinsky, H. Apprenticeship in Canada：An increasingly viable pathway? ［J］. Challenge, 2016, 59(5)：405-421.

与时间成本，包括与学徒注册相关的费用、在学徒培训时准备必须提交的文件的时间和为学徒申请其他资助的成本（例如，申请社区学院课堂技术培训资助时所需要的时间和费用）等。研究表明，雇用学徒的雇主在获得经济方面收益的同时，亦可获得很多非经济收益。对大多数的技能职业来说，雇主在学徒培训的第二年就可以获得经济上的净收益。非经济收益主要指雇主对技能人才短缺有较强的抗风险能力；雇主可以收获更好的客户关系；以及雇主工作场所的健康和安全表现得到改善与提高等。[①] 不难想象，这种双向收益会吸引更多的雇主自愿雇用学徒、主动加入学徒制教育的在职培训环节。雇主的这种主动性集中体现于近年来学徒注册人数的快速增长，突显了加拿大学徒制教育产教高度融合的特点。

2. 课堂技术培训

在阿省，由政府指定的社区学院是学徒制教育体系中课堂技术培训环节的主要提供者。学徒培训项目能让社区学院获得政府拨款等资源支持，所以社区学院非常重视对学徒培训名额的竞争。另外，社区学院参与学徒制教育体系与其自身的职业教育特色及与企业界的密切联系也是分不开的。社区学院的职业教育特色主要体现在其与工业界的高度融合之中，具体体现在课程设计、教师队伍及其与企业广泛且深入的校企合作之中。

（1）与职业密切相关的课程设计

社区学院的课程设计是基于一种非常有特色的 DACUM（Developing a Curriculum）课程开发技术。这个源于加拿大的课程开发技术已经被许多国家应用在为满足社会需求而提供的教育与培训中。DACUM 技术是一个成本相对低、能有效快速判别某一个工作岗位所包含的任务和职责的方法。

---

① Malatest, R., MacDonald, D. H., & Gong, L. Return on Apprenticeship from the Employer's Perspective: A Comparative Study [J]. Canadian Apprenticeship Journal, 2010 (1): 1-14.

其前提是在不同岗位工作的人们都能描述自己的工作所需要的知识、技能和态度。不管任何职业，一个 DACUM 过程包括四个不同的阶段：第一个阶段是职位分析。在这个阶段，需要组建一个由 8 到 12 人构成的 DACUM 委员会。成员直接从企业或是该教育项目毕业生将要工作的专业领域招聘，选择标准是可靠、有经验以及拥有所从事工作的专业知识。教师不会进入这个委员会。这个委员会在一个协调人员的带领下用一到三天的时间研究出一个全面包含被分析职位所有特有的职责与任务的详细清单。这个协调人员必须知识丰富并且接受过 DACUM 技术培训。由委员会成员们辨别出的各项任务在一个 DACUM 图表中用矩形框列出。每一组或每一个方框中的任务按照从事这项特定工作所需的各种能力来排列。这个图表中所包含的信息还会延伸到这个工作中会用到的设备和材料、胜任该工作所需要的态度和品质、执行任务的频率、工作难度以及其他与该职业相关的细节。在第二个阶段，DACUM 图由熟悉岗位特点的教师进行任务分析。第一阶段总结出来的每一个任务经分析后就会得到一个对掌握这项工作所必需的知识、学习、技能，以及态度的描述。第三个阶段是 DACUM 过程的教学分析阶段。其间，通过一组教师的分析产生一个详细的课程内容描述。这些教师必须具备被分析职业的基本知识、对适用于年轻人或成年人的教育原理有全面了解、并且熟悉教学技术、媒体和相关资源。第四个阶段包含教学设计和资料开发。只有在这个阶段，各种形式的教学媒体会被用来准备那些向学生传授其必须掌握的信息、技能、知识以及态度的教学单元。DACUM 过程中教学材料的开发和生产既耗时又费钱，包括预算、教育哲学、政府政策以及许多其他行政方面的因素会决定最终的教学材料是什么样的。在完成 DACUM 过程的四个阶段后，就可以开始相关课程项目的试运行了。① 很显然，第一个阶段的职位分析是 DACUM 的关键所在。

① Joyner, C. W. The DACUM technique and competency-based education [C]//in Dennison, J. D. (ed.). *Challenge and Opportunity*: *Canada's Community Colleges*, Vancouver: UBC Press. 1995: 243-255.

由企业界人士和相关专业人士组成的委员会通过 DACUM 技术对职位情况进行界定，保证了所开发课程能从职位的实际所需技能出发，培养出符合企业需求的劳动力。这是产教融合在学徒制教育课程设计环节的具体体现。

（2）实践经验丰富的教师队伍

加拿大社区学院教师队伍有两个主要特点。一是社区学院的教学人员既有全职教师又有大量的兼职教师。兼职教师的雇用是以其职场专业表现的素质为基础的，他们很少有正式的教学经历。据统计，只有不到 1/3 的社区学院教学人员在入职前有正式的教学经历，兼职教师更是如此。① 二是根据社区学院注重实践教学的特点，雇用有企业实践经验的教师是社区学院一贯的传统。这保证了社区学院为学徒所提供的课堂技术培训的师资力量。比如在阿省一所社区学院最新的一则机修技师专业教师招聘信息中，对任课教师的资历要求为：高中毕业证加熟练技工证书或同等经历熟练技工，及最少近期 5 年工业界经历。② 不管是全职还是兼职教师，专业技能是社区学院首要看重的任职资格。这样可以保证在内行教师的教育指导下，学生能学到最实用的专业技能，毕业后能直接从事相关技能职业工作。这是产教融合在学徒制师资队伍建设环节的具体体现。

（3）企业深度参与的校企合作

社区学院的管理和运作离不开企业的积极参与。企业与社区学院的合作以本省《高等教育法案》为依据。在管理上，各行各业的企业代表成为社区学院董事会成员，为社区学院的日常运作和发展群策群力。社区学院的

---

① Glaskin-Clay, B. Part-time instructors: Closing the quality loop [J]. College Quarterly, 10(3). http://www.senecac.on.ca/quarterly/2007-vol10-num03-summer/glaskin-clay.html.

② NAIT. Sessional Instructor(s), Industrial Mechanic(Millwright)[EB/OL]. [2022-01-15]. https://nait.startdate.ca/#/career/info/public/806? language=en.

课程设计有企业人员参与，各专业教学人员也主要来自企业，经费收入既有企业捐赠的奖助学金和实物，又有企业为社区学院提供的合同培训支付的学费及对社区学院应用研究的投入等。社区学院和企业之间形成的这种合作关系是学徒制教育体系产教融合的一个重要内容。

毫无疑问，产教高度融合使社区学院能满足工业界对学徒课堂技术培训的需求。表 5.7 所列某社区学院为机修技师提供的课堂技术培训内容和安排以及学杂费、目标证书、就业薪酬。

表 5.7　机修技师课堂技术培训内容和安排及其他

阿省学徒制教育项目	
机修技师［Industrial Mechanic（Millwright）］课程内容和学习安排	
培训目标	通过机修技师专业的学习，学生将学会安装、维护和修理大型工业和机械设备。具体包括： ——安装轴承 ——对齐齿轮和轴 ——安装发动机 ——连接耦合器和传动带并保持公差精确 ——工业机械设备的液压与气动系统的服务和维修 ——焊接和简单零件加工 ——看图表和原理示意图 ——调整和测试设备 ——操作起重设备吊运重型机器和部件
目标证书	熟练技工证书（Journeyperson Certificate）；红章证书
培训时间	机修技师的学徒培训时间为期 4 年，每 12 个月为一个培训阶段。其中每阶段包括 1560 小时的在职培训和 8 周课堂技术培训

阿省学徒制教育项目		
机修技师［Industrial Mechanic（Millwright）］课程内容和学习安排		
学习内容	第一年/阶段	八周课堂技术培训内容主要有理论学习和实践操作两部分。 理论学习部分： ——测量 ——工作间安全操作 ——手动工具 ——机器原理 ——索具 ——调整对齐 ——其他多种基本原理 实践操作环节： ——轮辋和端面对齐 ——安全索具操作 ——操作车床、磨床及钻床 ——专业算术及应用阅读
	第二年/阶段	八周课堂技术培训内容主要有理论学习和实践操作两部分。 理论学习部分： ——动力传输 ——轴承和密封 ——往复式压缩机 ——润滑 ——变速箱 ——其他机械原理 实践操作环节： ——安装轴承 ——单作用、双作用压缩机和其他多种设备 ——专业数学及应用阅读

阿省学徒制教育项目
机修技师［Industrial Mechanic(Millwright)］课程内容和学习安排

	第三年/阶段	八周课堂技术培训内容主要有理论学习和实践操作两部分。 理论学习部分： ——水压机 ——工业制冷 ——机械盘点 ——动态压缩机 ——其他多种机械原理 实践操作环节： ——搭建电路 ——拆解机械部件 ——动态压缩机(实践操作重点) ——光学测量(实践操作重点)
	第四年/阶段	八周课堂技术培训内容主要有理论学习和实践操作两部分。 理论学习部分： ——工业用发动机 ——调速器/节速器 ——燃气轮机和汽轮机 ——机械泵 ——先进对准方法 ——振动分析 实践操作环节： ——多种发动机 ——汽轮机 ——泵和密封 ——输送系统 ——先进光学对准方法和振动分析方法

续表

阿省学徒制教育项目		
机修技师［Industrial Mechanic（Millwright）］课程内容和学习安排		
费用	每年/阶段总费用约为：1213.6 加元（6068 元）	
	——学费：899 加元（4495 元）	
	——杂费：＄314.6 加元（1573 元）	
	四年课堂技术培训总费用：4852.64 加元（2.45 万元）	
工作薪酬	平均年薪：＄74496 加元（37.23 万元）	
	平均时薪：＄35.57 加元（177.85 元）	

（内容来源：北阿尔伯塔理工-机修技师

https://www.nait.ca/programs/industrial-mechanic? tiletabs＝program-periods；

阿尔伯塔省职业、学习与雇佣信息：加拿大职业-机修技师

https://alis. alberta. ca/occinfo/occupations-in-alberta/occupation-profiles/industrial-me-chanic-millwright/．）

（三）政策法规保障与支持

1. 法规保障

有法可依是阿省学徒制与工业培训体系得以持续正常运作的制度保证。各项法规为产教融合落到实处起到了切实的保障作用。《学徒制与工业培训法案》是阿省所有学徒制教育利益相关者必须遵守的基本法。所有利益相关者的权利与责任在此法案中有明确规定。如学徒制与工业培训董事会与各工业委员会的人员构成、任命及职责都要依此法执行。① 这一法律保障使工业界人士成为本省学徒制管理体系的核心，确保了工业界在学徒制与工业培训体系中的主导作用。学徒制教育中指定的技能职业亦是经

---

① Government of Alberta. Apprenticeship and Industry Training Act ［EB/OL］. （2020-06-26）［2022-01-05］. https://www. qp. alberta. ca/1266. cfm? page＝A42. cfm&leg_type＝Acts&isbncln＝9780779752232.

《学徒制与工业培训法案》规定、由高等教育部根据该法案来指定的。阿省学徒制与工业培训处会抽查雇主提供的在职培训是否符合《学徒制与工业培训法案》的相关规定。省政府的职业健康与安全官员亦有权检查学徒培训的工作场所是否符合职业健康与安全标准。①

另外，法规保障还体现于学徒在省际流动。在《省/地区学徒流动条约》和《省/地区学徒流动协议》的指导下，加拿大各省/地区相互认可其他省/地区的学徒在与该省相同的指定行业的学徒培训内容，包括在职培训（包括小时数）和技术培训，以及完成了的学徒培训。② 上面谈到的机修技师就是一个红章证书学徒培训项目。按照这两个条约和协议，阿省的机修技师学徒毕业后可以在加拿大的任何一个有指定机修技师职业的省/地区从事此项技能工作。

2. 政策支持

阿省对学徒制教育的重视在全加闻名。③ 阿省政府认为支持学徒制与技能职业是为本省的未来投资。④ 在新冠肺炎疫情发生之前，主要招收学徒的工业界就业市场就处于低潮期，例如建筑与矿业、矿石与天然气开采。由于投资锐减及主要投资项目的延期与取消，在 2020 年这些行业的就业形势进一步恶化，直接导致了学徒注册人数的急剧下降。在未来十年，

---

① Government of Alberta. Employer's Guide to Apprenticeship [EB/OL]. [2021-12-28]. https://www. alberta. ca/employer-guide-apprenticeship. aspx #: ~: text = The% 20Canadian% 20Apprenticeship% 20Forum% 20found, new% 20developments% 20in% 20your% 20industry.

② Alberta Apprenticeship and Industry Training. Apprentice Mobility [EB/OL]. [2021-12-28]. https://tradesecrets. alberta. ca/learn-on-the-job/apprentice-mobility-and-trade-harmonization/apprentice-mobility/.

③ Cowin, B. Apprenticeship and Pre-Apprenticeship Training. Made in BC: A History of Postsecondary Education in British Columbia [EB/OL]. [2022-01-18]. https://www. douglascollege. ca/sites/default/files/docs/institutional-research-and-planning/Apprenticeship_History78776.pdf.

④ Government of Alberta. Alberta Trades Hall of Fame [EB/OL]. [2022-01-20]. https://www.alberta.ca/alberta-trades-hall-of-fame.aspx.

阿省还面临着如何在不断增长的退休技工人数与经济持续增长之间继续保持平衡的问题。① 为了应对学徒制教育面临的这些挑战，阿省于 2020 年制定了十年目标规划《阿尔伯塔 2030：为工作，学技能》。根据该规划，为保证本省的高等教育系统能培养一批技能高度熟练且有世界竞争力的劳动力大军，增强创新研究及商业应用，进一步增强雇主和高等教育机构之间的联系，阿省致力于在这十年中为工作技能开发达成以下目标：(1) 成为加拿大第一个为所有本科生提供工学结合机会的省；(2) 拓宽未来学徒制职业发展；(3) 通过培养加拿大最强大的雇主、工业界与高等教育机构之间的合作关系来加强技能的适用性；(4) 开发能测量学生就业技能的战略与方法；(5) 制定政策指导微证书的开发；(6) 精简教育项目审批程序使高等教育机构有更强的能力应对劳动力市场的需求并开发出富有创新的新程序；(7) 增强高等教育机构在本省劳动力技能再培训和技能提高培训中的作用。② 很显然，阿省实现这些目标的关键就在于实现高度的产教融合。

阿省对学徒制教育的重视还体现在强有力的财政资助和表彰奖励政策。尽管在职培训为带薪培训，但注册学徒工资并不高。③ 因此，为了保障注册学徒在社区学院能完成自费的课堂技术培训，各级政府提供了一系列的资助政策来帮助他/她们。阿省的注册学徒可以为在社区学院的全职技术培训申请由联邦政府和本省政府提供的各种奖助学金、学徒培训奖金、失业保险、联邦红章技能行业学徒贷款(无息)、联邦红章技能行业学徒多种助学金及学徒工具税务减免等。为了鼓励年轻人进入学徒制培育培训体系，阿省还为选修学徒技术培训课程的高中生提供每年 1000 加元的政

---

①　Canadian Apprenticeship Forum. Apprentice Demand：A 2021 Labour Market Information Report- Alberta ［EB/OL］. ［2022-01-18］. https：//caf-fca. org/wp-content/uploads/2021/05/CAF_Report_LMI-2021_EN_Alberta_FINAL.pdf.

②　Government of Alberta. Alberta 2030：Building Skills for Jobs ［EB/OL］. ［2022-01-15］. https：//www.alberta.ca/alberta-2030-building-skills-for-jobs-engagement.aspx.

③　Gunderson，M. & Krashinsky, H. Apprenticeship in Canada：An increasingly viable pathway? ［J］. Challenge, 2016, 59(5)：405-421.

府奖金。① 再者，所有参与学徒制培训的雇主可以享受联邦政府提供的税务减免奖励。② 社区学院也为全职参加课堂技术培训的学徒提供各种奖助学金。③

对学徒的表彰奖励主要通过表彰大会和阿省技工名人堂。学徒制工业培训董事会每年举办一次表彰大会，以表彰本省学徒制与工业培训体系中的杰出成员，包括学徒、教师、雇主、培训师傅等在内的学徒培训体系的相关利益人都有获奖机会。④ 阿省技工名人堂公开表彰和奖励为熟练技工和学徒制教育的成功与增长作出巨大贡献的阿省人。⑤ 毫无疑问，这些对学徒制教育及学徒的政策支持既能吸引更多人加入学徒制教育培训，又能提高技能人才的社会地位。

三、加拿大职业教育学徒制发展的新趋势

(一)日益增强的吸引力

很显然，以工业界为主导、产教高度融合的学徒教育体系在相关法规和政策的支持下，能保证学徒培训满足工业界对职业技能的需求。学徒在培训中所学到的技能与工作所需技能高度匹配，是保证学徒高就业率的必要前提。再加上工作稳定和高于全国平均收入的薪水，学徒制教育的吸引

---

① Alberta Apprenticeship and Industry Training. Financial Assistance [EB/OL]. [2021-12-28]. https://tradesecrets.alberta.ca/financial-assistance/.

② Government of Canada. Apprenticeship Job Creation Tax Credit [EB/OL]. (2019-02-12) [2021-12-28]. https://www.canada.ca/en/revenue-agency/services/tax/individuals/topics/about-your-tax-return/tax-return/completing-a-tax-return/deductions-credits-expenses/line-41200-investment-tax-credit/apprenticeship-job-creation-tax-credit.html.

③ NAIT. Scholarships and Bursaries[EB/OL]. [2021-12-28]. https://www.nait.ca/scholarships.

④ Alberta Apprenticeship and Industry Training. Financial Assistance [EB/OL]. [2021-12-28]. https://tradesecrets.alberta.ca/financial-assistance/.

⑤ Government of Alberta. Alberta Trades Hall of Fame [EB/OL]. [2022-01-20]. https://www.alberta.ca/alberta-trades-hall-of-fame.aspx.

力近年日渐增长。学徒普遍对技能职业持有积极乐观的态度。绝大多数（超过90%）学徒都认同技能职业在加拿大正日益成为一个公认的好职业，而学徒制教育是学习职业技能最好的方式。① 尽管加拿大的学徒制教育发展过程中遇到过不少的阻碍因素，如受歧视、学徒机会受经济发展制约、在职培训薪水不高、培训时间跨度长、学徒人员构成单一（缺少妇女、少数族裔及原住民）、职业证书考试严格通过率低、需要高中毕业证入门等，但近年来学徒注册人数随着年轻人工作的多变性而增长，因为通过学徒培训获得的职业证书不仅是这些人在不断变换工作中可以依赖的终身证书，亦为这些人提供了可以自己创业的机会。② 近年来，加拿大学徒制教育开始吸引更多的年轻人加入。据统计，25 岁以下（52.8%）加拿大出生（91.3%）的男性（86.3%）占目前加拿大学徒的大多数。③ 这反映了加拿大学徒制教育的一个新趋势，即对年轻人的吸引力越来越大。

（二）与本科学位教育衔接贯通

阿省政府对工作技能培养与开发的重视亦体现了加拿大学徒制教育的新趋势。在阿省，学徒制教育已经向学位教育延伸，为符合条件的技能专业人员提供进入学位课程第三年学习的机会，主要学习管理知识，毕业后可成为技能行业管理者。例如，具备 3 年及以上管理工作经验的技能行业专业人士可以凭借其先前的教育和专业经验，申请进入某社区学院工商管理学士学位的第三学年学习。此外，为满足学员的不同需求，课程提供方式也相当灵活，有在线和实地授课、白天和晚上授课、周中和周末授课可

---

① Frank, K. & Jovic, E. National Apprenticeship Survey: Canada Overview Report 2015 [EB/OL]. (2017-03-29) [2022-01-18]. https://www150. statcan. gc. ca/n1/pub/81-598-x/81-598-x2017001-eng.htm.

② Gunderson , M. & Krashinsky, H. Apprenticeship in Canada: An increasingly viable pathway? [J]. Challenge, 2016, 59(5): 405-421.

③ Frank, K. & Jovic, E. National Apprenticeship Survey: Canada Overview Report 2015 [EB/OL]. (2017-03-29) [2022-01-18]. https://www150. statcan. gc. ca/n1/pub/81-598-x/81-598-x2017001-eng.htm.

选，一年当中有秋季、冬季和春季三次申请入学机会。① 这一做法在北美首开先河。因此，在加拿大，学徒制教育不再是技能教育的终点。大专教育层次的学徒制教育与本科层次的高等教育之间有了层次上的衔接与体系之间的贯通。

总体而言，在加拿大各级政府的重视与支持下，加拿大的学徒制教育体系已经成为一个以工业界为主导、产教高度融合的高等职业技术教育体系。这样一个教育培训体系培养出的学徒已经成为加拿大工业界高技能人才的主力军。工业界高技能人才在加拿大就业稳定且薪水高。随着学徒制与本科学位教育衔接贯通，这一体系亦将培养出众多的技能行业管理人才。近年来的发展趋势表明，越来越多的加拿大年轻人对学徒制教育有着浓厚的兴趣，再加上注册学徒人数的快速增长及学徒教育向本科学位课程的延伸，都显示出学徒制教育作为职业技术教育的强大吸引力。

需要指出的是，在加拿大这样一个有着崇尚精英教育传统的国家，学徒长期被加拿大人当作"穷表弟"被讥讽和嘲笑，因而导致了学徒制教育的社会地位不高。② 尽管如此，加拿大政府通过与工业界、雇主、学徒、社区学院及其他所有利益相关者通力合作把学徒制教育开展得有声有色，使学徒制教育由长期以来被社会歧视，发展到近年来对越来越多的年轻人产生吸引力。加拿大是世界上国民受教育程度最高的国家。在 2020 年，有约59.9%的加拿大人拥有高等教育学历文凭。③ 经济合作组织研究发现，这

---

① NAIT. Trades to Degrees: Pathway to Bachelor of Business Administration Degree (Management Concentration)-A Custom Business Degree Entry for Trades Professionals [EB/OL]. [2021-12-28]. https://www.nait.ca/nait/admissions/transfer-and-credit-options/pathways/trades-to-degrees.

② Gunderson , M. & Krashinsky, H. Apprenticeship in Canada: An increasingly viable pathway? [J]. Challenge, 2016, 59(5): 405-421.

③ Statista. Share of people with tertiary education in OECD countries in 2020 by country [EB/OL]. [2022-07-20]. https://www.statista.com/statistics/1227287/share-of-people-with-tertiary-education-in-oecd-countries-by-country/#statisticContainer.

一高比率是由于加拿大人获得高等职业教育学历的比率很高，而非大学学历。① 对有着类似崇尚精英教育传统的国家来说，加拿大职业教育体系中的学徒制现象非常有意义且值得进一步研究，即如何通过提高职业技术教育的社会地位来改变人们轻视低估职业教育和技能人才的思想观念。

---

① OECD. (2014). Education at a glance 2014 ［EB/OL］. ［2022-07-22］. https：//www.oecd.org/education/Canada-EAG2014-Country-Note.pdf.

第六章　现代职业教育体系的贯通
机制建设

第一节　制造强国战略与"中—高—本—研"职业
教育体系建设

制造业是国民经济的主要内容，是科技创新的"主战场"。提升制造业的国际竞争力，是提高我国综合实力和建设世界强国的必经之路。教育部原部长陈宝生在 2017 年全国教育工作会议工作报告中对职业教育支撑国家战略提出了明确要求，"增强职业教育服务发展支撑力，培养技术技能人才。主动服务动能转化和产业升级，推动实施《制造业人才发展指南》，加快培育大批具有专业技能与工匠精神的高素质劳动者，助力中国制造2025"。① 2021 年 4 月，习近平总书记对职业教育工作作出重要指示强调，在全面建设社会主义现代化国家新征程中，职业教育前途广阔、大有可为。要加快构建现代职业教育体系，培养更多高素质技术技能人才、能工巧匠、大国工匠。让技能成就出彩人生，技能服务美好生活，技能支撑强国战略。

对职业教育而言，支撑国家创新发展战略，适应"中国制造 2025"提出的新要求，技术技能人才培养工作任重而道远。职业教育是培养技术技能

---

① 陈宝生部长在 2017 年全国教育工作会议上的工作报告［EB/OL］．［2022-04-20］．https://www.sohu.com/a/125586495_508635．

人才的重要基础，为适应经济的转型和现代化发展的需要，我国一直致力于努力从"制造大国"向"制造强国"转变，而构建现代职业教育体系是其必然路径。① 一方面，通过巩固提高中等职业教育发展水平、创新发展高等职业教育、引导普通本科高等学校转型发展、积极发展多种形式的继续教育，完善职业教育人才多样化成长渠道，加快构建纵向贯通、横向融通的现代职业教育体系和完整的技术技能型、应用型人才培养体系；另一方面，通过大力发展中等、高等、本科职业教育，优化职业教育结构，为高质量教育体系建设奠定科学合理的结构基础。

一、"中—高—本—研"职业教育体系的战略意义

制造业是发展国民经济的产业主体，是推进工业化的主导产业，也是实现产业现代化的物质基础。中国要实现从"制造大国""世界工厂"向"智造强国"迈进，需要大批高技能型人力资源的支撑，而构建现代职业教育体系是适应经济转型发展、培养高技能人才的重要保障和必然路径，能够为制造业等实体经济输入新鲜血液，保持发展活力，并能在促进制造业产业布局结构优化、发展方式转变、培育自主创新能力方面发挥重要作用。当前，完善现代职业教育体系，建立"中—高—本—研"多层次一体化的人才培养体系，畅通技术技能人才成长渠道成为现代职业教育改革的重要内容。因此，如何紧贴"中国制造2025"发展战略，壮大制造业人才队伍，提升人力资源水平，成为职业教育必须承担的历史使命。

(一)加强职业教育体系建设是推动制造强国战略的迫切需要

职业教育是制造业高素质技术技能人才的主要来源。职业教育是国民教育体系和人力资源开发的重要组成部分，职业教育培养的学生是制造业产业大军的主要来源，为制造业提供强大的物质支撑和高素质技术

---

① 周建松. 现代职业教育体系建设与高职教育创新发展[M]. 杭州：浙江工商大学出版社，2017：541.

技能人才。① 一方面，我国经济已经从高速增长向高质量发展迈进，加强职业教育体系建设成为推动制造业高质量发展的客观需要，而我国未来制造业高质量发展、产业技术升级，最关键的要素是制定人才发展规划，培养合格职业技能人才，只有职业教育才能担此重任。另一方面，我国正从"中国制造"向"中国智造"转型，要发挥企业家精神和工匠精神，推动中小企业向"专精特新"方向发展。② 随着经济社会发展与科技进步，高技能人才在各个领域、岗位上的作用越来越重要，先进技术在生产过程中的运用越来越广泛。在这种背景下，产业转型升级对高素质高技能人才需求大幅攀升。现代职业教育体系建设旨在构建具有鲜明时代特色、适应市场经济发展需要的保障机制，为制造强国战略提供大批量技术技能人才。

制造业转型升级亟需大批高素质技术人才支撑。大力发展职业教育，是转变经济发展方式和提高国家竞争力的可靠保证。在"中国制造2025"背景下，现代制造业高端技能型人才的培养，需要有效的现代职业教育体系和运行机制。当前我国正处于经济发展和社会转型的关键时期，经济转型升级是我国经济由大变强，实现高质量发展的必由之路，而制造业的转型升级首当其冲。要加快制造业的转型升级，必须依靠创新驱动，这不仅需要一批高层次的知识型、创新型人才，还需要一支高素质的技术技能型人才队伍。未来的经济增长将越来越依靠提升人力资源的质量，尤其是在当前制造业变革加速推进，互联网、物联网、大数据、人工智能等新技术迅猛发展的情况下，对高水平技术技能型人才提出了更为迫切的需求。

(二)职业教育体系建设助推制造业生产方式与产业变革

职业教育人才培养层次上移助推制造业生产方式革新。职业教育向高

---

① 深化改革 加快发展 开创我国现代职业教育新局面 刘延东在全国职业教育工作会议上的讲话[J]. 职业技术教育，2014(18)：33-37.

② "专精特新"中小企业活力足[EB/OL]. [2022-04-22]. http://cq.people.com. cn/n2/2021/1224/c365425-35065872.html.

层次延伸，并不意味着对"中低"层次的否定，而是要对职业教育体系的结构优化，充分满足"中国制造 2025"对各层次应用型人才的需求量。随着"中国制造 2025"国家战略的推进，"互联网+工业"将促进我国制造业生产方式加速革新，"工业 4.0"时代，智能制造无疑会产生新的生产方式，新的生产方式离不开掌握新技术的高层次技术技能人才。① 构建现代职业教育体系，加强本科及以上层次的职业技能人才培养，才能既增强职业院校毕业生的发展潜力，又有利于高端产业专业技能的培养。众所周知，高端装备制造业是"国之重器"，制造强国战略的核心是布局高端制造业，我国企业在高速铁路、核电、装配、海洋工程、通信技术等方面取得的发展成就和高新技术优势也获得了国际社会的认可，推动职业教育人才培养层次上移，能够进一步助推制造业生产方式革新，促使"中国制造"向"中国智造"转变。

职业教育人才培养适配制造业产业变革的需要。构建制造业新发展格局，提升制造业创新能力、综合实力和产业转型升级，必须增强职业教育人才培养的适配性和自主创新能力。一方面，现代职业教育体系具有层次完备性和学习终身性特征，它不仅应该包括中职、专科职业教育层次，而且还有技术本科、硕士乃至博士层次的职业教育。高层次的职业教育可以培养面向生产一线高素质的基础研究人才、技术人才和经营管理人才，造就一批制造业产业技术创新人才和高水平团队，提升职业教育人才培养的适配性，进而增强科技创新能力，提高制造业自主研发能力，加快培育一批拥有专利技术、自主知识产权核心技术和知名品牌的高新制造业，提高技术创新水平以及制造业核心竞争力。另一方面，自主创新是提升科技水平和经济竞争力的关键，也是调整产业结构和转换发展方式的中心环节。② 国际经验表明，后起国家或地区工业化要实现由资源驱动、投资驱动向创新驱动转变，必须抓住自主创新这个中心环节，努力提高原始创新、集成

---

① 陈鹏，庞学光.《中国制造 2025》与现代职业教育转型发展[J]. 教育发展研究，2015，35(17)：15-20.

② 提升科技创新能力——把握我国发展重要战略机遇新内涵述评之二[EB/OL].[2022-04-22]. http://scitech.people.com.cn/n1/2019/0218/c1007-30759190.html.

创新和引进消化吸收再创新的能力。伴随着第四次工业革命的到来，数字化、智能化技术将深刻改变制造业的生产模式和产业形态，为我国制造业发展带来前所未有的挑战和机遇。而加速我国从制造业大国向制造业强国的转变，最为关键的是全面增强自主创新能力，努力掌握核心技术和关键技术，提升产业整体技术水平，拥有更多的专利技术、自主知识产权、自主研发能力和知名品牌。①

(三)制造业产业转型升级和技术革新促逼职业教育体系优化

制造业转型升级促使职业教育质量提升和层次高移。"中国制造 2025"对职业教育的最大冲击就是促进了职业教育的质量内涵和教育层次的提升。随着科技的不断发展以及在生产中的广泛应用，全球将有越来越多的工作岗位被工业机器人替代，而替代的这些岗位原本就是职业教育服务的对象，比如原有的中职教育培养的都是基本操作工，而在未来的工业发展过程中，这些操作工基本上被机器人取代，企业急需机器人调试、维修等技术人员，因而提升职业教育的教育层次刻不容缓。② 在此背景下，探讨制造强国战略下的"中—高—本—研"衔接具有前瞻性。推进职业教育高质量发展，就必须打通中职、高职、应用型本科教育乃至专业学位研究生教育的衔接渠道，一体化设计中职、高职专科、高职本科、专业学位研究生专业目录，推动各层次技术技能人才培养目标更加明晰，教学内容、教学评价等相互衔接，毕业生升学和成才通道越来越宽广，从而不断增强职业教育人才培养竞争力和吸引力。

制造业技术革新助推职业教育人才培养体系优化。习近平总书记指出："创新是引领发展的第一动力"，"创新驱动实质是人才驱动"。③ "中

① 吕铁，等."中国制造 2025"的六重玄机 改革传媒发行人、编辑总监王佳宇深度对话六位知名学者[J]. 改革，2015(4)：5-25.

② 刘奇. 中国制造 2025 背景下的职业教育中高本衔接模式研究[J]. 中国教育技术装备，2018(19)：8-10.

③ 大力激发人才创新创造活力 把人才优势转化为高质量发展动力[EB/OL].[2023-04-12]. https://www.xndjw.gov.cn/website/contents/52/92689.html.

国制造 2025"的根本目标就是要改变我国制造业"大而不强"的局面，经过十年的努力，使我国迈入制造业强国行列，为到 2045 年将我国建成具有全球引领和影响力的制造强国奠定坚实基础。① 而打造中国经济的升级版，使"中国制造"升级为"中国创造"，需要依靠一支高级技术技能人才大军来完成，以制造业技术革新助推职业教育人才培养体系建设极具必要性和重要性。人力资本和人才资源是强化创新驱动、抢占未来发展制高点的根本支撑。目前，我国制造业发展的质量和水平还不够高，一些领域关键核心技术还存在"卡脖子"问题，迫切需要充分发挥我国职业教育储备人力资本和人才资源优势，培养技术技能型人才的创新创造才能，解决好制造业高质量发展中存在的各类问题，提升产业基础高级化、产业链现代化水平，从而不断优化职业教育培养高端技能型人才生态环境、激发人才创造活力，积极布局、优化和完善职业教育发展体系，建设具有战略意义的高科技产业，力争在新一轮科技革命和产业变革中抢占先机，为经济高质量发展夯实基础。

二、"中—高—本—研"职业教育体系建设的实践现状

（一）职业教育体系建设成为制造业发展的重要引擎，助推制造产业转型升级

近年来，国家大力推进职业教育体系建设，塑造制造强国战略的重要引擎。职业教育在中高职衔接、普职融通、学生"双证书"、试点建设本科层次职业院校、推动地方本科高校转型等制度建设，以及考试招生制度、办学体制机制、教育模式、评价模式等关键改革上已取得突破。职业教育体系建设呈现出三个重要特征：一是适应经济发展方式转变和制造业产业结构调整需求，即外部适应性是构建现代职业教育体系的逻辑起点，新时期经济社会发展要求这个体系必须是开放的，需要通过教学标准与用人标

---

① 中国制造 2025：让中国制造业不再"大而不强"[EB/OL].［2022-05-25］. http://politics.people.com.cn/n/2015/0426/c70731-26904466.html.

准的融合，实现专业建设与制造业产业发展对接；二是体现终身教育理念，即内部适应性是根本目的，要求职业教育体系建设要坚持以人为本，强调人的终身发展；三是"中—高—本—研"职业教育体系不同层次人才培养与制造业产业协调发展，即内在系统的协调性是重要实现手段，要求系统培养技能型人才，突破培养层次的局限。①

在制造强国战略背景下，职业教育市场仍主要面临技术技能人才供需结构性失衡的困境，尤其是高端技术技能人才短缺现象严重。据人社部统计，截至 2020 年底，全国技能劳动者总量超过 2 亿人，占就业人员的 26.8%；高技能人才达到 5800 万人，占技能劳动者的近 30%，技能人才尤其是高技能人才在总量、结构、培养、使用等方面，与实际人才需求相比仍存在一定差距。② 随着中国制造业的转型升级，高技能劳动力的缺口日益明显。据统计，2020 年高端技能人才需求达 3900 万人，其中技师、高级技师达 1000 万人左右。③ 而据教育部、人社部、工信部联合发布的《制造业人才发展规划指南》显示，制造业十大重点领域 2025 年高端技术技能人才缺口将接近 3000 万人，缺口率高达 48%。可见，加快发展职业教育，大力培养技能人才刻不容缓。④ 借鉴美国等发达国家的制造业从业人员的结构演变过程，结合我国第六次全国人口普查数据推算，2025 年中国的制造业从业人口约为 1.4 亿人，其中高级技术技能工人比重增加约为 60%，即约 8000 万人，这意味着制造业从业人口平均每年需要增加约 300 万人，这对职业教育适应并促进制造业的发展提出了相当高的要求。⑤

---

① 职教体系建设应加强顶层设计[EB/OL].［2022-05-14］. https：//epaper. gmw. cn/gmrb/html/2012-03/24/nw.D110000gmrb_20120324_1-10.htm? div=-1.

② 人社部印发"技能中国行动"实施方案［EB/OL］.［2022-05-25］. http：//www. legaldaily.com.cn/government/content/2021-07/07/content_8545554.htm.

③ 张莉. 解读《中国制造 2025》［J］. 今日中国，2015(7)：58-61.

④ 强化职业教育体系 助力制造业转型升级[EB/OL].［2022-05-19］. https：// www.163.com/dy/article/GMB5E8C00512D71I.html.

⑤ 习凌冰，沈小碚. 中国制造 2025 背景下职业教育体系创新［J］. 教育与职业，2016(9)：9-13.

　　基于以上困境，我国需要大力发展职业教育，培养高素质技术技能人才，服务制造强国战略需要，这就要求职业教育体系建设持续跟进经济社会发展步伐，推动制造业产业转型升级。"十三五"期间，我国重点建设了197所特色高水平职业院校，① 试点建设本科层次职业学校，鼓励地方本科院校向应用型转变，打通职业教育"天花板"，培养出大规模的技术技能人才，助推我国制造业综合实力全面跃升，产业结构持续优化，形成了以科技创新为动力，以"互联网+制造"为重要特征，以高新技术产业、高端装备制造业和战略性新兴产业为主导的先进制造业体系。截至2020年，全国共有职业学校1.15万所，开设1200余个专业和10余万个专业点，基本覆盖了国民经济各领域，每年培养1000万名左右的高素质技术技能人才。在现代制造业、战略性新兴产业和现代服务业等领域，一线新增从业人员70%以上来自职业院校，职业教育社会认可度显著提升。② 党的十八大以来，职业教育重点加强智能制造业、精准服务业和现代农业领域重要职业和关键岗位技术技能人才培养，为装备制造、新能源汽车、人工智能、数字经济、现代物流业等领域培养数以亿计的技术技能人才，为我国新经济、新技术、新业态提供了强有力的人力资源支撑。"十四五"期间，我国继续大力推进智能制造，必然要求职业教育适应经济社会发展新变化，为智能制造发展提供源源不断的技术技能人才支撑。

（二）"中—高—本—研"职业教育体系基本形成，迫切要求贯通升学衔接机制

　　近年来，我国确立了职业教育的类型地位，构建起纵向贯通、横向融通的现代职业教育体系。职业教育系统内部形成了中职、专科和本科层次人才培养格局，基本形成与现代产业体系相适应的专业布局，技术技能人

---

　　① 职业教育增强适应性 服务高质量发展[EB/OL].［2022-05-16］. http://www.gov.cn/xinwen/2021-04/11/content_5599024.htm.

　　② 教育部：全国共有职业学校1.15万所 在校生2857.18万人[EB/OL].［2022-05-22］. http://education.news.cn/2020-12/08/c_1210921358.htm.

才供给能力不断增强。中等职业教育发展水平不断提升，高中阶段职普比保持相对稳定，培养了数以亿计的高素质劳动者；推进专科层次职业教育的高质量发展，培养了一批大国工匠、技能大师和能工巧匠，培养了服务区域发展的高素质技术技能人才和服务社区建设急需的紧缺人才；试点开展了本科层次职业教育，目前教育部已建设32所职业本科学校，打破了职业教育止步于专科层次的"天花板"，为制造业培养高层次技术技能人才。面向在校学生和社会成员广泛开展职业培训，为学生和在职员工的技能提升和转岗转业培训提供了有效服务。在国家政策的指导下，创造条件从纵向上畅通中职、高职、本科到研究生的上升通道，一些具有制造业行业背景的高职高专升格为职业本科，建立"累积式"课程衔接体系和学历学位认证体系，打通制约职业教育向上发展的"天花板"。在政策激励下，职业教育办学层级逐渐高移，人才培养层级结构趋于优化。对于我国来说，《现代职业教育体系建设规划》《国家职业教育改革实施方案》等文件已经从宏观层面制定了"蓝图"，接下来就是如何科学"落地"的问题。

推动中国制造业由中低端走向中高端，实现现代制造业的大发展，需要高端技能型人才的支持，这就要求提升职业教育办学层次，建立起完备的现代职业教育体系与其相配套。但目前来看，职业教育的最大症结是职业教育体系没有构建完善，而制约职业教育体系构建的最大问题就是没有科学合理的"中—高—本—研"衔接模式。通过近些年的不断改革，中职、高职间对接的通道已基本贯通，不过，中职、高职与本科层次职业教育的衔接还不畅通。中职、高职与职教本科的衔接政策设计的初衷是架构在职教高考制度上，但由于职教本科本身发展不完善，所谓"文化素质+职业技能"的职教高考止步于高职阶段，致使我国高层次的职业教育仍然以专科为主，大部分职业院校毕业生主要从事企业一线生产加工的低端基础性工作；本科层次职业教育和研究生层次的职业教育仍处于试点办学阶段，尚未在职业教育系统内进行推广和普及，与制造业转型升级的需求还存在着较大的差距。① "中

① 陈诗慧，张连绪. "中国制造2025"视域下职业教育转型与升级[J]. 现代教育管理，2017(7)：107-113.

国制造2025"迫切要求打通职业教育发展的上升通道，建立起"中—高—本—研"衔接的职业教育人才培养体系。

（三）"中—高—本—研"职业教育升学模式建立，亟待突破中高本生源招考困局

"中—高—本—研"职业教育"立交桥"已经实现初步衔接，打破了职业教育的升学瓶颈，实现了职业教育的纵向延伸，顺应了我国产业升级对高技能人才的要求，在一定程度上满足了学生的升学需求。专业是将"中—高—本—研"院校贯穿起来的线索。通过整理《中等职业技术学校专业目录（2010年修订）》《普通高等学校高等职业教育（专科）专业目录（2015）》《普通高等学校本科专业目录（2018）》，梳理"中—高—本—研"贯通情况可知：中职学生通过专业大类对口单招考试或者"五年一贯"、中高"3+3"、中本"3+4"等联合培养项目升入高职专科、应用本科学校；高职学生通过"专转本""专接本"全省统考或高本"3+2""4+0"等联合培养项目升入应用型本科院校；本科学生通过全国统考进入专业硕士教育。此外，中央已经提出了明确目标：到2025年，职业教育类型特色更加鲜明，现代职业教育体系基本建成，技能型社会建设全面推进；办学格局更加优化，办学条件大幅改善，职业本科教育招生规模不低于高等职业教育招生规模的10%，职业教育吸引力和培养质量显著提高。

但目前来讲，亟待突破中职、高职与职教本科生源招考困局。一方面，中等职业教育培养规模呈逐年缩减趋势。一是适龄人口持续下降导致中职学校生源逐步减少；二是社会依然存在轻视职业教育的观念，民众倾向于让子女去普通高中就读，加上普通高中招生规模不断扩大，加剧了中职生源的萎缩。近年来，全国中等职业学校数量以每年400~600所的速度递减；在校生数由1755.28万下降到1555.26万。① 另一方面，职教高考

---

① 任君庆.新时代职业院校技术技能人才培养的成效、问题与对策[J].中国高教研究，2019（12）：99-103.

制度还有待继续落实。虽然 2020 年全国高职分类考试招生逾 300 万人，超过高职学校招生总数的 60%，① 但目前职教高考本科录取率远远低于普通高考本科录取率，只有逐步实现职教高考和普通高考在本科招生计划上大体相当，并且与本科层次职业教育相配合，逐步建立"文化素质+职业技能"的职教高考制度，有效衔接"中高本"纵向贯通机制，才能从根本上消除社会对职业教育的偏见，也才能真正实现"三百六十行，行行出状元"，为我国从制造大国向制造强国迈进提供大量急需的高技能人才和大国工匠。②

三、"中—高—本—研"职业教育体系存在的问题

(一)职业教育体系缺乏顶层制度设计，滞后于制造业产业转型升级步伐

在日趋激烈的国际竞争中，制造业强国转变成功与否，越来越取决于劳动者素质和人力资本积累。制造业强国的崛起，离不开大批数量充足、结构合理、技术精湛、门类齐全、素质优良的技能型人才队伍的支撑，而这类人才的培养离不开完善的现代职业教育体系。目前，我国现代职业教育体系的顶层制度设计和标准制定仍落后于我国制造业发展的现实需求。如宏观层面上，职业教育发展的总体目标、全局规划、制度设计、标准体系、管理体制等还缺少全面合理的科学设计，不利于人力资源大国向人力资源强国转变的长远发展；中观层面上，与我国制造业产业密切相关的院校区域布局、专业设置与布点、教师资格准入、专业人才规模与质量等还没有根据制造业强国崛起的现实需要进行科学规划；微观层面上，与我国

---

① 人人出彩　技能强国——党的十八大以来我国职教改革发展成就综述[EB/OL].［2022-05-03］. http://www.moe.gov.cn/jyb_xwfb/s5147/202104/t20210412_525824. html? authkey=boxdr3.

② 职业教育提质培优技能强国[EB/OL].［2022-05-10］. https://www.tech.net. cn/news/show-94180.html.

制造业发展相关的专业人才培养目标、课程体系、教学内容、教学资源环境、教学手段等与制造业所需人才的规格、层次、结构和要求等还不匹配，没有进行深入的规划和设计。

社会发展既需要精英人才，又需要应用技术型人才。然而，在具体实践中，职业技能教育与实际需求脱钩，职业院校的专业设置、人才培养模式与企业的实际需求不能有效匹配。企业所需专业人才缺口大的问题已成为提高企业整体素质、加快新旧动能转换的"瓶颈"，但不论是雇主还是青年都认为毕业生对工作领域的准备不足。目前，我国职业院校的人才培养，在很大程度上突出了实际操作技能训练，培养的学生往往技能比较单一、综合素质不高，与熟练操作工区分不大。这样的劳动者很容易被智能机器所取代，也很难服务于产业转型升级之后的需求。

（二）职业教育培养规格衔接不紧密，缺乏适切的专业课程组织及管理模式

根据教育部《中等职业学校专业教学标准（试行）》（2015）、《高等职业学校专业教学标准》（2019）和《本科专业类教学质量国家标准》（2019），通过对中职、高职专科、高职本科、专业硕士的专业课程设置与教学标准进行梳理发现，人才培养规格衔接不够紧密，课程体系与教学标准隔阂大。具体表现为：一是"中—高—本—研"专业名称和专业内容差异性较大。中职、高职专科教育以职业能力为基础设置专业，专业设置多而杂；高职本科、专业硕士教育专业涵盖的内容广、专业少，学生从中职到专业硕士的每个升学环节几乎都会遇到专业调整的问题，每次专业调整都会带来学习内容的改变。二是缺乏连贯性课程体系。中职、高职专科阶段的课程组织是在对工作过程与职业能力分析的基础上按照技能发展的逻辑进行，更加注重实践能力的培养；高职本科、专业硕士阶段则对理论要求较高，导致不同层次的理论、实训、实践标准不统一。三是师资的学历、素质结构、考核要求不同。中职教师以本科毕业生为主，进校后考取高级工证书；高职教师主要是硕士、博士毕业生，部分教师具有副教授、教授等高级职

称；专业硕士学校教师的学位和职称更高。在目前的教师考核和评价体制下，层次越高的学校对教师的学术要求越高，对技能的要求相对下降。师资素质结构的差异性导致"中—高—本—研"各个阶段的人才培养呈现出非连续的断裂状态，导致学生进入高一层次职业院校后很难适应新的学习要求。

此外，职业教育通过中高"3+3"、中本"3+4"、高本"3+2""4+0"等长学制模式开展多层次联合人才培养，但教学管理与考核机制并不完善。多层次联合人才培养对于打造职业教育品牌专业、增强职教吸引力具有重要作用。然而，有关调查发现，多层次联合人才培养项目的涵盖范围较窄，教学管理与考核中存在机制不完善等问题。一是教学、教育管理的问题。人才培养的目标由联合单位共同制定，但在教育教学管理过程中的教学计划实施、变更、修订等缺乏过程调整与监控机制，影响人才培养质量与衔接效果。二是学分、学习成果转换的问题。人才联合培养方案对学生成长具有导向作用，由于不同院校分阶段实施教学与教育管理，学生在实训、实践、大赛等方面的学习成果转换仍然存在困难。

(三)职业教育体系市场适应性不足，落后于制造业产业发展方式的转变

我国按照中国特色新型工业化道路的要求，促进传统产业与战略性新兴产业、先进制造业与面向工业生产的相关服务业、民用工业和军事工业协调发展。我国高职工科类专业设置比重相对偏低，虽然近年来有所调整，但仍难以满足制造业作为未来我国经济发展主要增长点的需要。目前我国高职专业设置中机械、电气、化工和轻纺等招生比例严重不足，难以满足制造业强国崛起所需的高素质的技能型人才的现实需要。① 从我国制造业的发展轨迹来看，短期内期望通过基础研究的重大突破来提升竞争力不太现实，较为可靠的路径是工艺层面的突破。智能化要真正发挥效益，

---

① 冉云芳，付卫东. 现代职业教育体系助推我国制造业强国崛起的策略分析[J].高等工程教育研究，2016(1)：172-176.

必须有扎实的生产工艺为基础。这就是我国职业教育提出要培养大国工匠的核心意义所在。而学校职业教育只能教给学生普通的技术知识，这种技术知识对于维持处于粗放型阶段的企业的运行是可行的，但对定位于高新技术的企业来说却远远不够，对于智能化生产的企业来说就更显无力。而我国目前的技术技能人才培养方式主要依托的恰恰是学校职业教育模式。

产教融合是职业教育改革发展的核心内驱力。但只有形式上的"校企合作"而缺乏深度的"产教融合"导致职业教育缺乏市场适应性，逐渐落后于制造业产业发展方式。通过对比"中—高—本—研"院校的人才培养方案发现，职业院校专业人才培养与制造业产业的深度融合不足。"中高"院校主要通过顶岗实习、订单班等方式与相关企业合作，以实习与用工的关系为主，且顶岗实习单位主要是中小企业，受到企业人力、资金、技术、管理水平等因素的限制，企业较少实际参与课程方案制定，顶岗实习往往流于形式。"本研"应用型院校主要通过共同申报科研项目、共建实训室、共建研究所的方式合作，校企合作以部分教师为主导，学生参与面窄。同时，由于产教融合配套保障措施不足、企业参与职业教育的投入和产出不对等，企业缺乏参与职业教育的动力。此外，"中—高—本—研"产教融合人才培养目标缺乏连续性和贯通性。"中高"层次职业学校产教融合主要目标是提高学生动手能力和解决实践问题的能力；而"本研"层次职业学校产教融合主要目标是合作攻关来解决技术难题，需要依托师生研究能力来解决。不同层次职业院校产教融合方式和人才培养目标的差异性，导致低层次职业院校学生升级到高层次的职业院校后无法适应学习和实践中的较高科研与创新要求。[1]

(四)职业教育体系生源结构不稳定，不能满足制造业高质量发展需求

职业教育人才培养过程缺乏能促进职业能力持续积累的完整体系，造

---

[1]　王一涛，路晓丽."中高本硕"衔接的理论溯源、实施现状与路径优化——基于类型教育的视角[J].教育发展研究，2021(3)：60-67.

成"中—高—本—研"生源结构不稳定，升学需求与教育供给不均衡。一方面，智能化生产需要高度复合型人才，需要一种能促进能力持续积累的长学制的人才培养体系。但在现实中其关键问题是，各个阶段的职业教育相互割裂，其关系更多的只是学制关联，而非课程关联。近年来，虽然许多省市推出了中高职衔接甚至是中本衔接项目，但这种衔接也更多地只是为了解决职业院校的招生问题，它们往往只是在现有课程框架下对课程体系做些整合，以提高人才培养效益，并没有系统框架职业教育类型化的人才培养体系。① 另一方面，高职专科在"中—高—本—研"多层次教育衔接中具有"承上启下"的作用，按照职业带理论，职业技能需要长期训练和实践养成，但目前中职、高职生源的衔接比例较低。"专转本"是高职专科院校与本科院校衔接人才培养的重要形式。但学生的升学需求与本科职业教育供给存在结构性矛盾，相对于经济转型发展及其对复合型技术技能人才的旺盛需求，本科层次的应用型技能人才特别是制造类应用型技术技能人才培养的供给不足。我国专业硕士从 2009 年开始试点，但专业硕士教育还处于探索期，招生人数少、比例低，招考方式和教育内容缺乏职业教育类型特色；特别是由于我国本科职业教育长期"缺位"，造成本科职业教育与专业硕士教育之间严重"脱节"。

高新技术及其产业化是 21 世纪国际市场竞争的制高点，是一个国家经济发展水平和综合竞争力的重要标志。我国制造业高新技术起步较晚，但发展迅猛，电子信息、生物工程、航空航天、医药制造、新能源和新材料等高新技术从无到有、蓬勃发展，成为带动中国工业实现跨越式发展的重要驱动力。但目前我国制造业从业者中接受过大专及以上教育的从业者仅占 6.4%，其中接受本科教育的仅占 1.8%，这样的人才结构显然难以提高制造业自主创新能力；长期以来，我国高等职业教育大多只有专科层次，技术本科仅在少数职业院校试点，硕士层次乃至博士层次的职业教育完全

---

① 徐国庆. 智能化时代职业教育人才培养模式的根本转型[J]. 教育研究，2016（3）：72-78.

处于空白状态。① 根据西方制造业强国的实践经验，技术本科及以上的高层次职业教育是提高制造业自主创新能力的核心力量，而我国职业教育的层次"天花板"已成为提升制造业自主创新能力的桎梏，制造业工人技术素质偏低，难以适应现代信息技术与制造业深度融合的发展趋势，与制造业发展需要技术不断推陈出新的要求不相适应。

（五）职业教育体系缺乏系统开放性，职业素质不能适应制造强国发展要求

高素质技能型人才是制造业发展方式转变和产业结构升级的直接推力。目前我国制造业总体上仍以劳动密集型产业为主，在岗员工主要为初中及以下文化程度年轻农民工，还有一部分是中专、技校和职高毕业生。据统计，在制造业就业的劳动力中，平均受教育年限为 9.5 年，略低于流动人口的平均受教育年限（9.6 年），仅 26.9% 的制造业从业技术工人接受中专及以上教育；81.8% 没有任何职称，具有专业技术职称的只有 3.4%，且所拥有的职称层次主要集中在初级工和中级工。制造业从业工人中仅有 21.7% 接受过政府、单位或专业机构提供的工作技能培训，高端制造业技术工人接受培训的比例稍高于低端制造业，但仅为 29.3%。② 当前，制造业技能人才队伍存在"四多四少"现象，即初级技工人数多，高级技工人数少；传统型技工人数多，现代型技工人数少；单一技工人数多，复合型技工人数少；短期速成的人数多，系统培养的人数少。实际上，制造业人才培养供需失衡，结构不合理，培养质量不高，一线员工流失严重，已经在很大程度上制约了制造业健康发展。

显然，上述状况已经很难适应制造业强国战略和制造业转型升级对高素质技能人才的要求。职业培训和职业资格证书制度是提升制造业员工技

---

① 冉云芳，付卫东. 现代职业教育体系助推我国制造业强国崛起的策略分析[J]. 高等工程教育研究，2016（1）：172-176.

② 大国经济转型研究课题组. 从人力资源大国迈向制造业强国[M]. 北京：经济科学出版社，2012：150-157.

能素质的主要途径。但实际上，技术工人对职业培训和职业资格证书兴趣不大，究其原因主要在于职业教育体系开放性不够，具体表现在职业院校和培训机构之间体制性隔离，难以满足在岗职工的培训需求；职业资格证书和职业教育学历证书沟通不畅，同时由于劳动人事用工制度不完善，职业培训和职业资格证书缺乏足够的吸引力。就接受中专、技校和职高学生而言，由于职业教育学历证书和职业资格证书不等值，加上中高职衔接机制不健全，中职学生升学渠道不畅，导致职业教育以及职业培训社会地位和吸引力偏低。这显然不利于制造业技能型人才队伍壮大，而制造业强国建设以及制造业转型发展，不仅需要数以千万计的高技能人才，还需要数以亿计的高素质劳动者。

四、"中—高—本—研"职业教育体系建设的对策建议

制造强国战略对技术技能型人才培养、现代职业教育体系构建提出了紧迫要求。职业教育是职业技能人才队伍培养的主阵地，实践中，要切实完善职业教育体系，打破职业教育的"天花板"，深化产教融合、校企合作，拓宽职教学生的职业发展空间，让技能人才成为大有可为的"有前途"的人才。在实施"中国制造2025"战略背景下，破解制造业高素质技术技能人才短缺的"尴尬境遇"、化解"中—高—本—研"衔接困境是现代职业教育体系建设的着力点，也是职业教育建设服务制造强国的战略重点。

(一)加强职业教育体系顶层设计，产教融合助力制造业产业转型升级

顶层设计是对职业教育体系建设服务制造强国战略所进行的自上而下的"系统谋划"。首先，应站在构建现代职业教育体系的高度一体化设计"中—高—本—研"贯通机制，既要完善不同层次职业教育之间的纵向贯通体系，又要对横向融通的普职融合体系进行整体性规划。其次，建立健全职业教育体系服务制造强国战略的政策支持、制度支撑和环境优化等，通过体制机制建设保证职业教育体系高效运行。最后，以服务经济社会发展

和高端技能型人才培养和能力提升作为职业教育体系建设的价值取向,真正确立以人为本的职业教育体系建设理念,以理念和价值引领现代职业教育体系建设。

具体来说,一方面,职业教育与社会经济发展之间具有直接的功能性关系,现代职业教育体系建设需要政行企校等相关主体协同配合,推动制造业人力资本开发。政府应根据制造业产业发展的总体目标和新趋势,明确职业教育发展总体目标,科学预测技能型人才需求的存量和结构,给予高技能型人才培养更多的经费保障,统筹合理布局职业院校和专业设置。行业协会应根据区域制造业发展的具体阶段特征和实际需求,论证增设或减少的相关专业及规模,制定各层次技能人才的规格和标准,开展技能型人才培养的质量监控与评估。职业院校和企业应制定制造业发展规划,合理定位学校专业人才培养目标,开展专业建设和教学内容以及培养模式改革,实现学校技能型人才培养目标与企业用人需要紧密衔接,提升人才培养的社会适应性。另一方面,深化产教融合,充分发挥政行企校主体职责,完善多元主体协同育人治理体系。首先,完善校企合作运行机制,深化产教深度融合。尤其是从法律和政策层面进一步鼓励和保障企业参与职业教育,落实相关税收优惠政策,完善校企合作制度。其次,面向行业建立若干个"机器换人"主导产业的职业教育集团。通过集团化办学,整合及协调集团成员和产业资源,充分发挥职业教育集团化办学技术技能积累的促进功能。最后,加强产学研一体化办学,进一步完善多方参与的产学研一体化运行机制。围绕机器换人重点发展产业,积极培育一批"校企合作共同体",发挥行业咨询、指导和质量评价作用,鼓励职业学校和行业企业探索多种校企合作形式,为我国产业转型升级提供技术平台和智力支撑。

(二)立足职业教育"中—高—本—研"一体化,建立与之相适应的培养体系与质量标准

构建从中职到高职专科,再到高职本科、应用技术型本科,直至专业

硕士学位的一贯制培养体系，目的在于把各学段职业教育在人才培养方面的优势整合起来，发挥其整体效应。首先，贯通各层级职业教育衔接渠道，提升职业教育整体效能。一是引导支持部分普通本科院校向应用技术类高等学校转型，重点举办本科职业教育，培养高层次应用型工程技术人才。二是继续完善职业教育人才多样化成长渠道，在继续开展"五年一贯制"和"3+2"中高职衔接一体化培养模式的基础上，探索中职学校与本科院校、高职院校与本科院校、中职学校与高职院校及本科院校一体化培养改革试点工作。其次，架构职业教育与普通教育衔接的通道。这也是当今世界职业教育发展的主流趋势：一是建立依赖于普职等价的国家资格框架体系，通过职业教育与职业资格证书的融通、学业评价与技能鉴定融通等制度设计，满足个人职业成长多样化与灵活性的职业路向选择。二是取消对职校生向普通教育或普校生向职业院校升学的比例限制，建立基于基础知识和技能综合考核的入学标准，为学生全面发展和多向发展奠定良好基础。①

加快构建现代职业教育体系，需要按照专业设置与产业需求对接、教学内容与职业标准对接、教学过程与生产过程协调的要求，完善职业院校设置标准，持续推进课程标准、教学标准、实习标准和实训条件的标准化建设，不断提高职业院校教学实践和教学管理能力。第一，要加强人才培养规格的衔接。"中—高—本—研"衔接应在培养规格上形成层次性与协调性，推进专业目录衔接和国家专业教学标准的建设，以能力培养为本位，体现不同类型和层次工作岗位所需的知识与技能，明确不同层次职业教育的考核要求。第二，围绕人才培养目标对课程体系和人才培养方案进行整体规划。课程体系构建要注重岗位标准向专业标准转化、专业标准向能力标准转化、能力标准向课程标准转化，开展课程体系的整体构建，实现分段人才培养目标的有机衔接、课程内容和结构的递进与延展，使各学段既

---

① 中高本协同培养［EB/OL］.［2022-05-22］. https://www.stpt.edu.cn/cxqxgc/2020/0515/c1404a15346/page.htm.

在人才能力的培养上有所侧重，又能实现职业技能的持续积累与系统构建。第三，加强对各学段人才培养质量监控与考核。虽然一贯制人才培养体系具有以上优势，但长学制也容易产生"制度性学习疲劳"问题。因此，有必要建立分段的质量控制机制，建立"中—高—本—研"纵向衔接的教学实施质量标准，加强不同层次间教学实施过程的沟通与协作，确保教学效果与人才培养质量。①

（三）增强职业教育体系市场适应性，助推制造业产业结构调整和发展方式转变

专业设置是人才培养的基础性和关键性环节，应按照产业结构调整优化职业教育专业设置，形成与产业转型升级相匹配的专业结构与布局，以及形成与经济和产业转型升级相适应，结构合理、特色鲜明的"中—高—本—研"一体化职业教育专业发展新格局。这就需要进一步促进职业教育专业群与产业群的对接，满足从业人员岗位拓展和迁移之需。因此专业建设要坚持前瞻性，紧跟产业变革步伐，积极拓展与"机器换人领域"密切相关的新兴专业。在教育部印发的《职业教育专业目录（2021年）》中共设置了19个专业大类、97个专业类、1349个专业，其中中职专业358个、高职专科专业744个、高职本科专业247个，② 旨在按照"十四五"国家经济社会发展和2035年远景目标对职业教育的要求，在科学分析产业、职业、岗位、专业关系基础上，对接现代产业体系，服务产业基础高级化、产业链现代化，引导推进职业教育供给侧结构改革，为经济社会发展和制造强国建设提供大量高技能人才。

适应经济发展方式转变和产业结构调整是构建现代职业教育体系的逻辑起点。当前，信息类制造业和装备制造业成为中国制造业增长的核心，

---

① 王一涛，路晓丽．"中—高—本—研"衔接的理论溯源、实施现状与路径优化——基于类型教育的视角[J]．教育发展研究，2021(3)：60-67.

② 教育部印发《职业教育专业目录（2021年）》[EB/OL]．[2022-05-25]．http://www.moe.gov.cn/jyb_xwfb/gzdt_gzdt/s5987/202103/t20210322_521664.html.

以数字制造、互联网与新材料技术等领域的重大创新与深度应用为代表，将推动一大批新兴产业和高新技术产业的发展，并将带动整个制造业产业结构性改革。习近平总书记强调，要把职业教育摆在更加突出的位置，优化职业教育类型定位，深入推进育人方式、办学模式、管理体制、保障机制改革，增强职业教育适应性，加快构建现代职业教育体系。① 这为发展职业教育"中—高—本—研"纵向衔接机制提供了指南、绘出了路线图。因此应切实把发展职业教育作为推进经济转型升级的战略推手、塑造智能制造的引擎、培养大国工匠的摇篮。实践中，现代职业教育体系建设应动态地与制造业技术技能型岗位需求相适应，并及时作出调整。首先，应对区域制造业发展现状与趋势进行深入调研和分析，精准开展人力资源统计、预测、发布供求信息；其次，应根据人力资源预测和供求信息，合理调整职业院校和专业布局，积极对接制造业产业需求；以制造类职业岗位群为依据，健全专业动态调整机制，形成与区域制造业产业结构相吻合，与技术技能人才需求相适应的专业群布局。

（四）提升职业教育层次结构，提升制造业创新能力和技术水平

从德国、英国、美国、澳大利亚等发达国家的经验来看，职业教育层次高移化，是制造业强国崛起的战略选择。发达国家经验表明，市场经济对人才的需求无论在结构还是在比例上都有一定界限。人才需求结构犹如金字塔：1 个科学家、9 个工程师、100 个高技能人才。人才需求比例一般为拔尖人才占 5%，研发人才占 30%，生产管理服务一线专业技术技能型人才占 65%。因此，适应经济社会发展需要和推动制造业转型升级，建构"中—高—本—研"一体化现代职业教育体系势在必行。首先，需尽快建立起与市场人才需求结构和比例相适应的、从职业启蒙到初级、中级、高级

① 中华人民共和国教育部. 学习贯彻新修订的职教法 保障职业教育高质量发展 [EB/OL].（2022-04-27）[2023-06-15]. http://www.moe.gov.cn/fbh/live/2022/54414/sfcl/202204/t20220427_622402.html.

的多层次的职业教育体系，把职业教育贯穿于人才培养的全部教育过程和全部职业生涯。其次，对中职、高职、应用技术本科等各层次职业教育的人才培养目标进行合理定位，实现各层级职业教育在课程体系与结构、课程内容与教学方式等方面的有效区分和相互衔接。最后，遴选部分优质本科职业院校，根据高科技产业和战略性新兴产业高层次人才需求，开设硕士乃至博士层次的职业教育；通过建立重点产业技术积累创新联合体，开展校企深度合作，促进劳动者素质与技术创新、技术引进、技术改造同步提高，实现新技术产业化与新技术应用人才储备同步。

自主创新能力作为制造业发展的核心要素，对提升制造业整体技术水平和综合竞争力起着至关重要的作用。随着经济发展和社会进步，市场对高素质的技术技能型人才需求越大，职业教育体系无论是规格还是层次都趋向于高级化、复合化，尤其是我国经济较为发达地区和中心城市的高新技术产业已成为主导和支柱产业，对本科及以上层次高等职业教育的需求十分迫切。因此，通过提升职业教育体系的层次性，助推制造业产业转型升级步伐，就成为我国职业教育改革与发展的必然要求。实践中，要积极推动互联网、大数据、人工智能等高新技术同各产业深度融合，推动先进制造业集群发展和产业结构转型升级，构建各具特色、优势互补、结构合理的战略性新兴产业，培育新技术、新产品、新业态、新模式；职业教育人才培养要紧密对接产业发展趋势和市场需求，推进专业结构调整优化，建立专业动态调整机制，重点发展支撑战略性新兴产业相关优势专业，增强专业设置的吻合性和对接产业的衔接度，使教育链、人才链与产业链、创新链有机衔接，加快形成教育、人才、产业、创新协同的战略性新兴产业体系。

（五）保证职业教育体系开放性，提升从业人员职业技能人才素质

随着我国制造业产业发展和转型升级步伐加快，制造类企业对技能人才的规模和素质要求越来越高，人们掌握的知识和技能老化速度也超过了

以往任何社会，越来越多的人需要通过职业培训来更新自身知识和技能。与技能人才的旺盛需求形成鲜明对比的是，目前我国技能劳动者总量严重不足，仅占就业人员的 19%，高技能人才数量还不足 5%；技能劳动者的求人倍率一直在 1.5∶1 以上，高级技工的求人倍率甚至在 2∶1 以上的水平，技工荒已从东部沿海蔓延至中西部地区。① 这从客观上要求我国职业教育体系保持系统开放性，培育更多高素质的技能型人才。与此同时，"机器换人"引发的就业市场变化，让我们深刻地认识到必须进一步拓展职业教育的服务功能，改变过去只重视"职前培养"，轻"职后培训"的观念。因此，要拓展职业教育培训功能，增强职业教育人才服务的可持续性。针对制造业相关专业的中高职毕业生，应提供职业化的教育培训，以解决大部分毕业生专业能力强而职业能力薄弱的问题，帮助他们迅速适应"中国制造 2025"国家战略以及制造业转型升级所带来的职业新要求。

首先，应促进"中—高—本—研"职业教育体系的资源整合和开放。发挥职业院校职业培训功能，整合培训机构、社区学校、成人学校等资源，以学习型社区建设为纽带，以非正规的学习方式为主导，以业余性、补充性、自助性和实践性为中心，以解决制造业行业生产和实践所需要的技能为重点，在制造业聚集的企业园或社区建立职业教育资源汇集、组织和配置中心，提供非正式的、学习者"自助餐"式的学习平台，满足学习者提高技能的发展需要。其次，促进职业教育不同类型接受对象的拓展与开放。改革学历职业教育招生制度，拓宽招生对象，打破正规学历职业教育和非正规的职业培训之间的界限，建立起灵活多样、开放多元的职业教育培训制度。最后，促进职业教育不同教育阶段内容的渗透和开放。具体包括职业教育与普通教育之间的教学内容渗透、职业教育与企业职业岗位内容之间的教学内容渗透。前者可通过在普通教育中开设职业教育课程实现，后

① 我国农民工中接受过职业技能培训的仅占 30%［EB/OL］.［2022-05-22］. http://www.cssn.cn/shx/shx_gcz/201408/t20140807_1282365.shtml.

者可通过建立统一的职业资格证书制度，实现学历证书与资格证书双证融通来实现。

第二节 瑞士职业教育体系：运行、保障及启示

瑞士作为近年来全球竞争力和创新力连续排名第一的国家，其高度发达的职业教育体系，被认为是瑞士经济社会发展成功的秘诀。瑞士职业教育体系围绕满足学生个性化、多元化职业发展需求设计和运行，培养出大批高质量、适应人才市场需要的职业人才，瑞士也因此成为全世界年轻人失业率最低的国家之一。本节拟从职业教育体系运行及其维护的视角探析瑞士职业教育高质量发展的经验，以期为我国现代职业教育体系建设提供域外借鉴。

一、瑞士"立交桥"式职业教育体系及其运行机制

实践中，瑞士建立了普通教育和职业教育双轨并行的教育体系，其中，中等职业教育（VET）和高等职业教育（PET）共同构成了瑞士适应不同主体需求、运行有效的现代职业教育体系，以及职教内部衔接、普职横向融通的运行机制。

（一）中等职业教育：以"双元制"为核心的职业技能教育

瑞士中等职业教育作为职业教育体系的重要组成部分，旨在为结束义务教育的学生开辟广泛的职业教育前景，奠定职业教育与终身教育的基础。在结束义务教育之后，大约有 2/3 的学生选择进入中等职业教育，且这一比例多年来一直保持不变。瑞士的中等职业教育分为"两年制"和"三至四年制"两种模式。两年制中等职业教育主要为理论知识薄弱但具有实践技能的年轻人和成年人提供联邦认可的职业资格的机会，完成两年培训后获得联邦职业教育证明（EBA），即具备了进入劳动力市场所需的职业资格。结束培训后的毕业生可以直接就业，或继续学习三至四年制中等职

业教育课程；迄今为止，两年制中等职业教育课程已覆盖所有职业领域。三至四年制中等职业教育为学习者提供从事特定职业所需要的技能，任何完成义务教育且年满15周岁的人都可以申请三年或四年制职业培训，① 完成职业培训后可获得联邦职业教育证书（EFZ），即毕业生具备了在劳动力市场从事某一职业所需要的资质，而后毕业生可以选择就业或者进入高等职业教育体系。同时，学生可以选择在三至四年制职业教育培训期间或获得联邦职业教育证书（EFZ）后参加联邦职业会考（FVB）。实践中，联邦职业会考成为贯通中等职业教育与高等教育的桥梁。因此，联邦职业会考证书持有者具有双重资格：一是有资格在劳动力市场申请相应的工作职位，二是可以直接进入应用技术大学就读。②

中等职业教育的教育形式主要分为"双元制"和"全日制"两种。双元制即现代学徒制，由职业学校、企业和行会所属的培训中心共同承担教学计划的实施。具体来说，学生每周1~2天在职业学校学习专业理论知识和文化知识；3~4天在企业内做学徒，了解企业基本情况以及岗位实训环境，参加企业组织的工作技能培训；每学期1~2周在培训中心学习，主要弥补企业技能训练和学校知识课程的不足，使学生职业能力和综合素养更为完善。全日制学习则主要接受校内课程教学，为进入高等职业教育和应用技术大学的学生提供某一专业领域的预备课程。根据2021年瑞士联邦统计局的数据，结束义务教育之后，62.9%的学生选择了以企业为主的双元制职业学校，仅有6.7%的学生选择了全日制职业学校。③

---

① SBFI. Drei-oder vierjahrige berufliche Grundbildung mit eidgenossischem Fahigkeitseg[EB/OL]. (2014-01-01)[2022-02-22]. https：//www. berufsberatung. ch/dyn/show/1922.

② SBFI. Berufsmaturität[EB/OL]. (2019-04-10)[2022-02-13]. https：//www. sbfi. admin. ch/sbfi/de/home/bildung/maturitaet/berufsmaturitaet.html.

③ SBFI. Vocational and professional education and training in Switzerland-Facts and figures 2022[EB/OL]. (2022-05-23)[2022-06-20]. https：//www. sbfi. admin. ch/sbfi/en/home/services/publications/data-base-publications/vocational-and-professional-education-and-training-in-switzerland.html.

(二)高等职业教育：类型多样化的专业技能教育

瑞士高等职业教育是一个结构和功能完善的系统，实践中形成了学校教育和职业培训"双路径"并行、与学术型应用技术大学差异化发展的特色。对于拥有联邦职业教育证书(EFZ)或其他同等资格者，即可进入高等职业学院(HF)学习，毕业后被授予联邦认可的高等职业学院学位(Diploma HF)，每年约有8500人获得该学位。① 高等职业学院课程以实践为导向，主要传授各自职业领域的专业知识；高等职业学院分为全日制和非全日制两种形式，全日制课程至少持续两年，非全日制课程至少持续三年，旨在培养相关职业领域的专家和管理人员。高等职业学院还提供研究生层次的职业教育，旨在深化掌握相关职业领域的知识技能，毕业生获得联邦认可的高等职业学院研究生学位(Diploma NDS HF)。

拥有联邦职业教育证书(EFZ)或其他同等资格的专业人员也可以通过参加联邦考试，获得联邦认可的高等教育学位。联邦考试分为联邦职业考试(BP)和联邦高等专业考试(HFP)两级。联邦职业考试(BP)针对的是已经拥有几年专业经验和希望强化特定领域技术的人，通过考试可以获得联邦专业教育证书(Federal PET Diploma)，与联邦职业教育证书(EFZ)相比，该证书持有人可以行使中等管理职能；同时，该证书通常是参与联邦高等专业考试的先决条件。联邦高等专业考试(HFP)代表更高一级的专业水平考试，通过考试则有资格成为专业领域的专家或有机会成为企业管理者。② 考试通过者可以获得联邦高等专业教育证书(Advanced Federal PET Diploma)，与大学硕士文凭具有同等地位。目前，瑞士有220种不同的职业方

---

① SBFI. Allgemeine Informationen zu höheren Fachschulen(HF)[EB/OL]. (2019-10-24)[2022-06-20]. https://www.sbfi.admin.ch/sbfi/de/home/bildung/hbb/hoehere-fachschulen.html.

② SBFI. Nach der beruflichen Grundbildung an die Fachhochschule[EB/OL]. (2018-09-05)[2022-06-20]. https://www.sbfi.admin.ch/sbfi/de/home/bildung/hbb/eidgenoessische-pruefungen.html.

向的联邦职业考试(BP)，170 多种职业的联邦高等专业考试(HFP)。① 联邦考试最大的优点便是考试的准备过程比较灵活，通常是由州教育机构、教育中心、专业协会或私立教育机构举办预科课程，参与者根据自己的需求和情况选择参加课程学习，其中大部分人是通过在职完成课程学习，这就为毕业生和成人提供了非常便利的获得高等职业教育学历的机会。

拥有联邦职业教育证书(EFZ)的专业人员，还可以通过参加联邦职业会考(FVB)进入应用技术大学。2004 年瑞士颁布的新《联邦职业教育法》，将高等职业教育(ISCED5B)作为独立的高等教育类型，与研究型大学和应用技术大学(ISCED5A)并列，是"非学术领域应用导向的高等教育"②。应用技术大学虽然归类为学术性高等教育，但是与普通高等教育不同的是，应用技术大学以应用研究为导向，提供学科专业领域的应用型学士和硕士学位课程，满足瑞士对创新应用型人才的需要。应用技术大学课程设置内容广泛，包括通识课程，以及以科学和实践为导向的研究和理论课程。③

(三)"上下衔接""横向沟通"的职业教育体系运行机制

实践中，不同层类的职业教育构成了瑞士完善的职业教育体系，同时通过学生个性化学习路径选择以及不同层级的资格考试，构成了瑞士上下衔接、横向联通的职业教育体系运行机制。"上下衔接"是指义务教育阶段与中等职业教育，以及中等职业教育与高等职业教育之间的畅通衔接。在瑞士，学生在结束九年义务教育之后进行分流，选择接受中等职业教育或

---

① SBFI. Berufsbildung in der Schweiz-Fakten und Zahlen 2021[EB/OL]. (2021-05-17) [2022-02-20]. https://www. sbfi. admin. ch/sbfi/de/home/bildung/bildungsraum-schweiz/bildungssystem-schweiz.html.

② Die analog der Ziele gemäss dem Bundesgesetz über die Berufsbildung [R]. Bundesrat，2004：3.

③ Auslegeordnung zur Positionierung der höheren Fachschulen - Schlussbericht[EB/OL]. (2021-11-15) [2022-07-11]. https://berufsbildung2030. ch/de/projekte/24-abgeschlossene-projekte-de/62-positionierung-der-hoeheren-fachschulen.

普通高中教育。同时，为帮助选择中等职业教育的学生顺利实现过渡，在九年义务教育结束之后专设了一年的过渡学年，在这一年中，学生可以在普通中学或职业中学试读，其中在职业中学试读的学生主要接受以实践为主的课程，为参加高中阶段的职业教育培训项目做准备；课程结束后，学生通过考核评估参加职业教育或培训项目。① 进入中等职业教育的学生，在完成两年制的职业教育课程并获得相应的职业资格后，可以直接进入三至四年制的职业教育培训。结束三至四年制的职业教育课程并获得相应的联邦职业证书后，可以直接进入高等职业学院接受高等职业教育，也可以选择参加更为灵活的联邦考试，获得联邦政府承认的高等职业教育阶段学位；同时，每条路径都提供攻读相当于"本科"和"研究生"层次职业文凭和学位的机会。

"横向联通"主要是指职业教育与普通教育之间的沟通连接，瑞士教育体系坚持普通教育与职业教育双轨并行、相互渗透，学生可以根据自身实际情况或职业规划在普通教育和职业教育体系之间灵活选择。在结束三至四年制的中等职业教育项目之后，学生可以参加联邦职业会考，通过会考的学生可以进入应用技术大学，或通过大学能力测试进入州立大学或联邦理工大学学习，也即进入普通教育轨道接受高等学术教育。同时拥有普通教育学位或者获得高中毕业证书并具有一定专业经验的学生，也可以选择进入高等职业学院。②

二、瑞士职业教育体系的维护与保障

瑞士作为欧洲最成功的职业教育与培训体系，既为学生提供了接触社会实践工作的便利机会，也为想要继续深造或重新定向的成年人提供了参加职业技能培训的途径。实践中，瑞士职业教育体系之所以能够高质量运行，与职业教育多主体协同治理、职业教育研究支撑以及国际交流与合作

---

① 郑坚. 简析瑞士职业教育的衔接沟通[J]. 职教论坛，2011(10)：88-91.

② Bildungssystem Schweiz[EB/OL]. (2019-07-03)[2022-03-11]. https://www.sbfi.admin.ch/sbfi/de/home/bildung/bildungsraum-schweiz/bildungssystem-schweiz.html.

密切相关。

（一）协同共治：职业教育体系的制度保障

瑞士联邦职业与专业教育培训法（VPETA）首款写道："中等职业教育培训（VET）与高等专业教育培训（PET）的责任应该由联邦、州政府与行业组织共同承担。"①实践中，联邦政府主要负责职业教育整体战略规划和战略决策，由国家教育、研究和创新秘书处（SERI）和瑞士联邦职业教育及培训研究所（SFIVET）负责执行。国家教育、研究和创新秘书处是联邦政府负责处理国家教育、研究和创新政策等事务的专门机构，它负责对职业教育考试和培训进行监督，确保职业教育环节的可比性和透明度；根据劳动力市场变化，保障职业培训质量，推进普通教育和职业教育之间的等效性和渗透性等。② 瑞士联邦职业教育及培训研究所负责为职业教育教师、培训师、管理人员和考官提供持续培训，同时通过科研服务职业教育发展。③州政府主要负责推动职业教育体系运行与监督，包括保证《联邦职业教育法》落实，规范学徒制度及其运行机制，监督职业学校和专业教育机构，提供就业指导服务，等等。由 26 名州教育部长组成的州教育部长联席会议（EDK）负责协调各州之间的文化教育事务，保障瑞士教育体系的高质量、平等性、渗透性和流动性，④ 推动各州之间在教育领域开展交流合作；职业教育局长联席会（SBBK）是各州提供职业教育信息交流的平台，负责向州教育部长联席会（EDK）提供职业教育咨询建议，促进职业教育在州际的

① SBFI. Berufsbildung in der Schweiz-Fakten und Zahlen 2021［EB/OL］.（2021-05-17）［2022-02-20］. https://www. sbfi. admin. ch/sbfi/de/home/bildung/bildungsraum-schweiz/bildungssystem-schweiz.html.

② SBFI. Das SBFI auf einen Blick［EB/OL］.（2022-02-17）［2022-02-22］. https://www.sbfi.admin.ch/sbfi/de/home/das-sbfi/aufgaben-des-sbfi.html.

③ SBFI. Berufsbildung in der Schweiz-Fakten und Zahlen 2021［EB/OL］.（2021-05-17）［2022-02-20］. https://www. sbfi. admin. ch/sbfi/de/home/bildung/bildungsraum-schweiz/bildungssystem-schweiz.html.

④ EDK. Die EDK［EB/OL］.（2008-06-12）［2022-02-23］. https://www.edk.ch/de/die-edk.

协调与合作，确保职业教育和普通教育之间融通，以及通过向各州和地区提供服务和发布建议，支持和协调职业教育领域相关法律的实施等。① 行业组织参与职业教育全面运营与管理，是职业教育与培训体系的当然主体；负责职业教育培训项目和课程规划，规定联邦专业考试的国家资格认证程序，负责和保障学徒制体系有效运行。可见，联邦、州政府与行业协会之间的协同治理机制不仅是职业教育体系有效运行的制度保障，也是责任明确、分工合作的质量保障机制。

（二）研究支撑：职业教育体系的维护机制

实践中，职业教育体系既有稳定性又有动态性。为确保职业教育体系在动态环境下的可持续发展，瑞士联邦、各州和行业组织特别重视职业教育研究。瑞士《联邦职业教育法》（BBG）、《职业教育条例》（BBV）以及《联邦研究和创新促进法》（FIFG）等都对职业教育研究目标、任务以及政府责任做出了详细规定，明确了职业教育研究的法律地位。

瑞士职业教育研究主要是通过联邦政府资助的职业教育研究领导机构（Leading House）和独立项目（Individual Projects）来实现的。其中，以职业教育研究领导机构的研究为主，独立项目研究主要是对领导机构尚未涵盖的主题加以补充或专题研究。职业教育研究领导机构致力于在既定的主题框架内开展职业教育领域核心问题的研究，且每个机构的研究主题与一个或多个大学的教授开展合作，进而形成了全国性的职业教育研究网络。② 职业教育研究领导机构兼顾职业教育政策研究和实践发展研究的双重任务，一方面，职业教育政策研究是瑞士联邦政府指定的"部门研究"（Ressortforschung）领域之一；所谓部门研究，即联邦政府支持或发起的科学研

---

① SBBK-CSFP. Die SBBK［EB/OL］.（2021-05-26）［2022-02-24］. https://www. edk.ch/de/sbbk/die-sbbk.

② SBFI. Berufsbildungsforschung［EB/OL］.（2020-02-27）［2022-02-23］. https:// www. sbfi. admin. ch/sbfi/de/home/bildung/berufsbildungssteuerung-und-politik/berufsbildungsforschung/leading-houses.html.

究，其研究成果用以支撑政府政策、法律制定及实施等。① 另一方面，通过研究为职业教育实践工作者提供帮助和支持，进而推动职业教育发展和体系优化。② 如"教育经济学、公司行为和培训政策研究中心（VPET-ECON）"是在教育、研究和创新国务秘书处（SERI）资助下由苏黎世大学教授 Uschi Backes-Gellner 和伯尔尼大学的 Stefan C. Wolter 教授领导的职业教育研究领导机构，其研究任务主要包括三方面：一是探讨职业教育与培训模式对劳动力市场和创新发展的影响，如课程更新的频率、学徒的绩效激励或持续培训计划的类型或时间；二是研究企业学徒场所受到不同类型危机下经济环境的影响；三是国家政策干预即法律框架或政策的变化，如何影响个人在教育系统以及在劳动力市场的选择或结果。③ 也就是说，该研究机构主要是从个人、公司、国家等利益相关者视角出发，围绕职业教育政策和实践开展研究。

同时，为保证职业教育研究有序和高效，推动研究成果向职业教育实践转化，瑞士还建立了一套完整的职业教育研究体系运行机制。联邦职业教育与技术办公室（OPET）和职业教育研究与评估指导委员会（VET Research Steering Committee）根据当下职业教育发展需求，共同商定职业教育研究方向和重点，制定职业教育研究规划和指引。职业教育研究与评估指导委员会作为咨询机构，主要职责是确保研究领导机构（Leading House）开展的研究项目坚持既定的研究战略，同时也对领导机构的其他研究项目进行监督和评估；设有科学顾问委员会（Scientific Advisory Board），负责对研究领导机构进行监督和评估，并把研究领导机构正在进行和已完成的项

---

① Ressortforschung des Bundes. Internationale Berufsbildungszusammenarbeit IBBZ [EB/OL]. (2014-11-04) [2022-02-24]. https://berufsbildung2030.ch/de/24-abgeschlossene-projekte-de/69-optimieren-der-governance.

② SBFI. Forschungskonzept Berufsbildung2021-2024[EB/OL]. (2020-03-03)[2022-03-11]. https://www.sbfi.admin.ch/sbfi/de/home/bildung/berufsbildungssteuerung-und-politik/berufsbildungsforschung.html.

③ Universität Zürich. Swiss Leading House VPET-ECON[EB/OL]. (2021-09-30) [2022-03-11]. https://www.educationeconomics.uzh.ch/de.html.

目及时向政府相关机构汇报。同时，实践中还建立了保障领导机构研究成果应用于职业教育政策和实践的有效机制，一方面通过"向上反馈"，即通过将结果反馈给联邦职业教育与技术办公室以用于政策改进与制定；另一方面则通过联邦高等职业教育与培训研究所（EHB）"向下输送"，即将研究结果运用于参与职业教育的公司、专业组织、教育机构、政府机构等。

（三）互通互鉴：职业教育体系的国际化机制

面对教育和劳动力市场国际化对职业教育的挑战，瑞士国家教育、研究和创新秘书处（SERI）将推进职业教育国际合作战略（IBBZ）作为教育政策中的优先事项。实践中，瑞士通过双边合作、多边交流以及与其他双元制职业教育伙伴国建立合作关系，推动职业教育体系建设和高质量运行。

一是瑞士职业教育国际合作主要包括加强与伙伴国在职业教育领域的知识和信息交流，积极参与国际和超国家组织职业教育计划和活动，以及通过专家互访互通有无、相互借鉴，推进瑞士职业教育体系国际化和改革实践。二是积极融入国际职业教育质量保障体系。2014年瑞士参照欧盟的《欧洲资格框架》（EQF）制定了《国家资格框架》。该框架分为"知识""技术"和"能力"三个维度八个级别，并与瑞士职业教育各级证书和文凭实现对接；接受中等职业教育所取得的联邦职业教育证明（EBA）对应资格框架中的3级要求，联邦职业教育证书（EFZ）对应4级要求，通过联邦考试获得证书对应5级要求。①《国家资格框架》为中等职业教育或高等职业教育提供了文凭或学位标准，以及学位证书和文凭持有者所应该具有的职业技能要求。这不仅使瑞士专业人员的专业资质在欧洲范围内具有等效性和可比性，而且实现了在欧洲劳动力市场的自由流动。三是积极与其他双元制职业教育伙伴国建立合作关系，如德国、奥地利和列支敦士登

---

① SBFI. Schweizer EQR-Zuordnungsbericht［EB/OL］.（2016-01-06）［2022-03-12］. https://www.sbfi.admin.ch/sbfi/de/home/bildung/mobilitaet/nqr/das-vorgehen-zur-einstufung.html.

公国等。① 瑞士职业教育的双元制与这些国家既具有相似性，又面临相似
挑战；瑞士与这些国家的职业教育合作不仅体现在国家职业教育管理机构
层面，还体现在欧盟教育计划、经合组织等多边合作机构或机制层面。实
践证明，瑞士通过职业教育国际交流与合作，既增强了瑞士职业教育体系
的国际影响力，也为瑞士规划职业教育体系建设提供了国际视野。

三、对我国现代职业教育体系建设的借鉴

2022 年 5 月 1 日起修订施行的《中华人民共和国职业教育法》中明确规
定，"职业教育是与普通教育具有同等重要地位的教育类型"，建立健全
"现代职业教育体系"，在法律层面明确了职业教育的类型定位和发展预
期，我国职业教育进入了提质培优、增值赋能的新阶段。在此背景下，瑞
士职业教育体系及其运行和维护的实践经验，可以为我国现代职业教育体
系建设提供诸多借鉴和启示。

（一）明确办学定位，理清职教体系的类型逻辑

瑞士中等职业教育兼顾学生升学与就业"双导向"的办学定位，奠定了
职业教育体系衔接沟通的基础；高等职业教育为学生提供巩固职业技能的
学校教育与职业培训，以及进入具有本科性质的应用大学接受专业教育的
机会，不同层类职业教育之间差异化发展，走特色发展之路。长久以来，
我国中等职业教育定位模糊、多变，甚至片面追求升学教育；同时，由于
职教本科教育发展时间较短，对"职业本科"认知出现偏差，职业专科教
育、职业本科教育以及应用型大学之间培养定位模糊、交叉重叠。借鉴瑞
士经验，我国职业教育体系建设顶层设计要在强化"类型定位"上下功夫。
一是强化中等职业教育"就业与升学并重"的发展定位，保障学生在高质量

---

① SBFI. Internationale Berufsbildungszusammenarbeit IBBZ-Strategischer Grundlagen-
bericht[EB/OL]. （2017-06-07）[2022-03-13]. https://www.sbfi.admin.ch/sbfi/de/home/
bildung/internationale-bildungszusammenarbeit/ibbz.html.

就业和高质量升学之间自由选择。二是理顺高等职业教育体系内部不同层类院校办学定位和人才培养目标定位，形成职业专科教育与职业本科教育、应用型高校之间在课程教学、办学目标等方面的衔接贯通，构建职业教育分层分类体系。

(二)优化职教高考制度，完善普职体系的沟通机制

瑞士根据各层级职业教育的培养目标，明确提出不同层类职业院校的招生要求，如，具有联邦职业教育证书的学生且通过联邦职业会考就可以进入应用技术大学；具有普通教育学位并具有一定职业经验的学生，可以进入高等职业院校学习。正是由于普职之间学习成果的互认，瑞士不同层类职业教育之间的衔接和融通机制才具有可行性。借鉴瑞士经验，我国职业教育体系建设的当务之急是通过打造"证书+考试"升学通道，构建普职教育体系之间灵活转向机制。一方面，加快"1+X"证书制度试点工作，推进职业教育的国家"学分银行"建设，构建对学历证书、职业资格证书、职业技能等级证书的一体化认证体系。另一方面，优化"职教高考"制度，允许职业教育应届生在高考和"职教高考"之间自由选择，形成职教、普教并行的高考"双车道"。

(三)完善治理结构，保障职教体系的运行机制

瑞士联邦政府、州政府、行业组织等多元主体之间的协同治理机制，是瑞士职业教育体系高效运行的重要基础，也是职业教育高质量发展的制度保障。在我国，职业教育实施分头管理，政出多门，不同层级政府之间权责关系模糊，地方政府发展职业教育的主体性不彰。改革实践的关键问题是构建多元主体协同的职业教育治理体系。一是调整央地权责关系，扩大地方政府对所属区域职业教育发展的统筹权和自主权，激励地方政府结合区域特点推动职业教育改革，支撑引领区域经济和产业发展。二是政府放权赋能，明确政府对职业教育的管理范围，充分发展行业组织的职能，强化企业参与职业教育人才培养体系建设的主体责任。三是通过政策法规

建设，规制不同主体参与职教管理的责任和权限，强化多元主体协同治理体系建设。

(四)重视职教研究与国际交流，强化职教体系的引领机制

瑞士职业教育体系的高质量运行，离不开其"职教研究"和"对外交流"机制的支撑。借鉴瑞士经验，我国要切实构建职教研究和对外交流合作机制，保障职业教育体系高质量运行。在职教研究方面，成立省级、区域、职业教育研究机构，开展职业教育发展战略性、全局性、前瞻性研究；重视研究成果向实践转化，化解职业教育改革与发展困境；成立区域性职业教育指导咨询机构，对重大职业教育改革政策、职业教育实践项目提供咨询、督导和评估。在对外交流方面，坚持职业教育本土化与国际化相结合，既要扎根中国大地办职教，体现中国职教特色，又要切实推进职业教育标准、资格认定、受众群体国际化进程；积极开展跨境职业教育项目，加强与"一带一路"沿线国家职业教育合作和交流，彰显我国职业教育国际竞争力。

第三节　美国职业教育人才培养体系的实践及借鉴

制造业是促进美国经济发展的关键驱动力。美国历来重视创新人才和实用型人才培养，有着高度发达的职业教育体系，学习借鉴美国制造业与职业教育互促互进的实践经验对于完善我国职业教育体系，推动我国制造业转型升级和建设制造强国具有重要意义。因此，本节以美国制造商协会(The National Association of Manufacturers，NAM)和山麓学院(Foothill College)为例，分析美国职业教育人才培养体系建设的实践经验，以期为我国职业教育体系建设提供借鉴和参考。

一、美国制造商协会参与职业教育的实践经验

美国制造商协会(The National Association of Manufacturers)奉行自由经

营、公平竞争、个人自由和机会平等的原则，代表美国大大小小14000个企业，根据《财富》排行榜，该协会中79%的公司占据世界百强的地位，是美国最大也是最有影响力的制造协会。美国制造商协会积极参与国家制造业建设，针对当前制造业领域劳动力数量不足、劳动力结构不合理以及社会公众对制造业带有偏见等问题，通过创建国家制造业日（MFG Day）、推出"创造者招募"活动、发展先进制造业教育联合会等形式吸引人才、留住人才并且培养人才，使越来越多的学生选择接受职业教育并加入制造业人才队伍。

1. 创建国家制造业日，重塑制造业形象

制造业发展水平的高低始终影响着各国在全球化竞争中的地位，新一轮产业变革中不断强调数字化、网络化和智能化制造，意味着过去以要素驱动和投资驱动的传统制造业失去竞争优势，只有变革生产方式，重视技术创新驱动，提高自主创新能力和产品质量，才能在未来抢占先机，赢得主动。根据2021年美国制造业研究所关于制造业人才的研究显示，到2030年，如果技能鸿沟得不到有效填补，美国制造业预计将有210万个空缺职位，由此可能会给美国带来上亿元的经济损失。[1] 同时，美国制造商协会（NAM）在2020年第四季度开展的关于制造商前景调查中发现，如何吸引和留住一批优质制造业人才是美国制造商们面临的最大挑战之一。

为此，美国制造商协会（NAM）联合召集全国各地多家先进企业、龙头公司以及教育机构，通过建立"国家制造业日"的方式，鼓励各制造业企业和教育机构向学生、家长、老师以及各社区领导者开放，使社会公众能近距离参观制造业领域内的生产设施及装备等，展示当今先进制造业的真实情况，改变社会公众长期以来对传统制造业低水平、低收入以及工作环境差的刻板印象，吸引更多人才加入制造业行业，填补制造业行业在未来十

---

① National Association of Manufacturers. 2. 1 Million Manufacturing Jobs Could Go Unfilled by 2030[EB/OL]. (2021-03-04)[2022-10-24]. https://www.nam.org/2-1-million-manufac turing-jobs-could-go-unfilled-by-2030-13743/? stream＝workforce.

年内产生的 460 万个高技术、高科技以及高薪岗位。

"国家制造业日"并不是只举办一天，通常是在每年 10 月的第一个星期五开始，活动将持续到整个月份。每年"国家制造业日"活动期间，美国 50 个州的各个企业以及教育单位会举办上千场活动，拉近学生与制造业之间的距离。例如，美国杜科蒙（Ducommun）公司是一家全球领先的制造和工程服务提供商，为航空航天、国防和工业市场的复杂应用开发创新的电子、工程和结构解决方案，该公司作为创新制造业的领跑者，为了培养下一代的创新者、建设者以及技术人员，全力支持国家制造业日以及其他教育项目。在国家制造业日期间，杜科蒙公司的领导团队、工程师、技术人员以及生产线工作人员与学生开展密切交流活动，其公司成员在学校做了 5 次演讲，吸引了超过 500 名学生的参与，并且学生们实地参观了 6 次杜科蒙展示中心，与学生共同探讨关于现代制造业职业的真实情况以及未来的发展空间等，使学生们生动形象地了解现代制造业并且对现代制造业产生浓厚兴趣，同时杜科蒙公司也从中受益良多。正如杜科蒙公司副总裁 Rose Rogers 所说，"我们公司的核心价值观之一便是要回馈社会，因此我们支持并投身于国家制造业日。同时，我们坚信杜科蒙所提供的不仅仅是一份工作，对于学生来说其实是一个长远发展的机会，因为学生们可以和我们一起开启他们的职业生涯，当然，能与学生们在一起交流对于我们公司来说十分宝贵"。[1]

2. 推出"创造者招募"活动（CREATORS WANTED），扩大制造业人才队伍

拥有一支高素质人才队伍是先进制造业企业获得发展的关键，而通过建立学生与先进制造业企业零距离接触的机会，在激发学生参与职业技术教育的兴趣以及刺激学生加入制造业行业的同时，各先进制造业企业也可利用此机会为本公司培养一批高素质的人才储备队伍，从而改善公司内部

---

[1] NAM NEWS Room. Ducommun's #MFGDay21 Was a Roaring Success [EB/OL]. (2022-01-05) [2022-10-24]. https://www.themanufacturinginstitute.org/ducommuns-mfg-day2021-was-a-roaring-success-13846/? stream=workforce-news.

劳动力结构，增强制造业企业的竞争力。实际上，美国向来重视创新技术型人才的培养与建设，将创造力视为推动制造业可持续发展的关键抓手。美国制造商协会抓住发展契机，在 2020 年推出了"创造者招募"活动，其目的不仅仅在于让学生对制造业职业产生较好的想法，而是想让更多的学生能选择职业与技术教育，加入制造业以成为制造业行业的一员，从而加强美国制造业人才队伍储备与建设。

创造者招募活动在美国全国范围内巡回开展，2021 年该活动在美国俄亥俄州、南卡罗来纳州、艾奥瓦州、北卡罗来纳州和得克萨斯州取得了巨大的成功，共吸引了 2700 名学生以及其他 3500 多名与会者参与线下活动，此外，还建立了超过 15 万名对制造业职业感兴趣的学生电子邮件名单。①以美国得克萨斯州为例，作为 2021 年创造者招募的最后一站，该活动在当地达拉斯和沃斯堡市取得了热烈反响，吸引了超过 1000 多名学生参加，具体活动包括利用 VRTEX 虚拟现实技术来学习电弧焊接、在沃思堡独立学区的移动 STEM 实验室驾驶无人机、探索 PTC 公司开发出的扩增实境（Vuforia）技术，以及与美国著名企业史丹利百德公司（Stanley Black & Decker）、CRH 公司等在内的企业参会人员互动，等等。

创造者招募活动除了影响范围广以外，还因为能吸引制造业领域内的领军企业及领跑人物到达现场与学生交流与互动，进而坚定学生们在学校学习期间就打算加入制造业领域，学习职业技能的信心与决心。例如，在美国北卡罗来纳州夏洛特市开展创造者招募活动时，在场的各公司 CEO 以及各学校负责人等都为学生们做了演讲，讲述了他们自身对于制造业的看法，并且以自己的亲身经历鼓励学生们加入制造业行业。很多学生甚至包括很多家长在内都对制造业行业有一定的误解，认为从事制造业领域内的工作很无聊，但是在创造者招募活动所设立的问答环节中，学生们有机会与真正的制造商面对面地讨论制造业及其工作情况，而且学生们在参与过

---

① CREATORS WANTED. Making an Impact：Tour Live 2021 In Review［EB/OL］.［2022-10-24］. https：//creatorswanted.org/making-an-impact-tour-live-2021-in-review/.

程中会看到制造业的多样性，进而加深其对制造业的理解。到 2025 年，"创造者招募"的目标是招募 60 万名制造业从业者，同时选择技术和职业学校或技能培训课程的学生人数增加 25%，家长对该行业的积极看法从 27% 提高到 50%。[①]

3. 发展先进制造业教育联合会（FAME，The Federation for Advanced Manufacturing Education）推动人才培养

培养创新技术型人才是推动制造业可持续发展的关键抓手，为振兴制造业提供直接动力。先进制造业教育联合会（The Federation for Advanced Manufacturing Education，FAME）最初是在 2010 年 6 月于美国肯塔基州，由丰田公司与兰草社区技术学院创立的，后逐渐与美国制造商协会合作，共同培养接受职业技术教育的学生。从教育对象来看，加入 FAME 活动的应该是以职业为导向并且有一定学术基础的高中毕业生，不分年龄不分背景，他们对于职业技术教育以及未来的职业发展道路有积极乐观的追求，而且在学习期间他们能将自己的精力集中于实践活动中，最后取得副学士学位的同时能掌握具有实际价值的制造业技术技能。从教育方式来看，它采用的是一种可以边学习边赚钱的学徒制形式，制造业企业雇主在此过程中占主导地位，根据自身需求为学生开设课程以及安排实习项目，一周内有两天是在学校中学习理论知识，另外三天则在合作的制造业企业中进行工作实践。从教育内容来看，学生们不仅可以学到制造业领域内关于电力、机器人、流体动力、机械、制造、工业故障排除等特定的技能技术，更为重要的是，他们还可以学习到包括安全文化、专业行为、沟通技巧、问题解决能力以及视觉工作组织在内的核心技能，从而提升自己的综合能力，以提升在制造业领域内的实际工作技能。作为先进制造业联合会的成员，学生们除了在赞助商的制造公司中作为高级制造技术人员进行学习工作的同时，还可以获得两年的副学士学位。从 2010 年成立之初至今，

① CREATORS WANTED. Building the Workforce of Tomorrow[EB/OL]. [2022-10-24]. https://creatorswanted.org/about-creators-wanted/.

FAME 已经发展遍及美国 13 个州，吸引了 400 多家制造商企业参与，并且在千名毕业生中，就业率达到了 85%，而且他们的起薪都在 5 万美元以上。① 根据布鲁金斯研究所的一项调查报告显示，参与 FAME 培训项目的毕业生要比具有类似教育经历和类似职业的非 FAME 毕业生高出 63%。

先进制造业教育联合会主要采取联合制造业企业与社区学院的方式来为学生提供学习和实习实践机会，美国各州均成立了各自的分会，在当地的制造业企业与社区学院建立起了合作关系，比如，在佛罗里达州，成立了阳光分会与墨西哥湾岸区分会，分别与代托纳州立大学以及墨西哥湾州立学院合作，就代托纳州立大学来说，该大学利用其工程技术、机电一体化专业的优势，为参与 FAME 的学生提供理论支持，并且该校的专家还参与了课程的选择与授课活动，以保证教学质量；卡塔基州霍普金斯维尔分会（HOPFAME）将霍普金斯维尔社区学院与当地 20 家制造业企业建立工学结合关系，并且设立优秀毕业生奖，从日常工作表现、专业行为、制造业核心技能掌握、领导能力以及平均绩点等方面进行综合评定，以表彰最优秀且能体现出该教育联合会所要求的各项核心技能的学生，是当地先进制造业教育联合会分会授予的最高荣誉。

二、山麓学院以生为本的职业教育人才培养体系

山麓学院（Foothill College）成立于 1957 年，位于加利福尼亚州，是目前美国最好的社区学院之一，从建校以来，山麓学院始终以诚实、正直、互信、开放、透明、宽容和可持续发展的核心价值观为指导，致力于为所有学生提供平等的教育。在培养目标方面，其培养目标在于使学生通过学习掌握特定的学科知识和职业技能，培养英语书面和口头交流、数学、批判性思维、创造力、团队合作能力以及责任心等多方面素质和综合能力。概括性地讲，山麓学院以发展学生四大能力为目标：沟通交流的能力、计

---

① FAME USA. What is FAME? [EB/OL]. [2022-10-24]. https://fame-usa.com/fame-program-for-students/.

算的能力、批判性思考的能力以及社区交流与服务的能力。① 在培养方式方面，山麓学院采取小班制授课，能够很好地满足学生的职业教育需求。该校不仅得到美国西部学校联盟的认可，还是全美提供副学士学位院校中国际学生注册量排名第二的学院。在资源优势方面，山麓学院坐落于旧金山硅谷，是许多知名企业公司的聚集地，比如苹果、思科(CISCO)、英特尔、甲骨文等公司，因此山麓学院与一些公司建立了合作关系，可以为山麓学院的学生提供大量的职业机会。山麓学院开设了包括商务管理、生物科学、情报学、地理信息系统、纳米科学与环境科学在内的 100 多种专业，专业课程设置紧密对接产业需求，而且从学生未来职业发展出发，采用工学结合、做学合一的教学模式，建立了完善的职业教育人才培养体系，为美国智能制造业发展提供了大量人力资源和发展动力。

1. 对接产业需求，合理设置课程体系

山麓学院在构建课程体系时遵循动态化原则，紧贴产业发展趋势以及企业需求，不断与行业企业技术标准对接，以适应不断变化的职业岗位要求，比如该校设立的生涯技术教育课程，通常需要九个月到两年的时间来完成。在课程体系的设计过程中，山麓学院为了使课程设计符合商业、工业以及政府和社会第三方的要求，往往会邀请利益相关方就学生培养方案提供意见和建议，具体包括：是否需要开发新的课程以及重新设计课程内容、是否需要投入相关设施设备建设、当前学生就业需要的能力及其掌握熟练程度、现有课程是否具有适切性，以及采用哪种评价方式评价学生表现，等等。山麓学院生涯技术教育计划有着强大的智囊团，除了咨询行业领导人以外，他们还向 30 多个行业咨询委员会咨询建议并落实，同时校园咨询委员会也会定期开会，针对职业教育人才培养体系及其运行状况存在的问题进行反思和整改。

山麓学院还建立了职业培训学院(The Foothill-De Anza Occupational

---

① FOOTHILL COLLEGE. Academic Catalog [EB/OL]. [2021-12-07]. https://catalog.foothill.edu/about-us/#text.

Training Institute，OTI），为学生接受职业教育提供保障和支持，以使学生在学习期间能够免除学习以外不必要的经济物质压力，提高该学院的毕业率以及社会影响力。职业培训学院(OTI)承担医疗、技术、商业、园艺、通信以及行政方面的技能培训，并为山麓学院的生涯培训项目提供支持。这些援助项目包括以工代赈(CalWORKs，贫困家庭临时补助)、出台保障就业者相关权益的劳动力创新与机会法案（Workforce Innovation & Opportunity Act，WIOA）、提供贸易调整援助（Trade Adjustment Assistance，TAA）和计算机技术支持（Computer Technical Support，Comp Tech S）。[①]

具体来说，职业培训学院对各个援助项目的支持方式如下：（1）Cal-WORKs：职业培训学院对学生的支持主要是将他们引入生涯技术教育项目，提供校内带薪工作以及升学机会等来进行。这部分同学还享有学费减免、学术咨询、个人职业生涯咨询、个性化教育计划制定、儿童保育、教材减免和优先注册的权利和优惠政策；另外，职业培训学院还提供多样化的社区服务和免费电脑。（2）WIOA/TAA：享受此项目援助的学生可以免费获得一台电脑，但是可能没有资格享受学费、教材以及停车费等相关费用减免的权利。此外，如果学生是由合同代理机构(如劳动力委员会)转培给职业培训学院的，该代理机构负责支付学院每季度693.23美元的费用，如果学生没有与相关机构达成签约，他们自己将负责支付学院所需的这笔费用。（3）Comp Tech S：这一部分的实习项目主要面向那些对信息技术职业感兴趣的学生，Comp Tech S项目的最大特色就是为学生捐赠和提供翻新的电脑。如果有优秀的同学获得这个项目的资格，还有机会参加硅谷提供的实习项目。

此外，山麓学院的生涯技术教育立足其优势专业，在健康专业、艺术专业、商业以及护理专业提供技术课程支持。以计算机科学为例，学生通过学习可以获得关于云计算的4项证书，掌握有关云操作和业务解决方案、

系统管理、应用开发和问题解决工程设计这四个方面的知识，完成课程以后可以获得思科(Cisco)认证的 CCNA 证书和安全证书、VMware 专业认证、EMC 的信息存储与管理的专业认证。此外，该课程还包含了企业网络计划，帮助学生获得解决有关网络工作的设计、管理、运营和故障排除等方面的技能。通过动手实验作业，培养学生全面技能，包括规范编写代码、网络管理、网络设计、设备及系统销售以及软件开发等。除了学习如何设计网络基础设施以满足特定的用户和业务需求之外，学生们还将学习网络系统设计以及网络安全性维护等相关的专业知识。智能制造背景下，制造业企业趋于智能化、信息化，对人才培养规格的要求也越来越高，只有不断调整社区学院的专业课程设置，最大化地实现课程设置超前性和人才培养的先进性，才能提高职业技术技能人才在企业行业领域内的实际价值。Jeff Farr 是山麓学院的职业教师，担任工程和技术教师长达 26 年，规划了从初级到高级的数字工程学课程：初级课程主要学习建模，中级到高级课程包括机械工程学、机器人学、民用工程学和焊接，而 3D 打印会穿插在其中帮助学生在课堂上制造部件。谈及职业教育和 3D 打印技术时他表示："一般的职业教育会学习很多 CNC(数控机床加工)的课程，我觉得在未来增材制造技术(3D 打印)将会部分取代 CNC，因此在我校开设了 3D 打印课程。"①

　　未来职业发展道路的选择无论是对于学生还是社区学院都会产生重大影响，因此山麓学院在设计生涯技术教育课程时也包含了职业规划课程。职业规划课程大致包含四个部分：第一，自我测评。学生将结合自己的特长、兴趣、价值观以及个性来确定自己的职业选择，这一课程也包括生活方式的测评，比如职业选择对其家庭的影响、目标设定、求职策略、简历制作以及面试技巧等，对那些还没有决定好所修专业以及考虑换专业的同学带来极大用处。第二，探索职业领域。这一过程主要借助校园、互联网

---

　　① 荣格工业资源网. 谈谈"MAGA"这几年，美国的制造业和职业教育的发展[EB/OL]. [2021-12-06]. http://www.industrysourcing.cn/client/article/details.html? id=403196.

以及社区提供的资源，学生、学校和社会三方主体在综合考虑特定的职业选择、岗位对员工的期待、学历要求、薪酬标准以及就业趋势等因素，探索与学生兴趣和优势相匹配的职业选择。第三，简历撰写课程，通过这一课程培养学生的制作简历技能，包括了解隐藏的就业市场、不同的简历类型以及在面试过程中制作符合标准和要求的简历的技能。第四，成功的面试技巧，这一课程包括准备面试的技巧、面试过程、薪资谈判以及后续跟进等事宜。

2. 工学结合，贯穿校企合作人才培养模式

随着工业 4.0 以及人工智能时代的到来，传统制造业转型升级，山麓学院意识到制造业发展对劳动力素质的要求远远要高于课程内容以及技能证书所规定的标准，因此在教学过程中贯穿工学结合、校企合作人才培养模式，对于增强人才培养的社会适应性十分重要。山麓学院与当地学徒培训组织建立了合作关系，为包括钣金、电工、管道、暖通、蒸汽管件、管道、音响、通信等行业提供技能培训。根据加州法律规定，以上这些项目仅仅向注册且被学徒计划接受的学徒提供。另外，在参加学徒项目期间，所有课程都是在校外的培训中心进行的。判断个人是否适合参加学徒计划标准有：(1)热爱手工劳动；(2)可以接受学徒制合同规定的五年学习期限；(3)有良好的应用能力、机械操作能力、解决实际问题的能力以及团队合作的能力；(4)想要赚钱，提高生活水平；(5)想要在事业上取得进步和成功。① 山麓学院针对不同专业与当地企业或者社区工作单位建立了学徒计划，并且将该雇主的信息放在了学校官网上，以供学生自行与雇主取得联系，得知作为一名学徒所需获得的技能证书或者所需要掌握的技术，等等。就拿空调制冷技术专业来说，山麓学院和圣克拉拉和圣贝尼托县管道行业培训中心(Pipe Trades Training Center of Santa Clara and San Benito Counties)、蒙特利和圣克鲁斯县管道工程公司(Monterey and Santa Cruz

---

① FOOTHILL COLLEGE. Apprenticeship Program [EB/OL]. [2021-12-07]. https://foothill.edu/apprenticeships/.

Counties Plumbers and Pipefitters)等单位建立了学徒制关系,① 为学生熟练掌握相关技巧,获得工作经历提供实践锻炼机会。

学徒制计划由于专业不同以及行业要求不同,因此在学徒年限方面有不同的要求,一般在一至五年内不等。学生在学徒期间并不是没有收入,最初的收入一般是熟练工人的1/3左右,而且明确规定学徒的起始工资必须达到加州学徒标准部(DAS)规定的标准。另外,山麓学院的学徒制还有一大特色,就是学校在开展培训和学习时以雇主和行业企业需求为标准,并不完全以学院或是教师要求的内容为准,因此学生不必担心在学习过程中学不到有用的知识,相反,通过学徒制能够学习到与行业企业要求最为紧密的实践技能。② 通过学徒计划,学生可以获得边赚钱边学习的机会、得到先进的培训和职业发展机会、获取优厚的工资福利,以及在学徒过程中赢得尊重与骄傲,等等。当前,面对日益激烈的全球性竞争以及日益复杂的工作要求,企业以及雇主需要他们的员工时刻保持持续性学习的能力;员工只有通过不断学习才能弥补知识欠缺,才能有良好的岗位胜任力。实践中,雇主们可以通过多种方式与山麓学院进行合作:一是山麓学院为雇主们提供为期一周的实习机会,增强雇主与学生之间的合作交流;二是为学生们提供用实习换取大学学分的机会,并且这些实习机会可以在校内"握手"平台(Foothill College Handshake)上发布;三是雇主与山麓学院合作共同开发相关课程以及制定学位证书标准等;四是通过职业聚焦有针对性地向学生介绍行业企业;五是通过招聘会等形式与学生碰面,加强雇主与学生之间的了解。

3. 立足实践,搭建应用型人才培养平台

山麓学院为心理学、商学、工程学、计算机科学、平面艺术、物理和生物科学、办公室管理、多媒体等专业的学生提供实习项目。这些实习机

① FOOTHILL COLLEGE. Choose a Trade[EB/OL]. [2021-12-09]. https://foothill.edu/apprenticeships/trades/ac-refrigeration.html.

② FOOTHILL COLLEGE. Apprenticeship Program [EB/OL]. [2021-12-07]. https://foothill.edu/apprenticeships/faq.html.

会或实习项目是由旧金山湾区的雇主或者教育机构安排，并经过学校相关部门批准提供的，包括带薪实习和无薪实习项目，有些项目可以转换为大学学分。如果在校学生想要获得实习学分，必须满足三个条件：一是要在公司或机构实习；二是实习的职责范围要与个人研究领域相关；三是实习课程要求每个学生每学期至少实习 36 小时以上。山麓学院正是通过提供这些实习项目使得学生、教师与企业雇主建立伙伴关系，加强产学合作助力学生获得成功；通过体验式教育和学生在实践中的职业探索，帮助学生做好职业规划和职业决策；可以及时跟进企业雇主要求和市场变化，帮助学生满足职业就业要求；通过技术创新、项目发展提高山麓学院的服务能力。

在资源优势方面，山麓学院有着得天独厚的地理位置，坐落于美国硅谷附近，因此与硅谷的产业有着密切的合作。在硅谷、非营利组织或是某些公共机构的专业人士的指导下，山麓学院的学生通过实习可以获得宝贵的不同于寻常的成长经验。在这些实习经验的加持下，学生们可以两条腿走路，一是为升学至大学提供便利；二是可以丰富职业简历，为获得好工作累积资本。从人才培养理念出发，山麓学院意识到实习和工作经历是学生通往成功的敲门砖，因此通过与雇主建立合作关系，为学生和校友提供体验式就业和教育服务，同时也为学生提供了一个将理论知识应用到实践之中的机会，并且还能帮助学生与未来雇主建立联系，增强他们的就业竞争优势。思科（Cisco）是全球领先的网络解决方案供应商，依靠自身的技术和对网络经济模式的深刻理解，成为网络应用的成功实践者；该公司与山麓学院建立了良好的校企合作关系。2006 年美国时任财政部部长 John W. Snow 在访问山麓学院成立的思科网络技术学院时，赞扬了山麓学院以及思科公司，称网络技术学院的建立为学生和工人提供了及时且必要的培训，实现了技术和创新完美融合，使得美国劳动力可以在充满变化的经济发展环境中及时跟上时代步伐，更新知识体系和技术技能，不断提高岗位胜任力。①

————————

① CISCO SYSTEMS. U. S. Academy Newsletter[EB/OL]. [2021-12-07]. https://www.cisco.com/c/dam/en_us/training-events/netacad/newsletter/pdf/06April.pdf? dtid＝oss-cdc000283.

在实习平台方面，山麓学院建有自己的就业服务网站——握手网站（Foothill College Handshake），该网站是一个为学生提供的免费求职和招募工作的网站，最主要的目的就是促进山麓学院在校学生和校友的实习、兼职以及全职工作的安置。① 对于学生来说，通过握手网站可以查找学校内外的工作以及实习机会，可以创建在线简历；可以及时更新简历并直接发给雇主等。对于雇主们来说，通过握手网站可以发布实习岗位和职位空缺的信息，并且在线对求职者和岗位信息进行适配，与求职者建立直接联系，得到求职者的直接回复，等等。

三、美国职业教育人才培养体系的经验借鉴

美国制造商协会以及山麓学院致力于构建完备的职业教育体系，为美国重振制造业以及制造业持续发展输送了大量优质职业技能人才。借鉴美国实践经验，对完善我国职业教育体系、建设制造强国具有重要意义。

1. 大力推行职业教育，提高职业教育吸引力

美国政府、学院以及企业充分意识到，职业教育无论是对于学生个人的未来职业发展还是对于国家制造业及经济发展都具有重要的现实意义；美国重视从国家战略角度提倡职业教育，致力于提高制造业以及职业教育在民众心目中的形象与地位，增强职业教育的吸引力。近年来，虽然我国在提升职业教育地位方面采取了一系列措施，但依然存在职业教育社会影响力和吸引力不足的问题。为此，应通过综合改革，充分调动国家、企业及学校的力量，在推行职业教育方面形成合力。首先，在国家层面出台相关政策，健全职业教育法律体系和规章制度，加大职业教育领域的经费投入力度，在政策层面和经费层面向职业教育倾斜；同时，利用媒体传播途径，向公众普及职业教育的优势及价值，改善社会公众对于职业教育的偏见和刻板印象。其次，加大企业和学校的合作力度，充分利用企业的教育

① FOOTHILL COLLEGE. Internship Program [EB/OL]. [2021-12-08]. https://foothill.edu/internships/jobcentral.html.

资源和对人才需求的预判优势，拓宽毕业生的就业途径和晋升渠道，提高技术技能人才的薪资待遇和社会地位。最后，职业院校要结合自身优势办出特色，结合学生群体的需要特征，优化办学模式，调整和优化专业设置，提高职业院校师资整体素质，吸引社会优质生源，提高职业教育的竞争力和吸引力。

2. 完善职业教育人才培养体系，增强职业教育竞争力

职业教育人才培养体系具体涵盖培养目标、课程设置、学位认证、技术技能培训等涉及人才培养全过程的制度规则体系。在培养目标方面，应针对制造业发展需求，结合职业教育人才培养规律，制定符合国家和区域经济发展趋势的人才培养目标。培养目标要重点强调以人为本以生为本，从学生职业发展的需求出发，从企业设置的岗位需求出发，以实践知识、问题解决与应用能力、综合素质为核心，培养具有创新精神和能力的职业技术人才，充分发挥人力资本优势，变人才大国为人才强国，从而推动我国由制造大国向制造强国转变。在课程设置方面，打破传统陈旧的课程体系和教学模式，重点加强学生在实践操作、技术技能掌握以及职业能力等综合素质的培养。以市场需求为导向，以职业岗位需求为基准，设置针对制造业发展的以及能够满足支持制造业发展需要的相关专业，同时对陈旧过时以及滞后于市场需求的专业进行改革或调整，积极打造优势特色专业群。加强课程建设有效性和针对性，结合学生发展阶段和发展水平，合理规划课程体系，课程教学与实践实训相结合，学科专业知识与职业技能知识无缝融合，为学生未来发展方向和职业选择提供多种可能性。在学位认证方面，最重要的是要实现普职融通，提高职业资格证书的含金量和认可度。学生在经过学习且能力达标以后，由职业院校所颁发的职业资格证书必须具有权威性和说服力，一方面，企业或者用人单位不应将学历学位证书设为进入企业的门槛，阻碍职业院校毕业生职业发展道路；另一方面，打破职业院校和普通院校的体制性隔离，实现职业院校与普通院校之间的课程互认、学分互认，给予职业院校毕业生更多的发展可能性。

3. 调动企业参与积极性，激发职业教育活力

企业在职业教育和制造业升级过程中扮演着重要角色，是职业教育人才培养的主体。现代职业教育体系建设，当务之急是调动企业参与职业教育的积极性，推进校企互通，实现产学结合。首先，企业处于经济社会发展和人才市场最前沿，最了解人才市场对人才规格和能力的需求，因此在职业教育课程设置和人才培养模式改革方面，要加强企业的参与性和话语权；职业院校在课程建设以及制定课程标准方面，应充分吸收企业的意见和建议，加强人才培养和职业岗位之间的适切性，让企业全方位参与到职业院校人才培养全过程中来。其次，激励企业与职业院校进行深度合作，为职业院校提供多样化的项目合作和学生实习实训的机会，使得学生能在制造业生产真实情境中增加对企业的了解，增长才干，培养技能。最后，充分利用企业平台优势和产品研发科技人才优势，与职业院校合作，切实加强双师型教师队伍以及学生双导师体制机制建设；企业还可以在职业院校成立创客空间或是企业科技创新研发项目，在引导解决企业生产实际问题的过程中，激发学生创造性和批判性思维能力，掌握技术创新和实践应用技能，真正实现产学研协同发展，激发职业教育人才培养活力。

4. 丰富参与主体，健全职业教育协同育人机制

职业教育与社会经济发展有着密切联系，职业教育具有跨界性、开放性的特征。随着职业教育逐渐走向大众，不论是国家、社会还是个人都对职业教育有了更多更高的需求，因此，只有不断强化职业教育多元主体的参与性，保持职业教育的开放性和多样性，才能不断盘活职业教育发展资源。而且，从社会组织视角来看，社会组织参与职业教育公共服务也是自身发展壮大的必经之路；同时，社会组织参与职业教育多元协同育人，不仅使得社会组织完成自身资源整合升级，而且有利于社会组织提升履行使命的资本，增加资金的获取渠道。① 健全职业教育协同育人机制合理定位和规制不同社会主体参与职业教育的权利和责任。在宏观层面，政府要加

---

① 陈文珊，蒋梦琪，马骏. 职业教育治理框架下多元协同育人机制探索[J]. 中国职业技术教育，2020：87-90.

强顶层设计，通过出台法律政策保护和激励社会组织参与职业教育的积极性，赋予社会组织参与职业教育相应的权利；在社会层面，参与职业教育的社会组织应充分发挥自身责任感，物质上可以通过捐款或者合作办学的形式支持职业教育发展，管理上要积极发挥咨询建议功能，积极参与职业教育人才培养目标、课程专业设置以及实践教学方案制订等人才培养全过程；在制度保障层面，应建立健全职业教育多主体协同育人机制，保障不同主体参与职业教育人才培养过程有章可循、有法可依，规范社会各主体参与职业教育的形式与路径，充分发挥社会相关利益主体的优势，推动建立职业教育人才培养沟通协同机制和资源共享机制。

参 考 文 献

一、官方网络文献：

[1] 国务院关于印发《中国制造2025》的通知[EB/OL].（2015-05-19）[2022-01-22]. http：//www. gov. cn/zhengce/content/2015-05/19/content_9784.htm.

[2] 教育部关于开展现代学徒制试点工作的意见[EB/OL].（2014-08-25）[2021-11-07]. http：//www. moe. gov. cn/srcsite/A07/s7055/201408/t20140827_174583.html.

[3] 教育部办公厅关于全面推进现代学徒制工作的通知[EB/OL].（2017-08-25）[2021-12-17]. http：//www. moe. gov. cn/srcsite/A07/s7055/201906/t20190603_384281.html.

[4] 教育部办公厅关于公布第二批现代学徒制试点和第一批试点年度检查结果的通知[EB/OL].（2017-08-25）[2021-12-15]. http：//www. moe. gov. cn/srcsite/A07/moe_737/s3876_cxfz/201709/t20170911_314178.html.

[5] 陈宝生部长在2017年全国教育工作会议上的工作报告[EB/OL].（2017-02-06）[2022-04-20]. http：//www. moe. gov. cn/jyb_xwfb/moe_176/201702/t20170206_295791.html.

[6] 代表委员为职教谏言献策：建设制造强国需要大量高技能人才[EB/OL].（2020-05-26）[2022-05-27]. https：//www. tech. net. cn/news/show-91321.html.

［7］光明日报：职教本科如何走出怪圈？［EB/OL］.（2021-08-17）［2022-05-20］. https://www. 163. com/edu/article/GHJEI9VL00297VGM. html? clickfrom＝w_edu.

［8］广东省人社厅. 粤港澳大湾区（内地）急需紧缺人才目录［EB/OL］.（2021-08-17）［2022-01-22］. https://www.sohu.com/a/483981176_161795.

［9］国务院办公厅关于深化产教融合的若干意见［EB/OL］.（2017-12-19）［2022-01-22］. http://www.gov.cn/zhengce/content/2017-12/19/content_5248564.htm.

［10］教育部 人力资源社会保障部 工业和信息化部关于印发《制造业人才发展规划指南》的通知［EB/OL］.（2017-01-11）［2022-01-22］. http://www.moe.gov.cn/srcsite/A07/moe_953/201702/t20170214_296162.html.

［11］教育部：全国共有职业学校 1. 15 万所在校生 2857. 18 万人［EB/OL］.（2020-12-08）［2022-05-22］. http://education.news.cn/2020/12/08/c_1210921358.htm.

［12］李克强说，要加大宏观政策实施力度，着力稳企业保就业［EB/OL］.（2020-05-22）［2022-05-13］. https://www.chinanews.com.cn/gn/2020/05-22/9191461.shtml.

［13］强化职业教育体系 助力制造业转型升级［EB/OL］.（2021-10-15）［2022-05-19］. https://www. 163. com/dy/article/GMB5E8C00512D71I. html.

［14］人人出彩 技能强国——党的十八大以来我国职教改革发展成就综述［EB/OL］.（2021-04-12）［2022-05-03］. http://www.moe.gov.cn/jyb_xwfb/s5147/202104/t20210412_525824.html? authkey＝boxdr3.

［15］人社部：今年职业技能培训将超过 1700 万人次［EB/OL］.（2020-05-25）［2022-05-20］. https://economy. gmw. cn/2020-05-25/content _ 33855817.htm.

［16］人社部印发"技能中国行动"实施方案［EB/OL］.（2021-07-07）［2022-05-25］. http://www.legaldaily.com.cn/government/content/2021-07/07/

content_8545554.htm.

[17] "三步走"实现制造强国战略目标[EB/OL].（2015-05-20）[2022-05-04].http://news.sina.com.cn/o/2015-05-20/045431852559.shtml.

[18] 提升科技创新能力——把握我国发展重要战略机遇新内涵述评之二[EB/OL].（2019-02-18）[2022-04-22].http://scitech.people.com.cn/n1/2019/0218/c1007-30759190.html.

[19] 习近平：建设"人人皆学、处处能学、时时可学"的学习型社会[EB/OL].（2015-05-23）[2022-05-16].https://mp.weixin.qq.com/s/DIS-MDJrYf0jjtrhW7chFJQ.

[20] 习近平对职业教育工作作出重要指示[EB/OL].（2015-05-20）[2021-05-13].https://politics.gmw.cn/2021-04/13/content_34761145.htm.

[21] 增强政策供给有效性的基本途径[EB/OL].（2016-07-27）[2022-05-25].http://news.cnr.cn/native/gd/20160727/t20160727_522798796.shtml.

[22] 政协委员谈如何更好发挥职业教育特殊作用 加快修订完善《职业教育法》[EB/OL].（2018-03-14）[2022-04-28].https://www.takefoto.cn/viewnews-1422155.html.

[23] 职教体系建设应加强顶层设计[EB/OL].（2012-03-24）[2022-05-14].https://epaper.gmw.cn/gmrb/html/2012-03/24/nw.D110000gmrb_20120324_1-10.htm?div=-1.

[24] 职业教育增强适应性 服务高质量发展[EB/OL].（2021-04-11）[2022-05-16].http://www.gov.cn/xinwen/2021-04/11/content_5599024.htm.

[25] 中高本协同培养[EB/OL].（2020-05-15）[2022-05-22].https://www.stpt.edu.cn/cxqxgc/2020/0515/c1404a15346/page.htm.

[26] 中国新闻周刊：大而不强、多而不精，是中国职业教育快速发展后新的痛点[EB/OL].（2019-08-01）[2022-05-18].https://www.100vr.com/100vr/index/articlepage_detail?id=62061.

[27] 中共中央办公厅 国务院办公厅印发《关于推动现代职业教育高质量发

展的意见》[EB/OL]. (2021-10-12) [2021-11-02]. http://www.gov.cn/zhengce/2021-10/12/content_5642120.htm.

[28] 国务院关于大力推进职业教育改革与发展的决定[EB/OL]. (2002-08-24) [2021-11-03]. http://www.gov.cn/govweb/gongbao/content/2002/content_61755.htm.

[29] 教育部关于加快推进职业教育集团化办学的若干意见[EB/OL]. (2015-07-02) [2021-11-02]. http://www.moe.gov.cn/srcsite/A07/s3059/201507/t20150714_193833.html.

[30] 国务院办公厅关于深化产教融合的若干意见[EB/OL]. (2017-12-19) [2021-11-03]. http://www.gov.cn/xinwen/2017/12/19/content_5248592.htm.

[31] 国务院关于加快发展现代职业教育的决定[EB/OL]. (2014-06-22) [2021-11-03]. http://www.gov.cn/zhengce/content/2014-06/22/content_8901.htm.

[32] 教育部关于开展现代学徒制试点工作的意见[EB/OL]. (2014-08-27) [2021-11-04]. http://www.moe.gov.cn/srcsite/A07/s7055/201408/t20140827_174583.html.

[33] 职业教育前途广阔大有可为[EB/OL]. (2021-04-29) [2021-11-02]. http://www.moe.gov.cn/jyb_xwfb/s5148/202104/t20210429_529103.html? authkey=boxdr3.

[34] 姜波常委：产教融合"合而不深"校企合作"校热企冷"[EB/OL]. (2019-01-31) [2021-11-08]. http://www.sxzx.gov.cn/wyfc/6120.html.

[35] 让职业教育融入产业园区[EB/OL]. (2021-02-20) [2021-11-05]. http://www.dzwww.com/xinwen/shehuixinwen/202102/t20210220_20196463.htm.

[36] 中车集团与常州市积极推进中车职业技术学院建设[EB/OL]. (2020-12-02) [2021-11-05]. http://weixin.cuepa.cn/show_more.php? doc_id=3572320.

[37] 入园建院 课岗融合 现代产业学院建设硕果累累[EB/OL]. (2021-05-28)[2021-11-05]. https://baijiahao.baidu.com/s? id = 1700949278383
656115&wfr = spider&for = pc.

二、中文期刊

[1] 蔡泽寰, 肖兆武, 蔡保. 高职制造类专业人才培养要素优化探析——基于"中国制造 2025"视域[J]. 中国高教研究, 2017(2): 106-110.

[2] 查吉德. 治理现代化视角下的职业教育政策供给分析[J]. 河北师范大学学报(教育科学版), 2017(1): 67-73.

[3] 车明朝, 张维津. 服务"中国制造 2025"需要更加开放的职业教育[J]. 中国职业技术教育, 2018(16): 26-31.

[4] 陈东. 德国职业教育《"培训职业"目录》特点及启示[J]. 中国职业技术教育, 2021(29): 48-53.

[5] 陈年友, 周常青, 吴祝平. 产教融合的内涵与实现途径[J]. 中国高校科技, 2014(8): 40-42.

[6] 陈鹏, 庞学光.《中国制造 2025》与现代职业教育转型发展[J]. 教育发展研究, 2015(17): 15-20.

[7] 陈鹏, 薛寒. "中国制造 2025"与职业教育人才培养的新使命[J]. 西南大学学报(社会科学版), 2018(1): 77-83, 190.

[8] 陈诗慧, 张连绪. "中国制造 2025"视域下职业教育转型与升级[J]. 现代教育管理, 2017(7): 107-113.

[9] 陈莹. "工业 4.0"时代德国职业教育与高等教育融通研究[J]. 比较教育研究, 2018, 40(4): 94-100.

[10] 杜灿谊. "中国制造 2025"背景下职业教育面临的挑战及应对策略[J]. 教育与职业, 2018(18): 31-35.

[11] 杜怡萍, 李海东, 詹斌. 从"课证共生共长"谈 1+X 证书制度设计[J]. 中国职业技术教育, 2019(4): 9-14.

[12] 付卫东. 林婕. "中国制造 2025"战略下职业教育的应对之策[J]. 职

业技术教育，2016(24)：62-66.

[13] 高书国，张智. 技能强国：职业教育 4.0 时代的中国策略[J]. 高校教育管理，2020(4)：7-14.

[14] 龚方红，唐立平，吴慧媛. 把握四新要义 推进专业数字化升级——《职业教育专业目录(2021 年)》装备制造大类解析[J]. 中国职业技术教育，2021(14)：5-10.

[15] 郭赫男. 德国双元制新观察：我们到底应该向它学什么？[J]. 中国职业技术教育，2020(15)：57-62.

[16] 胡德鑫. 新世纪以来德国职业教育质量保障的基本路径与支撑机制研究[J]. 中国职业技术教育，2020(15)：63-70.

[17] 胡茂波，王运转，朱梦玫. 德国职业教育契合"工业 4.0"发展的策略及启示[J]. 现代教育管理，2016(10)：92-97.

[18] 胡颖蔓，姚和芳. 对接现代制造业发展需求 深化工学结合人才培养模式改革[J]. 中国高教研究，2009(6)：90-91.

[19] 黄晓芬. 我国职业教育发展契合"中国制造 2025"的必然、实然与应然[J]. 教育与职业，2017(12)：11-17.

[20] 姜大源. "教育+"格局构建刍议——从德国"职业教育+"看新制度主义同形理论的映射[J]. 中国高教研究，2022(1)：96-101.

[21] 雷望红. 组织协作视角下产教融合实践困境与破解之道[J]. 高等工程教育研究，2022(1)：104-109.

[22] 李拓宇，李飞，陆国栋. 面向"中国制造 2025"的工程科技人才培养质量提升路径探析[J]. 高等工程教育研究，2015(6)：17-23.

[23] 李文静，吴全全. 德国"职业教育 4.0"数字化建设的背景与举措[J]. 比较教育研究，2021，43(5)：98-104.

[24] 李小球. 推进新时代职业教育高质量发展的三个着力点[J]. 职业技术教育，2021(21)：1.

[25] 李一. 德国面向工业 4.0 需求的职业能力体系构建与启示[J]. 职业技术教育，2017，38(34)：69-73.

[26] 李政."中国制造2025"与职业教育发展观念的转轨[J].中国职业技术教育,2015(33):38-44.

[27] 刘奇.中国制造2025背景下的职业教育中高本衔接模式研究[J].中国教育技术装备,2018(19):8-10.

[28] 刘青春,沈建民.产教融合、校企合作:高职教育创新发展主引擎——以湖州职业技术学院为例[J].职业技术教育,2019(12):61-66.

[29] 刘晓,徐珍珍."机器换人"与职业教育发展:挑战与应对[J].教育发展研究,2015(21):13-17.

[30] 刘燕.基于产业转型升级的职业院校专业动态调整机制研究[J].教育探索,2016(11):46-50.

[31] 马广,赵俞凌,徐婧.高职院校校企"双主体"育人模式探究——以金华职业技术学院众泰汽车学院为例[J].黑龙江高教研究,2012(7):138-140.

[32] 马树超,郭文富.坚持学历教育与职业培训并举 推动新时代职业教育改革[J].中国职业技术教育,2019(7):13-18.

[33] 马延伟,胡姝.为建设制造业强国提供人才支撑——《制造业人才发展规划指南》解读[J].中国职业技术教育,2017(10):48-51.

[34] 潘建峰,刘瑛,魏宏玲.高职制造类专业现代学徒制实施路径研究与实践[J].中国职业技术教育,2017(2):75-79,91.

[35] 潘建峰.基于现代学徒制的高端制造业人才培养研究与实践[J].中国职业技术教育,2016(5):46-49.

[36] 濮海慧,徐国庆.我国产业形态与现代学徒制的互动关系研究——基于企业专家陈述的实证分析[J].华东师范大学学报(教育科学版),2018(1):112-118,165.

[37] 冉云芳,付卫东.现代职业教育体系助推我国制造业强国崛起的策略分析[J].高等工程教育研究,2016(1):172-176.

[38] 任君庆.新时代职业院校技术技能人才培养的成效、问题与对策[J].

中国高教研究，2019(12)：99-103.

[39] 荣长海，任凯，王凤慧，等. 关于京津冀高端制造业与高技术技能人才培养问题[J]. 理论与现代化，2016(1)：42-46.

[40] 深化改革 加快发展 开创我国现代职业教育新局面 刘延东在全国职业教育工作会议上的讲话[J]. 职业技术教育，2014(18)：33-37.

[41] 宋小华，冉云芳. 从区域经济特点看职教校企合作模式的选择——基于杭州市的案例分析[J]. 中国职业技术教育，2010(6)：14-19.

[42] 宋亚峰. 高等职业教育专业建设政策变迁研究——基于历年我国高等职业教育专业建设相关政策的社会网络分析[J]. 中国职业技术教育，2021(30)：55-64.

[43] 孙翠香，毕德强. 困囿与突破：企业现代学徒制试点实施困境与解决策略——基于 17 家现代学徒制企业试点的分析[J]. 职教论坛，2019(3)：31-39.

[44] 汤霓，石伟平. 美国振兴先进制造业的职业教育发展战略述评——奥巴马政府《振兴美国先进制造业》战略计划解读[J]. 高等教育研究，2015(12)：51-56.

[45] 唐慧，谢莉花. 德国教育体系中融通机制的构建：政策、举措与经验[J]. 德国研究，2021，36(2)：54-71，133-134.

[46] 王一涛，路晓丽. "中高本硕"衔接的理论溯源、实施现状与路径优化——基于类型教育的视角[J]. 教育发展研究，2021(3)：60-67.

[47] 文婷，李建雄，王延盛，等. "智造"时代先进制造业技术技能人才精准培养研究——基于京津冀现代制造业职教集团的分析[J]. 中国职业技术教育，2019(22)：64-67.

[48] 席东梅，任占营，徐刚. 支撑国家战略：做强"中国制造"的职教担当——职业教育支撑国家战略：中国制造 2025 座谈会综述[J]. 中国职业技术教育，2017(28)：30-37.

[49] 谢莉花，余小娟. 德国资格框架实施背景下能力导向的职业教育条例设计[J]. 外国教育研究，2018，45(3)：18-34.

［50］谢仁凤．"中国制造 2025"背景下职业院校现代学徒制人才培养模式
构建[J]．职教论坛，2017(18)：34-38.

［51］徐国庆．我国职业教育现代学徒制构建中的关键问题[J]．华东师范
大学学报(教育科学版)，2017(1)：30-38，117.

［52］徐国庆．智能化时代职业教育人才培养模式的根本转型[J]．教育研
究，2016(3)：72-78.

［53］徐宏伟．工匠精神的"理性"基础及其职业教育实现路径[J]．教育发
展研究，2018(1)：46-51.

［54］杨红荃，苏维．基于现代学徒制的当代"工匠精神"培育研究[J]．职
教论坛，2016(16)：27-32.

［55］叶立生，吴加恩．高等职业教育服务"中国制造 2025"对策[J]．职教
论坛，2017(32)：83-86.

［56］于志晶，刘海，岳金凤，等．中国制造 2025 与技术技能人才培养
[J]．职业技术教育，2015(21)：10-24.

［57］于志晶，刘海，岳金凤，等．中国制造 2025 与技术技能人才培养
[J]．职业技术教育，2015，36(21)：10-24.

［58］余亚微，陆明克．德国双元制职业教育质量保障体系[J]．职教论坛，
2016(25)：87-91.

［59］张建平，孙立新．中国特色现代学徒制试点现状研判及推进路径[J]．
职教论坛，2021(12)：12-17.

［60］张晶．职业教育现代学徒制试点的实践之囿与破解之策[J]．教育与
职业，2018(1)：17-24.

［61］张莉．制造业转型升级背景下高职人才培养质量提升路径研究[J]．
中国职业技术教育，2019(30)：69-73.

［62］张旭刚．高职院校培育工匠精神的价值、困囿与掘进[J]．教育与职
业，2017(21)：65-72.

［63］赵淑梅，宋春辉．高职院校专业设置与产业需求协调发展实证研究
[J]．高等工程教育研究，2017(4)：192-197.

[64] 郑永进，操太圣. 现代学徒制试点实施路径审思[J]. 教育研究，2019(8)：100-107.

[65] 郑永进，徐建平. 高职院校"政行企校"联合培养人才机制研究——以芜湖职业技术学院人才培养机制改革为例[J]. 中国高教研究，2015(4)：107-110.

[66] 中国工程院战略咨询中心，等. 2020 中国制造强国发展指数报告[R]. 北京：中国工程院，2020：4.

[67] 中国教育科学研究院课题组. 完善先进制造业重点领域人才培养体系研究[J]. 教育研究，2016(1)：4-16.

[68] 周济. 走向新一代智能制造[J]. 中国科技产业，2018(6)：20-23.

[69] 庄西真. 高质量职业教育是制造业转型升级的关键[J]. 职教论坛，2018(2)：1.

[70] 郝天聪，石伟平. 从松散联结到实体嵌入：职业教育产教融合的困境及其突破[J]. 教育研究，2019(7)：102-110.

[71] 祁占勇，王羽菲. 改革开放 40 年来我国职业教育产教融合政策的变迁与展望[J]. 中国高教研究，2018(5)：40-45.

[72] 方益权，闫静. 关于完善我国产教融合制度建设的思考[J]. 高等工程教育研究，2021(5)：113-120.

[73] 周晓瑜，张君兰. 高职院校产教融合的实体化：模式、本质及其实践[J]. 职教论坛，2021(8)：55-59.

[74] 赵晓芳. 职业教育校企命运共同体：理论逻辑、内涵特征与行动路径[J]. 职业技术教育，2021(25)：69-74.

[75] 易卓. 组织社会学视角下"引教入企"的产教融合模式探索[J]. 高等工程教育研究，2021(5)：134-140.

[76] 吴健. 新时代职业教育产教融合、校企合作向纵深发展的研究[J]. 成人教育，2019(11)：51-58.

[77] 陈晓燕. 提高技术工人待遇，工会大有可为[N]. 工人日报，2019-10-29.

［78］田俊荣，赵展慧，王政，等. 制造业引才须综合施策［N］. 人民日报，
　　　2018-09-17.

［79］王东梅，王启龙. 现代学徒制人才培养体系：内涵、要素与特征［J］.
　　　中国职业技术教育，2019（3）：19-24.

三、中文著作

［1］国务院发展研究中心课题组. 借鉴德国工业 4.0 推动中国制造业转型
　　　升级［M］. 北京：机械工业出版社，2017.

［2］中华职业教育社. 黄炎培教育文选［M］. 上海：上海教育出版社，1985.

［3］闻友信，杨金梅. 职业教育史［M］. 海口：海南出版社，2009.

四、网络外文文献

［1］Cowin B. Apprenticeship and Pre-Apprenticeship Training. Made in BC：A
　　　History of Postsecondary Education in British Columbia［EB/OL］.［2022-
　　　01-18］. https://www. douglascollege. ca/sites/default/files/docs/instituti-
　　　onal-research-and-planning/Apprenticeship_History78776.pdf.

［2］Frank K, Jovic E. National Apprenticeship Survey：Canada Overview Re-
　　　port2015［EB/OL］.［2022-01-18］. https://www150. statcan. gc. ca/n1/
　　　pub/81-598-x/81-598-x2017001-eng.htm.

［3］Government of Canada. How to Become An Apprentice［EB/OL］.［2021-
　　　12-09］. https://www. canada. ca/en/employment-social-development/
　　　servic-es/apprentices/become-apprentice.html.

［4］Alberta Apprenticeship and Industry Training. What is Apprenticeship?
　　　［EB/OL］.［2021-12-23］. https://tradesecrets. alberta. ca/learn-on-the-
　　　job/what-is-apprenticeship.

［5］Alberta Apprenticeship and Industry Training. Alberta Apprenticeship and
　　　Industry Training Board（AIT BOARD）［EB/OL］.［2021-12-28］.
　　　https://tradesecrets. alberta. ca/about-us/alberta-apprenticeship-and-indust

ry-traini-ng-board.

[6] Government of Alberta. Apprenticeship and Industry Training Act[EB/OL]. [2022-01-05]. https://www.qp.alberta.ca/1266.cfm? page = A42.cfm&leg _type = Acts&isbncln.

[7] Government of Alberta. Alberta Trades Hall of Fame Mobility[EB/OL]. [2022-01-20]. https://www.alberta.ca/alberta-trades-hall-of-fame.aspx.

[8] SBFI. Drei-oder vierjahrige berufliche Grundbildung mit eidgenossischem Fahigkeitseg[EB/OL]. [2022-02-22]. https://www.sbfi.admin.ch/sbfi/ de/home/bildung/berufliche-grundbildung/zweijaehrige-berufliche-grund- bildung.ht.

[9] SBFI. Nach der beruflichen Grundbildung an die Fachhochschule[EB/OL]. [2022-02-20]. https://www.sbfi.admin.ch/sbfi/de/home/bildung/hbb/ eidgenoessische-pruefungen.html.

[10] SBFI. Berufsbildungsforschung[EB/OL]. [2022-02-23]. https://www. sbfi. admin. ch/sbfi/de/home/bildung/berufsbildungssteuerung-und- politik/berufsbildungsforschung/leading-houses.html.

[11] Ressortforschung des Bundes. Internationale Berufsbildungszusammenarbeit IBBZ[EB/OL]. [2022-02-24]. https://berufsbildung 2030. ch/de/24- abgeschlossene-projekte-de/69-optimieren-der-governance.

[12] SBFI. Forschungskonzept Berufsbildung2021-2024[EB/OL]. [2022-03- 11]. https://www. sbfi. admin. ch/sbfi/de/home/bildung/berufsbildung ssteuerung-und-politik/berufsbildungsforschung.html.

[13] Universität Zürich. Swiss Leading House VPET-ECON[EB/OL]. [2022- 03-11]. https://www.educationeconomics.uzh.ch/de.html.

[14] SBFI. Broschüre"Berufsbildungsforschung Schweiz"[EB/OL]. [2022-03- 11]. https://www. sbfi. admin. ch/sbfi/de/home/bildung/berufsbil- dungssteuerung-und-politik/berufsbildungsforschung.html.

[15] Berufsbildungsbericht 2021 [EB/OL]. [2021-12-21]. https://www.

bmbf. de/SharedDocs/Publikationen/de/bmbf/3/31684 _ Berufsbildungs-bericht_2021.pdf? __blob = publicationFile&v = 5。

[16] Bundesregierung. Deutsche Nachhaltigkeitsstrategie[EB/OL]. [2021-12-21]. https://www. bundesregierung. de/resource/blob/975292/1875184/f2fbcd22ecdb457339bd90f9b06e4b0d/deutsche-nachhaltigkeitsstrategie-2021-kurzfassung-bf-download-bpa-data.pdf? download = 1.

[17] BIBB. AusbildungPlus [EB/OL]. [2021-12-01]. https://www. ausbil-dungs-plus.de.

[18] CREATORS WANTED. Creators Wanted Events [EB/OL]. [2021-11-07]. https://creatorswanted.org/creators-wanted-2021-events.

[19] FOOTHILL COLLEGE. Academic Catalog[EB/OL]. [2021-12-07]. ht-tps://catalog.foothill.edu/about-us/#text.

[20] FOOTHILL COLLEGE. Apprenticeship Program [EB/OL]. [2021-12-07]. https://foothill.edu/apprenticeships.

[21] FOOTHILL COLLEGE. Choose a Trade [EB/OL]. [2021-12-07]. https://foothill.edu/apprenticeships/trades/ac-refrigeration.html.

[22] FOOTHILL COLLEGE. Apprenticeship Program [EB/OL]. [2021-12-07]. https://foothill.edu/apprenticeships/faq.html.

[23] CISCO SYSTEMS. U. S. Academy Newsletter[EB/OL]. [2021-12-07]. https://www. cisco. com/c/dam/en _ us/training-events/netacad/newslett-er/pdf/06April.pdf? dtid = osscdc.

[24] FOOTHILL COLLEGE. Internship Program[EB/OL]. [2021-12-08]. ht-tps://foothill.edu/internships/jobcentral.html.

五、英文期刊及著作

[1] Gunderson M, Krashinsky H. Apprenticeship in Canada: An Increasingly Viable Pathway? [J]. Challenge, 2016(5): 405-421.

[2] Green F, Ashton D. Skill shortage and skill deficiency: a critique[J].

Work, Employment and Society, 1992(2): 287-301.

[3] BMBF. Ausbildung im digitalen Wandel-Strategie fuer kleine und mittlere Unternehmen[R]. Frankfurt: Druckund Verlagshaus Zarbock GmbH & Co. KG, 2017: 10-41.

[4] BIBB. Datenreport zum Berufsbilungsbericht 2021 [R]. Bonn: BIBB, 2021: 16, 17, 22, 38.

[5] Weber E. Industry 4.0: Job-producer or employment-destroyer? [R]. Aktuelle Berichte, 2016.

[6] Vogler-Ludwig K, Duell N, Kriechel B. Arbeitsmarkt 2030-Wir tscha ft und Arbeitsmark tim digitalen Zeitalter[M]. Bielefeld: W. BertelsmannVerlag, 2016: 24.

[7] Leicht A, Heiss J, Byun W J. Issues and trends in education for sustainable development[M]. UNESCO publishing, 2018.

后　记

　　多年来，我主要致力于研习高等教育学，从事高等教育研究。职业教育研究对我而言虽然多有关注，也充分意识到职业教育研究的重要性，并试图进行研究职业教育，况且高等职业教育研究本身也属于高等教育研究的范畴，但一直感觉力有不逮，可望而不可即。因为职业技术教育学有不同于高等教育学的理论逻辑、知识体系和研究方法论，深度开展职业教育必须付出独特的关注力和艰苦的努力。2019年初我入职天津大学教育学院，天津大学教育学院拥有全国最早的二级学科职业技术教育学博士学位授权点，近年来培养了一大批高水平职业教育研究和实践工作者。教育学院浓厚的职业教育研究氛围感染了我，以及职业教育学研究生培养和具体研究工作的需要，推动着我必须将部分主要精力用于职业教育研究。2019年1月，国务院颁布《国家职业教育改革实施方案》，对职业教育改革与发展具有里程碑意义，是职业教育改革与发展的顶层设计和国家行动；同年，政府工作报告提出高职院校扩招100万人，2020年政府工作报告又提出连续两年扩招100万人，职业教育改革与发展迎来了"黄金时代"；近年来，国家和地方政府相关部门出台了一系列职业教育政策，职业教育改革实践如火如荼，职业教育研究迎来了难得的机遇。在这种背景下，我的研究精力和相关研究项目开始向职业教育研究领域倾斜，发表了多篇学术论文，《制造强国视域中的现代职业教育体系建设》一书就是近年来我开展职业教育研究以及相关课题研究的主要成果。

　　本著作的完成是研究团队成员共同努力的结果，最初是按项目专题开展研究设计的，我本人确定了每个研究专题的主题、结构以及基本逻辑框架，多次主持专题研讨会和研究进展推进会，全程参与和指导了每一专题的研究和研究报告撰写工作。专题研究完成后，我又按照著作体例确定了书稿的基本框架和所有章节的主题、结构和标题；花费半年多的时间统稿、增删、结构调整，以及字斟句酌的修改。感谢加拿大阿尔伯塔省政府劳工与移民部教育评估专员熊杰博士、华东师范大学教育学部职业教育与成人教育研究所郑杰副教授，以及我指导的博士生徐艳（江西科技师范大学）、王良（天津职业技术师范大学）、刘思远、郑政捷、赵文君和硕士生秦甜帆、陈辉、刘洋、高雪平等同学积极参与专题研究和书稿撰写工作。书稿具体章节撰写分工如下：第一章由郑政捷、刘思远执笔；第二章由马廷奇、王良、陈辉执笔；第三章由刘思远、高雪平、刘洋执笔；第四章由赵文君、徐艳、秦甜帆执笔；第五章由郑政捷、熊杰、郑杰执笔；第六章由赵文君、刘洋、陈辉执笔。

　　天津大学教育学院院长闫广芬教授支持和鼓励我开展职业教育研究，入职以来参与了她组织的系列职业教育研究学术活动，以及她的职业技术教育学博士研究生的培养过程，让我受益匪浅，收获良多。在此向闫院长深表敬意和谢意！感谢天津大学教育学院领导和同事们对我开展职业教育研究以及在本书出版过程中给予的鼓励和帮助！

　　我从 2001 年跟随导师张应强教授研习高等教育学，至今已有 20 余载。在我的学术职业发展过程中，一直得到张老师的鼓励和帮助！过去我和张老师同在武汉工作，经常有机会向张老师当面请益，那也是我学术成长的关键时期。而今虽不经常和张老师谋面，但也通过多种途径得到张老师的支持和帮助。师恩绵长，在此向张老师表示衷心感谢！我深知，职业教育研究于我而言也仅仅是开始，职业教育研究道阻且长，我会坚持不懈用功，不辜负张老师的期望！

感谢武汉大学出版社的编辑老师为著作出版付出的辛劳和汗水！

感谢妻子刘凤勤女士！多年来，作为主任医师，她勤勉工作，业绩突出；同时，她勤勉持家，辛劳付出。她倾力支持我的职业发展，尊重我的职业选择，给予我诸多无怨无悔的鼎力支持。感谢儿子马天梓的自强自立！他也是我职业选择的坚定支持者，不仅免却了我很多后顾之忧，而且给予我很多的精神鼓励。

马廷奇

2023 年 2 月于天大北洋园校区